L'empire des ombres

Du même auteur

Nous, les frères Barberousse, corsaires et rois d'Alger. *Fayard, 1984. (Prix de l'Académie Française).*
Haroun el-Rachid. *Le Caire, 1985.*

ISBN : 2-86726-184-8

Jean-Louis Belachemi

L'empire des ombres

Kossem : 1589-1651

ÉDITIONS MILAN

Chronologie

1589	Naissance de Kossem
1607	Rencontre avec le sultan Ahmed Ier
1612	Naissance d'Amurat
1617	Mort d'Ahmed Ier
1618	Déposition de Mustafa Ier
1618 **1622**	*Règne d'Osman*
1622 **1623**	*Règne de Mustafa*
1625 **1640**	*Amurat IV. L'Ere des Violettes*
1634	Prise d'Erivan
1638	Bagdad redevient turque
1640	Mort d'Amurat
1640 **1648**	*Règne d'Ibrahim*
1644	Déclaration de guerre contre Venise
1645	Prise de Canée
1648 **1687**	*Règne de Mahomet IV*
1651	Mort de Kossem

1

3 mai 1607. Au palais impérial de Topkapi. Istanbul.

La prière du vendredi achevée, le sultan décida de se rendre au harem et d'y choisir l'élue de ses nuits. Il s'enfonça dans des couloirs noyés d'ombre et rejoignit *la clairière où se brisent les voix de l'univers*, une salle dans laquelle il passerait en revue les vierges du sérail.

— Prenez garde ! entendit-il. Sa Majesté Ahmed Ier, Ombre d'Allah sur le monde !

Les vierges qu'il aperçut alignées avaient les paupières baissées et observaient un profond silence. Seule une Grecque appelée Kossem se garda de détourner ses yeux violets et le contempla avec arrogance. Des pommettes saillantes, une bouche voluptueuse, des cheveux noirs comme du jais, tout révélait en elle la beauté et l'impatience de vivre.

Comme la jeune inconnue persistait dans son attitude frondeuse, le sultan l'effleura de son mouchoir brodé d'or, geste par lequel il la nommait sa *gozdé*, sa favorite, et la priait de se rendre dans ses appartements, à la nuit tombante.

Dès que le souverain prit congé, Kossem vit la Grande maréchale se prosterner devant elle et lui frayer un passage jusqu'au hammam des Félicités Impériales. Ce qui se passa ensuite fut si rapide qu'elle en garda un souvenir confus. Deux masseuses soudanaises, qui paraissaient avoir été dérobées à un souk du Maghreb, la dénudèrent et l'immergèrent dans un bain chaud de lavande. Rien n'égala la façon dont elles colorèrent la pointe de ses seins et peignirent ses dents de rose pâle.

Tout au long de l'après-midi, Kossem se fit l'impression d'une marionnette qu'on habille pour le spectacle. Une fois échappée des mains des appliqueuses du henné, elle fut entraînée dans la salle aux essayages. Elle y endossa ses atours : un jupon de satin, deux chemises de dentelle et un corset de cordons dans lequel elle crut suffoquer.

— Selon les enseignements du Livre des cérémonies, le sultan aura le privilège de défaire ton corset, expliquèrent les intendantes. Voici ton collier constitué de six rangs de perles d'un vert d'agate. Dès ton entrée dans la chambre nuptiale, tu le briseras sur le rebord du lit impérial. Sa Majesté s'agenouillera devant toi, arrêtera la course des perles et remettra les pierreries dans leur fil de soie. En aucun cas le sultan ne devra se soustraire à cette épreuve. Cette tradition lui apprendra l'effort, l'humilité et la patience de te conquérir (*).

Kossem connaissait parfaitement la raison de cet usage, mais la certitude que les gouvernantes l'incitaient à commettre une erreur fatale s'insinua dans son esprit. Par ailleurs elle voyait mal Ahmed Ier porter atteinte à sa dignité en enfilant les perles. Incapable de délacer son corset et de reconstituer son collier, le sultan la renverrait dans son dortoir et les « Supérieures » du harem s'empresseraient de lui présenter une de leurs protégées. Persuadée de la justesse de son intuition, elle profita de l'absence des gardiennes pour retenir les couturières dans la salle.

— Verriez-vous un inconvénient à pratiquer une ouverture discrète par-dessous les cordons de mon caftan ? leur demanda-t-elle. Les intendantes ne reviendront pas avant une heure. Elles doivent accomplir leur prière et veiller aux préparatifs du soir. Cela vous donne le temps de mener à bien votre affaire. Rappelez-vous combien les maîtresses du sérail vous méprisent. Elles utilisent vos services, mais vous considèrent comme de misérables esclaves vouées à la déchéance. Or je vous offre l'occasion de les duper. Votre aide me permettra de devenir favorite attitrée d'Ahmed Ier. Ma victoire sera la vôtre.

Séduites par de tels propos les couturières eurent tôt fait de prendre leur décision. Ingénieuses, elles se répartirent la tâche,

(*) L'expression populaire « passer la nuit à enfiler les perles » s'inspire de cette étrange coutume.

réussirent à couper le corset de part en part, à y coudre un système à glissière et à le doter d'une ouverture supplémentaire.

Lorsqu'elles revinrent, les intendantes ne s'aperçurent pas à quel point elles avaient été bernées. Après avoir demandé à Kossem de se soumettre au protocole, elles hissèrent au-dessus de sa coiffe un Coran embaumé et l'aidèrent à s'engouffrer dans *le palanquin des dames parfaites*, une chaise à porteurs ornée d'aigrettes et d'onyx multicolores où prenaient place les vierges remarquées par le sultan.

Le départ eut lieu au moment du couchant — l'heure mauve — parce que l'une des rives de la Corne d'Or disparaît dans l'ombre, tandis que l'autre surgit dans un crépuscule de nacre et de béryl. Grâce à l'habileté de ses porteurs, Kossem s'imagina telle Cléopâtre mollement étendue dans sa litière royale. Eclaboussée par la lumière des vitraux, elle ramena la draperie vers elle et s'efforça d'embrasser du regard l'étendue sans fin du harem.

A quelques pas de la chambre impériale, elle s'empressa d'enlever son collier et l'enfouit dans la poche de son caftan. Les eunuques de son escorte la prirent ensuite par les aisselles, la portèrent jusqu'aux appartements appelés *le jardin où éclosent les roses* et l'y laissèrent seule.

Les alcôves du *sélamlik* symbolisaient à merveille la personnalité de Sa Majesté. Peintes par des artisans de Chiraz, des esquisses murales représentaient l'aurore sur un champ de pivoines d'Anatolie et donnaient l'impression d'un printemps éternel. Les inscriptions coraniques avaient une teinte comparable au carmin d'une lèvre de femme et le cristal dérobait aux diamants leur éclat.

A la vue de cette féerie, Kossem se raidit et enfonça ses ongles dans la paume de ses mains. Comment avait-elle pu passer tant d'années dans son quartier des postulantes, quand il existait un tel univers. D'un geste irrité, elle laissa ses doigts courir sur des bibelots venus du bout de la chrétienté.

Soudain une porte s'ouvrit. La jeune femme sursauta et rajusta sa toilette, sous laquelle elle ruisselait de sueur. Ahmed Ier s'avança vers elle, impressionnant. Sur sa tête rasée flottait une longue mèche et ses yeux étaient d'un bleu limpide. Son caftan turquoise exhalait des parfums d'Arabie et des perles nacrées ornaient son turban. Lorsque les affaires de l'Etat allaient bien, il se vêtait de clair. Advenait-il un incident fâcheux, il endossait une tunique rouge sang, auquel cas il était prudent de ne pas trop l'approcher.

Accoutumée à la laideur des eunuques, Kossem s'extasia de son aisance et de la noblesse de ses traits. Selon l'usage, elle posa son front sur l'un de ses genoux, reprit sa position première et mit les mains devant ses yeux, comme l'on fait face au soleil.

D'habitude si galant, le souverain semblait dérouté. Il cherchait en vain des mots poétiques capables de formuler ses pensées. De constater l'absence du collier fatidique au cou de la belle le sidéra, mais lui permit néanmoins d'engager la conversation.

— Petite gracieuse, pourquoi les intendantes ont-elles omis de t'embellir du collier des gozdés ? Estiment-elles cet ornement indigne de la majesté de mon trône ? Savent-elles seulement que ce sautoir contient le pouvoir magique de huit générations de favorites ?

— Les Grandes maréchales du palais ne sont pas la cause de cet oubli, répondit Kossem. Des heures durant, elles m'ont adjurée de me conformer aux usages de la cour. A leur insu, j'ai enfoui ce collier dans la poche de mon caftan. J'ai pris sur moi de remplacer les lacets de mon corset par des agrafes simples à manier, évitant à Votre Seigneurie une épreuve humiliante.

Pour ne pas trahir sa surprise, le sultan se détourna. En son for intérieur, il éprouvait une sensation de soulagement et était reconnaissant à la jeune gozdé de prendre soin de sa gloire. Cependant il redoutait la timidité de Kossem et se demandait comment il lui apprendrait les plaisirs du corps et parviendrait à l'étreinte.

L'instant d'après, il ne s'embarrassa d'aucun protocole ; il indiqua à la Grecque des flacons d'huile de camphre, la pria de les répandre sur son dos et de le masser, car il craignait de s'être froissé un muscle depuis le dernier exercice au javelot. Avec des mouvements lents qui accentuaient sa sensualité, il dénoua le cordon de soie de son pantalon bouffant, ôta sa bourse en poil de loutre et s'allongea à plat ventre sur une table de marbre.

Devant ce corps dénudé, Kossem s'efforça de lutter contre son trouble. Elle enduisit le dos du sultan d'huiles précieuses, enflamma les cuisses charnues, assouplit les mollets et les tendons.

Sous l'assaut de ses caresses, Ahmed s'accouda et l'engagea à se mettre à l'aise. Avec la douceur d'un berger de Roumélie, il s'approcha d'elle, chercha ses lèvres qui ne se refusèrent point et s'aventura jusqu'aux rives parfumées de son intimité.

Kossem se laissa aller entre ses bras puissants. C'était la première fois qu'un musulman l'embrassait et elle n'avait jamais éprouvé ce mélange de surprises et d'émotions délicieuses. La patience dont le sultan fit preuve à son égard l'enchanta. A peine si elle ressentit une douleur au moment où il déchira son hymen. Elle accepta de lui toutes les audaces et l'étreignit avec une passion frénétique.

Longtemps après, ils se retrouvèrent main dans la main, souffle contre souffle, se caressant tendrement des yeux.

Embusqués derrière la lourde porte aux clous de rubis, les chambellans interprétèrent le silence qui régnait dans la chambre comme la perte de virginité de la favorite. Ils hissèrent un étendard d'azur. A ce signal répété de proche en proche, les trois cents canons de Topkapi tonnèrent afin de célébrer l'étreinte et de symboliser la mâle puissance du sultan.

Ahmed Ier ne se préoccupa nullement de cette liesse peu discrète, et continua d'abriter Kossem dans le creux de ses bras. Il ne sut quelle curiosité lui fit demander la raison de son attitude rebelle.

Blottie contre le torse du sultan, la favorite n'osait pas remuer de peur de rompre ce moment d'intimité. Sans s'en apercevoir, elle se sentit transportée dans le temps, ramenée sept ans en arrière.

— Je me prénommais Basilia, expliqua-t-elle. Ma mère mourut en me mettant au monde. Mon père, Théofilos, était pope dans un pauvre village, près d'Athènes. Par une nuit de décembre, il me réveilla brutalement et m'apprit que l'église dans laquelle nous nous trouvions était encerclée par des brigands turcs. Il me supplia de ne pas pleurer et m'emmitoufla dans une couverture. Dans la salle qui nous servait à la fois de fournil et de chambre, il m'aida à escalader le pétrin. Sans protester, je me tassai dans la farine. Soudain les pillards firent intrusion. De l'endroit où j'étais cachée, j'entendais les cris de mon père. Sans doute trouva-t-il la mort en s'opposant aux agresseurs. Les brigands massacrèrent les paysans, capturèrent les femmes et les soumirent aux caprices de leur désir. Plus tard, lorsque les gredins s'assoupirent, je voulus enjamber le pétrin, mais la malchance me fit heurter une cruche d'eau. Un Turc me saisit par les jambes, me ramena vers lui et m'obligea à m'endormir contre son corps dénudé. Pendant des heures, je sentis son haleine et l'odeur de ses aisselles. Au matin, il me prit fermement par la main. Il enfourcha une monture et me hissa devant lui. Des voix, des appels, quelques ordres, et mon village fut livré aux flammes.

Quand je repris connaissance, rien ne me sembla réel. Une odeur de champignon moisi montait de partout et les routes ressemblaient à des fondrières. Le cheval au flanc duquel j'étais ballottée faisait parfois des écarts terribles. Au loin je distinguais une caravane hérissée de yourtes mongoles et des enfants dépenaillés qui se serraient les uns contre les autres dans des attelages bondissants. Nous fîmes halte dans tous les relais et les caravansérails de la Bosnie. Dans un port connu pour son marché aux esclaves, mon ravisseur décida de me vendre : « Admirez la douceur de cette fillette ! clamait-il aux acheteurs assemblés là. Regardez son nez retroussé et ses merveilleux cheveux frisés. Pas un joyau de l'Orient n'a l'éclat de ses yeux violets. »

En fait de beauté, j'étais dans un état pitoyable, les cheveux dévorés de gale et mes ongles atteints d'un mal blanc.

Mon ravisseur m'ordonna de me livrer à des contorsions obscènes afin de vaincre l'hésitation de quelques badauds. Parfois des matrones me palpaient ; elles examinaient la paume de mes mains ou dénouaient ma chevelure. D'autres, plus audacieuses, me soulevaient de terre, me serraient contre elles et s'assuraient de la fermeté de mes seins naissants.

A un moment donné, un homme gigantesque me scruta. Il

s'agissait du pacha de Bosnie. Séduit par la couleur de mes yeux, il m'acheta et m'obligea à le suivre. Sa galère était ancrée au débarcadère proche du marché aux esclaves où j'avais été vendue. Je fus alors jetée dans les cales du navire où je découvris d'autres captifs. Partout les paillasses exhalaient une odeur repoussante...

— Et où le pacha de Bosnie devait-il se rendre ? s'enquit le sultan, conquis par cette histoire inattendue.

— J'entendis les gardes-chiourme ordonner aux matelots de mettre le cap sur Istanbul, poursuivit Kossem. La galère prit le large. La traversée s'annonçait paisible. Le pacha de Bosnie allait et venait sur le pont. Il ne cessait de se quereller avec son lieutenant, Ali, une sorte de larron dont il avait constaté les méfaits et qu'il souhaitait dénoncer en haut lieu.

Kossem vit une lueur de curiosité apparaître dans le regard du sultan.

— Dans notre soute, reprit-elle, une esclave était morte de fatigue et les gardiens s'apprêtaient à la jeter par-dessus bord. Je crus bon d'entonner des cantiques appris par mon père. Le pacha m'entendit et envoya un garde me chercher aussitôt. Il me signifia avoir été séduit par mes mélopées et me demanda si je consentirais à charmer de mes chants ses hôtes de marque. Dans l'espoir de me soustraire à l'atmosphère des soutes, j'acceptai sa proposition. Cependant les gardiens durent me pousser de force devant les invités, des seigneurs aux caftans ornés d'or et de perles. Après un instant de trouble où ma voix s'étrangla, des notes mélodieuses s'épanouirent sur mes lèvres. L'assistance conquise laissait déjà échapper des murmures admiratifs quand Ali, lieutenant du pacha, suivi d'énergumènes, fit irruption dans la salle. A peine eus-je le temps de me dissimuler derrière un rideau de soie. De mon abri, aucun détail de la scène ne m'échappa. Le pacha s'attendait à tout, sauf à une trahison de son lieutenant. Certes, il esquissa un geste de défense, mais le coup de sabre reçu en plein visage le fit chanceler. Si Ali lui laissa la vie sauve, ce ne fut pas par bonté, mais pour l'entendre révéler la cache de ses trésors de Bosnie. En attendant, il l'enferma dans un réduit, puis il menaça de pourfendre les cuisiniers de la galère si lui et les siens n'étaient pas servis sur l'heure. Les révoltés poussèrent des hourras. Le vin coula à flots. Pris de boisson, ils s'affalèrent sur des sofas, à l'exception de quelques-uns qui veillaient sur le pont. Le silence revint. Les flammes des torches jouaient sur les armes dont les gardiens avaient cru bon de se délester. Je tremblais à l'idée d'être découverte. En un éclair je m'approchai de l'endroit où étaient relégués le pacha et ses officiers. Je m'emparai des clefs négligemment laissées sur une table et ouvris la porte. Le dignitaire et ses gens étaient pétrifiés ; ils pensaient leur dernière heure venue. Quand leurs yeux rencontrèrent les miens, ils se précipitèrent. A peine s'ils me permirent de dire un mot. M'entraînant, ils traversèrent une galerie obscure, ramassèrent quelques armes et attaquèrent sans qu'aucune résistance ne leur fût opposée. Sitôt Ali et ses complices enfermés, le pacha ne s'accorda pas de répit. Pour rattraper le temps perdu, il ordonna de mettre le cap sur Istanbul et de doubler la cadence. Tout à la joie de me revoir, il montra à mon égard une exaltation grandissante et me remercia de l'avoir sauvé d'une mort cruelle. Cependant j'ignorais quelles pensées l'agitaient. Parfois je surprenais sur son visage beaucoup d'embarras. A un moment j'espérai qu'il me garderait près de lui. Quelle décision allait-il prendre ?

— Vous êtes donc parvenus à Istanbul ? émit le sultan en hochant la tête d'un air entendu.

— Istanbul ! s'écria-t-elle. La ville surgissait d'un conte des Mille et une Nuits. Une animation extraordinaire régnait dans le port. Au milieu d'une forêt de drapeaux et de rames levées, des équipages arrogants s'agitaient en tous sens. Le pacha eut quelque peine à se frayer un passage jusqu'aux rivages de la Corne d'Or. Il me prit par la main et m'aida à m'engouffrer dans une voiture en bois de citronnier. Visiblement il n'était pas dans ses intentions de me garder. Ses diverses occupations, la charge de sa province, les guerres de l'Empire auxquelles il participait ne lui permettaient pas de veiller sur moi. Il me vendit donc au recruteur du harem impérial de Topkapi, donna quelques instructions au cocher venu me prendre et brusqua les adieux. De l'avoir découvert sous son vrai jour m'horrifia. Je ne calmais plus mon chagrin. Lorsque les roues de ma litière foulèrent la cour du palais impérial, j'eus la sensation d'être dépossédée de moi-même.

La façon avec laquelle elle se racontait effraya Kossem. D'habitude si secrète, elle s'étonnait de son besoin de parler et d'être comprise. C'était comme si la cicatrice d'une douleur ancienne se rouvrait tout à coup.

Le sultan ayant fait servir des rafraîchissements, elle poursuivit son récit :

— Dès mon entrée au palais, les eunuques me dévêtirent, me rasèrent la tête et les sourcils. Après m'avoir savonnée, ils me poussèrent sous une pluie bouillante et ne se soucièrent pas de mes hurlements. Les premières nuits, je demeurai dans le quartier des servantes. Le nom de mon père revenait à chaque sanglot. Comme les journées s'écoulaient sans mettre un terme à ma douleur, les intendantes m'enfermèrent dans *la chambre des Pleurs* et se demandèrent si j'étais vraiment digne de Topkapi. Plus tard, elles m'entraînèrent dans *la salle des Enfants Comblés*. La tristesse y était bannie, et toutes les folies permises. L'enfilade des corridors n'avait aucun repère. Des chambres étaient remplies de brume. Au seuil de la porte, j'eus les yeux bandés, puis on me fit pivoter sur moi-même en me forçant à rire sans trêve. La nuit, mes gardiennes m'administraient de la jusquiame et des décoctions de plantes stupéfiantes qui m'engourdissaient et me faisaient perdre la mémoire.

Au terme de ce traitement, je parvins à m'accommoder de cette vie qui, pour une autre, eût été insupportable. Assises près de moi à toute heure de la journée, les lectrices du Coran s'occupèrent de mon éducation. Elles m'ordonnèrent de cracher sur un crucifix en bois afin de renier ma religion et m'apprirent à oublier mon prénom. Elles m'appelèrent tour à tour Cœur Tourmenté, Ame sans Repos, Jour des Lamentations. Très attachées aux traditions musulmanes, elles me demandèrent de détester les infidèles. Si d'aventure je revoyais mes parents (mes gardiennes les croyaient encore en vie !), elles me conseillaient de détourner mon regard et de ne jamais me laisser souiller par leurs mains ou leurs baisers. Puisque j'appartenais au harem, je devais y vivre sous la forme qui leur convenait, autrement dit me taire, admettre et obéir.

Enfin un jour j'accomplis pour la première fois les ablutions et les prières musulmanes. Parmi les ardoises grises et les chapelets aux grains de santal de la mosquée du harem, je fus initiée aux secrets de l'alphabet arabe. Les mois suivants me découvrirent très savante. Les lettres du Coran me devinrent familières et, dans mon imagination d'enfant, ressemblaient à de petites bouches pleines de grimaces dansant sous mon regard émerveillé. Mes maîtresses interprétèrent mon enthousiasme comme une soumission à l'islam et s'évertuèrent à corriger ma prononciation car j'usais, paraît-il, d'un fâcheux accent grec.

Ma taille devait être fine, aussi l'enfermèrent-elles dans un corset de supplice. En raison de mon âge, elles décidèrent de ne pas comprimer mes pieds dans de minuscules souliers de bois. Mes compagnes, plus jeunes, n'échappèrent pas à ce traitement infâme. A l'aide de bandelettes, les gouvernantes replièrent leurs orteils et leur firent prendre des drogues afin de dissiper les douleurs. Les pieds comprimés dans une pointure d'enfant de douze ans, il était impossible aux pensionnaires du harem de marcher correctement. S'évader du palais leur était interdit, et arpenter trop longtemps les couloirs de Topkapi provoquait en elles un engourdissement des muscles.

Au fil des jours, le harem me donna l'impression d'un univers hanté. En automne il ne faisait vraiment bon nulle part, l'air était saturé d'humidité, les galeries sentaient le moisi. L'hiver me surprenait démunie des effets les plus indispensables, privée de feu et de couvertures. Pour activer mon sang, je me balançais d'un côté sur l'autre et me flagellais avec des tiges d'alfa. La nuit, entre mon lit et celui de ma voisine, un eunuque s'allongeait sur une paillasse afin d'éviter tout attouchement entre nous.

Lorsque j'atteignis l'âge de seize ans, mon besoin de liberté me reprit et l'injustice des « Supérieures » me révolta. Fugues, supercheries, tracasseries, j'employai tout pour les narguer et recouvrer ma dignité.

Afin de rétablir le calme, les intendantes nous distinguèrent en trois catégories : les noires, les jaunes et les bleues. Les jaunes et les bleues étaient les plus favorisées. Les noires, dont je faisais partie, constituaient une menace pour l'ordre. Nous subissions des inspections innombrables et nos gardes avaient droit de vie et de mort. Ils pouvaient nous empoisonner sans être démasqués, puisque les usages coraniques interdisent l'autopsie. Pour nous empêcher de nous déplacer la nuit, ils saupoudraient de blanc le carrelage sur lequel nous déposions notre sofa et inspectaient chaque matin la moindre empreinte de pied. Il y avait un point sur lequel ils étaient intraitables : notre virginité. Aussi nous interdisaient-ils les concombres, qui auraient pu nous servir d'instruments virils, ou les faisaient-ils couper en rondelles. Ils allèrent jusqu'à castrer les chiens et les chats qui nous entouraient.

Effrayée d'éveiller les spectres d'un temps révolu, Kossem cessa de parler, mais le sultan, une main posée sous le menton, l'encouragea à poursuivre.

— La suite de mon existence était promise à un long tâtonnement. Ma condition d'esclave, mon passé de rebelle m'avaient exclue du clan des *gediclis*, ces femmes éduquées pour vous être présentées chaque vendredi dans *la clairière où se brisent les voix de l'univers*. J'étais trop grande. Au fil de soie, je mesurais cinq pieds et trois pouces (*). Mon teint cuivré, mes cheveux frisés, la couleur inattendue de mes yeux représentaient le comble de l'étrangeté. J'étais donc menacée de vivre et de mourir vierge. Or mes compagnes d'infortune me persuadèrent de tenter ma chance afin d'accéder au rang des gediclis. D'après elles je disposais d'atouts considérables. Troublée, j'acceptai leur proposition. Un an plus tard, à *la bataille des Roses*, au cours de laquelle avait lieu la nomination de la plus belle femme du sérail, je réussis à obtenir l'églantine d'or et à m'imposer parmi les gediclis. Dans le mois qui suivit ma réussite, les intendantes me forcèrent à simuler l'amour sur un gigantesque mannequin en cuir. Ces leçons me brisaient le cœur, mais c'était là l'enseignement habituel du harem, auquel je ne pouvais me soustraire. Ne possédant pas de toilette décente, mes compagnes se cotisèrent pour me constituer un trousseau digne de mon rang. Sur leur salaire quotidien de trente aspres, elles prélevèrent de quoi m'offrir des atours de soie et de satin. Alors j'appris à croire à l'incroyable, l'inconcevable.

(*) 1,74 m.

Le sultan ne saisissait pas toute la portée des paroles de sa nouvelle compagne, mais il la remercia d'avoir montré sa véritable nature. Mis en confiance, il la retint par la main, lui demanda de s'allonger près de lui et ne tarda pas à s'assoupir.

Assise sur le bord du sofa, la Grecque ne résista pas à l'envie de soulever les draps verts qui recouvraient son compagnon. Un frémissement la saisit à le voir si magnifique d'abandon et de virilité ; elle détailla son torse cuivré et ses lèvres gonflées à force de l'avoir embrassée. Un instant, elle craignit de ne plus le revoir. Au harem, les gouvernantes le disaient volage. Se rappellerait-il seulement d'elle au-delà de cette nuit ? S'il la délaissait, elle retrouverait son univers habituel, s'en prendrait à la terre entière, souffrirait d'être une femme déflorée pour quelques instants de volupté. Comme ce serait affreux si au matin il lui disait : *Boch-ol,* sois libre de moi, car elle serait congédiée définitivement, soumise à l'obligation de se cacher et de ne jamais montrer son visage à quiconque. Semblable disgrâce ne serait pas à dédaigner. Elle aurait droit à un présent d'adieu, trois bourses de sequins d'or et une broche en diamants dont le bout pointu indiquerait « un amour transpercé à jamais ».

Peut-être le sultan lui consacrerait-il d'autres nuits. En ce cas des perspectives éblouissantes l'attendaient, car elle serait promue au rang d'*ikbal,* femme glorifiée. Ce titre lui permettrait de devenir la reine du harem. Son « argent de pantoufle et de voile » représenterait vingt fois le traitement annuel d'un pacha. La lavande parfumerait ses commodes et ses livres munis de serrure se fermeraient à clé. A son approche, les domestiques cesseraient de marcher. Traverserait-elle les cours du palais en hiver ? Ils se précipiteraient, la prendraient par les aisselles et empêcheraient ses babouches d'effleurer le sol gelé.

La jeune femme se reprocha ses calculs ambitieux. Pourquoi rêvait-elle à l'impossible ? Ne comprenait-elle pas que ses projets ne se réaliseraient jamais ? Sombrant dans l'incertitude et l'insomnie, elle finit par se glisser sous les draps de soie, et de ses lèvres tremblantes, murmura le nom d'Allah comme si elle suppliait le Créateur de la délivrer de l'esclavage du harem.

2

Au matin, Kossem s'arracha péniblement des draps et s'orienta vers le cabinet d'aisances, contigu à la chambre impériale. Ses ablutions et ses prières accomplies, elle plia sur une ottomane son linge de virginité que les dames de la bienséance musulmane se feraient un bonheur d'inspecter.

Surgis on ne sait d'où, des domestiques parés d'insignes éclatants s'inclinèrent devant elle. Les uns purifièrent les lieux de fumigations d'essence d'anis, les autres apportèrent sur des plats de vermeil des raisins trempés dans du café, du beurre d'Anatolie et des galettes de seigle. Puis ils se retirèrent derrière une tenture, à portée de voix, prêts à intervenir au moindre commandement du sultan ou de la gozdé.

Kossem ne daigna pas abaisser son regard sur les mets servis par les valets. Elle revint sur ses pas et s'appuya sur le rebord du sofa impérial pour effleurer le souverain de ses lèvres carminées. Malgré la légèreté de son baiser, Ahmed s'éveilla, réprima un bâillement. Voyant sa gozdé déjà rhabillée, il la gronda et lui demanda si elle était tellement pressée de rejoindre les siennes.

— N'est-ce pas le moment pour moi de me soustraire à votre vue, Seigneur ? dit-elle avec cette douceur qu'elle n'eût réservée à personne d'autre.

— Tu réfléchis sur ce qui est bon pour moi ? interrogea le sultan. Et s'il me plaît de t'avoir à mes côtés ! Notre rencontre est une révélation. Avant ton arrivée, mon existence était un néant. Or tu m'as donné, en cette folle nuit de passion, une sensation d'éternité dont j'ai tant besoin. Grâce à toi, je prends conscience de ma grandeur. Ton amour me donnera la force de peupler mon destin d'actes grandioses.

Au comble de l'émotion, il parlait comme si Kossem était une impératrice et lui son sujet.

— J'ai besoin de toi, reprit-il. Depuis longtemps je t'attendais. Le désirerais-tu, je serais ton esclave et t'appartiendrais. Tes enfants seront les miens.

A ces mots, Kossem se mit à détailler le mobilier de l'alcôve pour retarder l'instant où ses yeux rencontreraient ceux d'Ahmed.

— Seigneur, votre première favorite, la kadine Mahfirouz, Lune Pailletée vous a donné, il y a deux ans, un magnifique enfant prénommé Osman qui sera appelé à vous succéder, dit-elle après un silence lourd d'émotion. Comment pourrais-je remplacer votre précieuse concubine ? Me croyez-vous capable de tant de malhonnêteté ? Vous désirez de moi un enfant, or, vous le savez, les lois de l'Empire sont terribles. Elles autorisent la tuerie entre frères. Si Allah m'offrait un fils, quel serait son sort ? Ne serait-il pas tué un jour par Osman ? Si vous n'étiez pas sultan, combien je vous aurais aimé ! Au lieu d'être une rose qui éclôt et meurt en un jour, je serais devenue un éternel mois d'avril, un jardin où vous pourriez vous enivrer de mes parfums. Mais le destin en a décidé autrement ! C'est pourquoi, je vous en supplie, permettez-moi de revenir dans mon dortoir et épargnez-moi le déplaisir d'être une ingrate. Un jour viendra où mes baisers ne laisseront plus de traces sur vos nobles lèvres.

— Mon âme, dès mon accession au trône, j'ai interdit la loi du fratricide, l'interrompit Ahmed. Je te l'assure. Il n'arrivera rien de fâcheux à notre enfant. Quant à toi, tu n'as à craindre aucune rivale. Je ne vois plus Mahfirouz depuis des mois et l'ai reléguée dans l'aile la plus éloignée du palais. Je l'ai connue très jeune. J'étais alors un adolescent inconscient, seulement capable de prodiguer des promesses sans discernement. Je veux pour toi une élévation inouïe. Par la volonté d'Allah, tu deviendras *hasseki*, la Première entre toutes, ma favorite attitrée. Tu as été la joie de ma nuit. Aussi t'appellerai-je Mahpeïker, Splendeur de la lune.

Kossem demeura de longs instants, sans un geste ni un mot, incapable d'expliquer la confusion dans laquelle elle sombrait. Ce sultan qui satisfaisait ses sens était exactement ce à quoi elle s'attendait : un chevalier turc d'une courtoisie irréprochable, susceptible de lui donner tout ce dont elle avait besoin. Pourtant cette décision de la nommer sa favorite attitrée la prenait de court. La seule perspective de supplanter Mahfirouz lui inspirait l'effroi. Cette première favorite était la fille du pacha d'Anatolie, une blonde hautaine et vindicative. Face à une telle rivale, Kossem avait le pressentiment de courir au-devant de graves dangers. D'un autre côté, elle se demandait si elle avait le droit de repousser la faveur impériale et comprit, très vite, la nécessité de ne céder ni à l'émotion ni aux scrupules.

Ahmed n'accorda aucune attention aux protestations de Kossem et, dès lors, entreprit tout pour la soustraire à ses inquiétudes. Il la conduisit lui-même à ses nouveaux appartements, accompagné par le son des luths et la psalmodie des chanteurs coraniques.

Les alcôves de la favorite étaient appelées *les chambres de l'hypocrisie* parce qu'elles avaient deux faces, l'une orientée vers les jardins, l'autre vers les fontaines. Elles étaient dotées d'une petite porte de porcelaine conçue de manière à obliger les intendantes à se courber, chaque fois qu'elles viendraient présenter leurs hommages à la concubine impériale. Les vingt-cinq fenêtres vénitiennes donnaient à la fois sur le Bosphore et la Corne d'Or. Sur des tables de Samarkand avaient été déposées des coupelles remplies de pastèques glacées, de citrons confits et de sorbets aux trente parfums.

Le sultan montra à la Grecque le *domné dolap,* une armoire tournante masquée par un rideau.

— Il te suffira de t'asseoir sur ce siège, d'actionner ce levier pour tout faire pivoter et te retrouver dans ma chambre sans avoir à emprunter les couloirs officiels. J'estime cette disposition nécessaire car il est à craindre quelque mauvaise action de Mahfirouz. Désormais des eunuques de la Garde Noire assureront ta protection.

Sur un claquement des doigts, huit eunuques du Bengale et de Malabar entrèrent dans l'alcôve. On les appelait les Taillés ou les Gardiens de la flamme. Leur chemise à caraco galbait un torse imposant. Tous étaient au garde-à-vous, la tête inclinée sur l'épaule gauche, pour signifier à Kossem qu'elle pouvait disposer de leur vie.

— Je te les présente, poursuivit le sultan. Voici Eau Sucrée, Narcisse, Ciel après la Tempête, Antilope du Soudan, Jardin de Violettes, Rose qui se désaltère, Plaisir des Yeux, Anémone de Damas. Comme la jeune femme s'étonnait de l'énumération de tels prénoms, il précisa : Ainsi l'exige l'étiquette de la cour : les dames du sérail doivent toujours avoir sur leurs lèvres des mots et des prénoms agréables. A présent, ce sont tes gardiens ; ils t'obéiront au doigt et à l'œil. Quant à tes compagnes du quartier des servantes, je les nommerai tes demoiselles d'honneur avec un apanage de six mille aspres d'or.

Kossem était effrayée de tant de prévenances. Il lui semblait porter sur ses frêles épaules le poids écrasant de l'Histoire. A chaque pas, elle butait sur le rituel, la tradition, les contraintes. Son nouvel univers était bien différent de cette cellule du quartier des servantes où elle avait vécu la majeure partie de son temps. Les vivats, les vœux de réussite, les allées et venues des domestiques lui donnaient le vertige. Elle avait du mal à imaginer que cette fiévreuse activité lui était tout entière réservée. Son inquiétude s'accrut lorsque le sultan lui annonça son départ imminent pour Andrinople, la deuxième ville de l'Empire. Comme il devait y séjourner deux semaines, entouré de son état-major, il lui demanda si elle avait une requête à formuler.

— Seigneur, si je ne craignais pas de vous offenser, lui dit-elle, j'aimerais sortir de Topkapi et aller porter quelques dons aux prisonnières du Vieux Sérail. Il y a dans cette citadelle de malheureuses odalisques qui ont été enfermées à la mort de votre père Mehmet III. Chaque fois que nous leur rendions visite, ces recluses nous gavaient d'attentions et de confiseries. N'est-ce pas juste aujourd'hui de leur rendre la pareille ? Je vous l'assure, Majesté, la vie derrière ces murailles est semblable à la mort. N'appelle-t-on pas le Vieux Sérail la vallée des Larmes ? C'est un palais vieux de deux siècles, avec trente mille clefs et plus de soixante-dix mille serrures. Dès que le vent souffle, les murs se lamentent, les boiseries s'en vont en copeaux...

Comme sa favorite continuait d'évoquer la prison d'Etat et la manière dont les recluses étaient traitées, il l'interrompit avec une violence inattendue.

— Ce Vieux Sérail ne m'inspire pas confiance. Nos gens n'ont pas réussi à obtenir une audience du gouverneur de cette prison. C'est, paraît-il, un eunuque d'Abyssinie sur qui courent de sinistres histoires. Son visage serait monstrueux. Certains prétendent qu'il fut brûlé lors d'un incendie. Depuis, il demeure cloîtré comme une femme du harem. Non seulement il dissimule sa figure sous un masque, mais il accorde ses rares audiences derrière un rideau de soie tendu de part et d'autre de sa chambre. J'aurais voulu le reléguer dans d'autres tâches. Or mon père l'a nommé gouverneur à vie, avec interdiction formelle pour les sultans de Topkapi de s'immiscer dans la vie de sa citadelle. J'ai dû le confirmer dans sa charge.

Kossem devina tout de suite les réticences du sultan, mais elle réussit à déjouer son hostilité par quelques sourires, si bien qu'il finit par acquiescer à sa requête.

Lorsqu'il s'éloigna afin de donner des ordres en conséquence, elle prévint ses eunuques et leur confia les potions, tisanes et confiseries qu'elle destinait à ses vieilles amies. Elle choisit dans la garde-robe constituée par la Grande maréchale du palais un caftan de velours et des voiles bleu nuit, teinte pour laquelle les femmes du harem avaient cette année une préférence.

Précédée de ses huit gardes du corps qui l'éventaient avec des touffes blanches de papyrus, elle pénétra dans les jardins aux Grenats et longea le bas harem, défendu du côté de la ville par une batterie de canons. Autrefois, elle se hasardait dans cette partie du sérail, le sabre des eunuques pointé derrière son oreille droite, aujourd'hui les Gardiens de la flamme déployaient en son honneur un dais portatif, couloir en toile de lin qui lui permettait de monter dans sa litière sans être vue.

— Le harem impérial ! entendit-elle. Place à la Maison de Sa Majesté ! Puisse Allah conserver le sultan des croyants Ahmed Ier et Celle que les musulmans ne doivent pas connaître !

Avec grâce, elle s'installa dans une litière qui adoptait la forme d'une nacelle. Autour d'elle, les montures piaffaient, les crinières tressées trois fois flottaient au vent. Bardés d'armures noires, les eunuques donnèrent l'ordre du départ. Ils s'avancèrent en formation serrée et tinrent la foule à distance.

Derrière ses rideaux, Kossem s'ébahissait. Un monde coloré et pittoresque se révélait à elle. Emportées par un incroyable tourbillon d'activités, les ruelles s'encombraient d'une foule d'artisans et d'esclaves venus d'Arabie et de la Haute-Egypte. Les jurons et les exclamations ponctuaient le moindre achat. Près des remparts ocre des caravansérails, des matrones secouaient des branches de tamaris pour éventer les étals noirs de mouches. Dans la chaleur de l'air, le soleil, encore dissimulé par les nuages, se levait et striait d'or la cité des minarets.

La traversée de la ville s'avéra pénible. Enfin, sur la troisième colline d'Istanbul appelée *la joue écarlate,* le Vieux Sérail fut en vue. C'était une vaste forteresse en forme de cube, si étendue qu'il fallait deux heures à un cavalier pour en faire le tour. Des murailles d'une hauteur redoutable la rendaient imprenable et des portes de six pouces d'épaisseur la mettaient à l'abri des haches.

Sitôt descendue, Kossem fut assaillie par la peur. Les gardes voilés qui l'accueillirent s'inclinèrent devant elle et l'autorisèrent à se rendre dans les cellules des prisonnières.

Les recluses n'étaient plus que des ombres surgies d'un autre âge. Leurs visages ridés étaient tatoués et leurs yeux cernés de khôl reflétaient un monde inaccessible. Beaucoup se lamentaient et protestaient contre l'esclavage qui avait dérobé leur jeunesse et leur beauté.

Emportée par une rancune vivace, Kossem leur promit de venger les affronts qu'elles avaient subis. En attendant, elle leur offrit des livres licencieux, des brûle-parfum et des philtres d'amour, toutes choses interdites que les prisonnières s'empressèrent de cacher.

Au hasard d'une conversation, elle eut confirmation de ce que lui avait raconté Ahmed ; le gouverneur ne se présentait jamais à visage découvert. Il portait un masque et marchait en s'appuyant sur une canne, entouré d'un pavillon de soie maintenu par des eunuques. Selon les dires de certaines pensionnaires, c'était un homme d'une gentillesse accomplie qui essayait de donner un sens au mot clémence. Il distrayait les recluses, leur offrait des fêtes, des promenades nocturnes, des veillées, et fermait les yeux sur bien des irrégularités.

La soirée était très avancée, lorsqu'un guichetier soudanais signifia à Kossem que le gouverneur désirait l'entretenir en particulier. La jeune femme délaissa les recluses. Guidée par un porte-flambeau, elle s'engagea dans des couloirs faiblement éclairés. L'alcôve dans laquelle on l'introduisit donnait l'impression d'être fermée depuis des mois. Tout en retenant sa respiration, Kossem regarda autour d'elle. Sur de petites tables dentelées, des jeux de dés et des échiquiers de nacre voisinaient dans un incroyable désordre. Une étouffante odeur d'essence de roses s'exhalait d'un immense rideau de soie tendu de part et d'autre de la chambre.

Tout à coup, une voix surgie de derrière la tenture pria Kossem de s'asseoir sur le sofa.

— Je me présente, poursuivit cette voix. Je suis Checher Para (*) Agha, gouverneur du Vieux Sérail. Je vous prie de m'excuser de vous avoir fait venir, mais depuis quelque temps j'agonise et mes jambes refusent de me porter. Peut-être ne le saviez-vous pas, mais un accident survenu dans mon enfance a défiguré mon visage. De cette disgrâce, combien j'ai souffert ! C'est pourtant ma monstruosité qui m'a permis d'être recruté par les rabatteurs du harem ; cette laideur me faisait respecter des femmes dont j'avais la charge. Au bout de quatre ans, je fus nommé gouverneur de ce lieu. Or, il y a quelque temps, les médecins m'ont déclaré atteint d'un mal incurable et accordé une survie d'une semaine.

Touchée par cet aveu, Kossem proposa de lui envoyer le médecin du palais.

— O noble dame ! répondit-il avec émotion, personne ne peut plus rien pour moi. Dans une semaine, je ne serai plus de ce monde. Si je vous ai priée de venir, c'est pour vous voir agréer une requête.

— Viens-en aux faits, dit-elle, intriguée. Tes paroles ne franchiront pas le seuil de cette chambre.

— Voilà, Votre Seigneurie ; mon cousin, Saut de Biche, est esclave au quartier des servantes de Topkapi. Malgré toutes mes demandes, je n'ai pu le faire venir ici. Or Saut de Biche gémit.

(*) Checher Para : bébé de sucre ou confit dans le miel.

Demeurer à Topkapi lui ronge les sangs. Il donnerait dix ans de sa vie pour me rejoindre au Vieux Sérail. Lorsque j'ai appris la gravité de ma maladie, je me suis demandé s'il ne pourrait pas prendre ma place afin de gouverner ici. La permission que vous a octroyée le sultan d'aller et de venir entre Topkapi et la vallée des Larmes nous facilitera la tâche. Saut de Biche n'aura qu'à se glisser dans votre litière pour sortir du palais des sultans.

Ces phrases firent monter aux lèvres de Kossem un cri de surprise.

— C'est impossible ! s'écria-t-elle. Les portiers de Topkapi ne tarderaient pas à s'apercevoir de la disparition de ton parent.

— Personne ne se préoccupe d'un esclave, insista le gouverneur. Je vous le répète, Saut de Biche n'aura aucun mal à me remplacer. Quant à vous, vous tiendrez ma mort secrète et m'enterrerez dans le cimetière du Vieux Sérail. Mon cousin est ventriloque et sans pareil pour contrefaire les voix et gestes des gens de son entourage. Il saura m'imiter. Pensez à tous les avantages s'il réussissait à s'introduire discrètement dans cette chambre. Non seulement il rendrait la vie facile aux prisonnières, mais il vous permettrait de devenir maîtresse de cette citadelle par personne interposée. C'est là une chance inestimable. L'enfermement dont vous avez été victime depuis votre enfance ne vous a-t-il pas appris la prévoyance ? Dieu sait de quoi demain sera fait ! S'il arrivait malheur au sultan Ahmed, son fils Osman régnerait. Votre rivale, Mahfirouz, s'empresserait alors de vous bannir de Topkapi et de vous envoyer ici. En ce cas, vous bénéficieriez de l'appui de Saut de Biche. Réfléchissez à ma proposition. Prenez votre destin en main et ne dépendez plus d'un caprice du sort !

C'est à peine si Kossem osait remuer. Ne sachant quelle décision adopter, elle demanda un temps de réflexion à son interlocuteur, puis se dressa de son sofa et sortit. Dans les couloirs qui la menaient vers les portes d'entrée, elle tenta de vaincre ses scrupules. Plus question pour elle, désormais, de se sentir coupable. Jamais elle ne redeviendrait l'adolescente effrayée qui, au cours d'une nuit de décembre, avait été arrachée à son père. S'il le fallait, elle fabriquerait son propre destin. Elle cacherait donc Saut de Biche dans son palanquin et l'acheminerait secrètement dans les appartements du gouverneur.

Dans la cour de la prison, elle ordonna au cocher de rejoindre Topkapi au plus vite. Chemin faisant, elle préféra ne pas imaginer son sort si une telle supercherie était découverte. Réussirait-elle à mener son affaire ? Serait-elle seulement capable d'aller jusqu'au bout sans donner l'éveil ?

Bientôt Topkapi fut en vue.

Dans les jardins impériaux, la vie se déroulait comme à l'accoutumée. La Grande maréchale du palais mettait en place le nouveau mobilier de la favorite et des décorateurs grattaient les boiseries de pin d'Alep afin d'y ôter les initiales de Mahfirouz. Non loin du Préau des kadines, les eunuques du Sénégal inscrivaient sur des carnets satinés les commandes des femmes, en prévision du vendredi. D'autres pesaient les outres contenant des feuilles de tabac de Chiraz ou charriaient d'énormes blocs de glace vers les silos des dix cuisines.

Précédée de ses cerbères, Kossem longea les allées sans déplacer un gravier, franchit les galeries de Damas et s'insinua dans ses appartements pour s'affaisser sur le premier divan venu. Pendant quelques minutes, elle réfléchit au meilleur moyen de convaincre Saut de Biche, résolue à ne pas laisser fuir cette journée sans aboutir.

Saut de Biche poussa la porte *des chambres de l'Hypocrisie* avec la mollesse d'une main de femme. Ses lèvres étaient finement ourlées et ses cheveux laineux avaient été coupés ras.

Après avoir salué Kossem en une révérence solennelle, il baissa la tête et attendit, impassible.

La Grecque se précipita alors vers l'entrée pour s'assurer qu'elle n'était pas épiée, car personne dans le harem n'était à l'abri des oreilles indiscrètes.

— Sans doute te demandes-tu pourquoi je t'ai appelé, lança-t-elle à l'eunuque.

— C'est vrai, Votre Grâce, répondit l'autre, mais ne suis-je pas un serviteur obéissant ?

Elle laissa s'installer un silence destiné à attiser la curiosité de son interlocuteur et lui dit :

— Ton cousin Checher Para Agha, gouverneur du Vieux Sérail, est au plus mal. Il m'envoie te chercher et te supplie de prendre sa place. En gardant sa mort secrète, il te donne la possibilité de quitter ce palais et d'exercer à la vallée des Larmes la charge de commandant.

Des lueurs inquiètes traversèrent le regard de l'Ethiopien.

— Très vénérée hasseki, bredouilla-t-il, vous le savez bien, je ne peux franchir les portes de la Cité de Topkapi sans en référer à mes supérieurs.

Le devinant rétif, Kossem avança ses arguments avec l'habileté d'une joueuse d'échecs :

— Si tu ne tiens pas à demeurer un demi-homme et un esclave toute ta vie, tu monteras tout à l'heure dans ma litière que personne ne fouille. Jamais plus tu ne reverras ce palais. Pense à ta chance. Tu commanderas au lieu d'être commandé. Tu ne risques rien à condition de te déguiser en femme et de te glisser parmi mes cinquante demoiselles d'honneur. Je te ferai passer pour ma servante africaine.

— Sauf votre respect, je vous prie de ne pas insister, l'interrompit l'eunuque. Avez-vous seulement songé à votre position ? Et si vous étiez découverte ? Le bannissement ou la hache du bourreau seraient ce que vous pourriez espérer de mieux de la part du sultan !

La réponse de Kossem vint, fulgurante et farouche, comme les coups de patte que donnent les panthères du Bengale.

— Est-ce à toi de me dicter ma conduite ? L'usage du palais est de te soumettre à mes caprices sans restriction ! Il n'y a aucun risque, te dis-je ! Me suivras-tu à la fin ? Dans cette affaire, tu dois seulement te préoccuper de ton destin. Au Vieux Sérail, tu seras riche à ne savoir quoi faire de ton argent. Néanmoins, ton éloignement de Topkapi ne passera pas inaperçu. Aussi prendrai-je la peine de te grimer et de te dissimuler parmi mes dames d'atour. Une seule erreur de mise au point serait fatale !

Comme elle le sentait consentant, elle le fit s'installer devant sa poudreuse. Quelques instants lui suffirent pour adoucir sa peau, enduire ses lèvres d'argent nacré et entourer son cou de perles blanches. Enfin elle le chaussa de socques d'ivoire et l'enveloppa dans une cape.

Accoutré de la sorte, Saut de Biche n'en menait pas large, mais il prendrait son rôle au sérieux et donnerait à ses hanches ce balancement chaloupé qui est le comble de la féminité.

Après avoir emboîté le pas à son complice, Kossem se glissa hors de ses appartements et organisa la sortie de ses demoiselles d'honneur. Au greffe, elle s'arrêta devant le Livre des urgences, où toute femme en villégiature devait mentionner son nom et celui de ses suivantes. Forte de la connivence de ses cerbères, elle installa Saut de Biche et quelques dames d'atour dans sa propre litière. Ce jour-là, les portiers lui parurent d'une méfiance inhabituelle, mais soucieux de lui être agréables, ils ouvrirent les portes et laissèrent passer le cortège.

Lorsqu'elle aperçut le Vieux Sérail, la favorite poussa un soupir de soulagement. Sans tarder, elle achemina ses dames vers les cellules, puis pria Saut de Biche de la suivre.

Le gouverneur Checher Para fut tout à la joie de revoir son cousin. Cependant il empêcha la Grecque de participer à leurs retrouvailles. Probablement ne tenait-il pas à se montrer à visage découvert ! La favorite laissa donc les deux eunuques en tête à tête. Une fraction de seconde, elle se demanda si elle n'avait pas été la dupe des deux hommes. Peut-être Checher Para Agha avait-il menti sur la gravité de son mal afin d'attirer son cousin à bon compte ?

Le surlendemain, le gouverneur, qui se sentait au plus mal, la réclama afin qu'elle l'assiste dans ses derniers instants.

Lorsqu'il rendit son âme à Dieu, Kossem contourna le rideau et aperçut le plus monstrueux être humain jamais rencontré dans cette ville. Le visage du défunt, d'un gris jaunâtre, était envahi de grappes de pustules. La paupière gauche couvrait à moitié un œil vitreux enfoncé dans son orbite ensanglantée. Deux immenses verrues pendaient du nez crochu au point de toucher la lèvre supérieure. Les membres, anormalement longs et congestionnés, semblaient provenir d'une créature de l'enfer.

Immobile contre le mur, Kossem fut prise de nausée. Rassemblant son courage, elle lava sommairement le corps, l'imprégna de camphre, l'enroula dans un tapis et le chargea sur les épaules de Saut de Biche qui, sous le poids, chancela. De peur d'attirer l'attention des eunuques de la Garde Voilée, elle décida de ne pas allumer les cires des miradors et choisit le chemin le plus court pour parvenir au cimetière de la prison.

Dans ce lieu sinistre appelé *la clairière de l'ombre attirant la lumière*, elle s'arma d'une pioche et se mit à creuser la terre avec une sombre ardeur. Comme des stèles étaient éparpillées autour d'elle, elle en saisit une et la ficha sur la tombe, puis d'un bâton de couleur, inscrivit :

5 mai 1607

Nous appartenons à Allah et nous retournons à Lui.

Ci-gît le bien-aimé serviteur Saut de Biche.

Puisse Dieu l'avoir en sa Sainte miséricorde.

En lisant son propre nom sur la tombe, Saut de Biche céda à la peur.

— Dans quelques jours ta disparition sera remarquée, lui expliqua Kossem. Les gardes feront alors le rapprochement avec mes allées et venues. Or, pour tout le monde, tu dois être un homme mort. Tu n'as plus le droit d'avoir de visage. Désormais tu te nommes Checher Para Agha. A présent, tu vas revenir dans la chambre du gouverneur. Place-toi derrière le rideau de soie et appelle les eunuques de ton service à l'aide de cette clochette. Ainsi procédait ton défunt parent. Je veux m'assurer que ta voix ressemble bien à celle de ton cousin. Dès que les domestiques entreront dans ton alcôve, je me retrancherai derrière une tenture et verrai s'ils se doutent de quelque chose.

Appelés à la hâte, les serviteurs du Vieux Sérail s'alignèrent, chacun conformément à son rang. Saut de Biche n'eut pas de mal à contrefaire la voix du maître des lieux.

— Quelques prisonnières se sont plaintes de vos sévices, dit-il à ses subordonnés. Cette fois-ci, je ne prendrai pas de sanctions, mais, désormais, de telles vexations ne se reproduiront plus. M'avez-vous compris ? C'est pourquoi vous aiderez la favorite Mahpeïker à secourir les recluses et vous lui obéirez sans protester. C'est bien. Disposez, maintenant !

Quand la domesticité regagna la porte sans avoir imaginé une seconde la substitution, Kossem sortit de sa cache et jubila. A la réflexion, elle s'avoua effarée d'avoir été l'instigatrice d'une telle affaire, mais elle songea aux recluses, dont la condition de vie se trouverait améliorée. Se doutait-elle seulement que cette supercherie contribuerait un jour à sa survie ? Pour l'heure, elle conclut avec Saut de Biche un accord aux termes duquel elle s'engageait à prélever vingt pour cent de son apanage de favorite afin de permettre aux gardes et aux prisonnières du Vieux Sérail de mener une existence plus décente.

A nouveau elle retrouva ses espoirs fous. Les faveurs du sultan n'en étaient qu'aux prémices, mais les résultats s'avéraient prometteurs. Aussi vivrait-elle chaque instant pour n'en rien laisser échapper.

Les deux semaines qui la séparèrent d'Ahmed eurent le mérite d'attiser son amour. Ils se revirent avec exaltation, se parlèrent fiévreusement, se coupèrent la parole, se heurtèrent le visage pour mieux s'embrasser. Une joie sans pareille les envahissait. Kossem devina dans les yeux de son compagnon un émerveillement grandissant. Elle se demanda s'il ne lisait pas en elle. Quelle serait son attitude s'il venait à apprendre son rôle dans la tromperie de la vallée des Larmes ?

La tension accumulée depuis des jours disparut dans l'étreinte à laquelle elle succomba peu après. Tous deux demeurèrent longuement enlacés. De temps à autre, Kossem le caressait, et ses doigts dessinaient sur son torse des arabesques, figurant peut-être un monde où il n'y avait ni harem ni prison.

3

Cet après-midi du 2 mai 1612 résonnait de musiques champêtres et de chansons amoureuses. Assis sur un amoncellement de coussins indiens, le sultan et sa favorite contemplaient le ballet donné en leur honneur. Les sept danseuses qu'ils contemplaient se déployaient le long d'une estrade couverte de faïence. Elles portaient de petites clochettes à leurs chevilles et un sourire découvrait des dents d'une remarquable blancheur.

La danse du sabre et du serpent où il leur fallait onduler telles des vipères, armées de yatagans, incitait au rêve. Nul ne pouvait y être indifférent. En maniant leur arme, les bayadères montraient un fanatisme de guerrier, et le sultan craignait toujours qu'un sabre ne leur balafrât le visage. A chaque tour de piste, il leur lançait une volée de pièces de monnaie et poussait des cris émerveillés.

Sur un claquement de doigts de la Grande maîtresse des cérémonies, les danseuses se retirèrent avec grâce, après avoir esquissé la révérence de *la mouette qui effleure la vague du Bosphore*. Profitant de cette interruption, un chambellan se prosterna devant le souverain et lui remit un parchemin de la part du chah d'Iran, puis il ordonna à la cour de s'éloigner afin de laisser Sa Majesté en tête à tête avec sa favorite. L'inquiétude qu'elle lut sur le visage d'Ahmed effraya Kossem. Elle vit le sultan prendre connaissance du message, mais n'osa pas lui en demander le contenu.

Depuis cinq ans, elle avait toujours gardé ses distances par rapport aux événements politiques. Lorsque son compagnon impérial consultait ses ministres, elle demeurait sur la réserve, sans jamais intervenir dans l'entretien.

Contre toute attente, Ahmed éprouva ce jour-là le besoin de satisfaire sa curiosité et lui communiqua ses impressions.

— Je viens de recevoir une missive du chah d'Iran, roi de Perse, lui expliqua-t-il. Notre voisin et ennemi me prie de mettre un terme à la guerre qui oppose nos deux pays et me propose une entrevue aux frontières.

— Peut-être cette entrevue vous dispensera-t-elle de recourir à des mesures extrêmes, se permit d'observer Kossem.

— Le chah d'Iran n'est pas appelé pour rien le scorpion de Kachane, répondit le sultan avec une confiance qu'il n'avait jamais témoignée à aucune femme. Il veut transformer son royaume en empire colossal et rêve de nous envahir. Ses troupes ont été organisées par les Anglais de la Compagnie des Indes. S'il introduit l'artillerie chrétienne dans son armée, nous risquons de ne pouvoir lui résister. Notre stratégie est archaïque, nos armes vieilles. De tout temps nos véritables adversaires n'ont pas été les chrétiens, mais plutôt les Iraniens. Ces Iraniens nourrissent une foi sauvage dans la pureté de leur religion shi'ite, et voudraient étendre leurs idées à la terre entière. Parfois ils s'infiltrent à nos frontières, combattent l'islam, massacrent nos femmes et nos enfants. Pour ne pas payer de droit de passage à la Turquie, le chah a décidé de ne plus se rendre à La Mecque et accomplit désormais son pèlerinage dans une ville de son royaume qui a été proclamée sainte. C'est pourquoi je me demande si la paix pourra être conclue au cours de cette entrevue.

Kossem écouta avidement ces explications qui lui semblaient être les sortilèges d'un monde inconnu. La sécurité de l'Empire, la vie de la Turquie n'étaient pas pour elle de vains mots, tout cela la fascinait. Elle se sentait l'âme d'une guerrière prête à défendre sa terre. Toutefois elle adjura le sultan de bien considérer les propositions du chah. Sans l'admettre, elle n'avait nullement le désir de le voir partir à la guerre. Si par malheur une flèche ennemie l'emportait sur le champ de bataille, elle imaginait parfaitement quel serait son sort. A la mort du souverain, il n'y aurait plus d'endroit sur terre où se réfugier. Durant ces cinq années, elle avait été couverte d'ardents baisers, mais sa stérilité, que les médecins arméniens disaient momentanée, lui apparaissait comme l'ombre sinistre qui menaçait son amour.

Tout en conversant, Ahmed pensait à la même chose. Ses explications servaient à dissimuler ses véritables préoccupations. Il éprouvait le désir de protéger sa compagne, mais voyait mal comment s'y prendre. Déjà il se préparait à subir les pressions de son entourage. On exigerait de lui qu'il assure la continuité de la dynastie et répudie cette favorite incapable de procréer. Or l'éventualité de se séparer de Kossem lui était insupportable. Pendant les heures de la journée où il se trouvait loin d'elle, il ne cessait de penser au moment où il pourrait la serrer dans ses bras. A dire vrai, elle était sa lumière, sa vie, un précieux présent du destin.

Tous deux refusèrent de se laisser gagner par le doute et demeurèrent de longs instants à ignorer les lourdes menaces. Ils longèrent des allées, au hasard de leur inspiration, et finirent par se réfugier dans la cour ombragée d'un patio, à l'abri des regards indiscrets. Les yeux dans les yeux, ils s'observaient, pleins d'anxiété, semblables à deux enfants perdus dans un labyrinthe.

L'heure de la prière était passée depuis longtemps lorsqu'ils se retrouvèrent dans leurs appartements. Brusquement, Kossem cria, sous l'effet d'une douleur intense. Prise de vertige, elle crispa ses doigts sur son ventre, et vacilla.

Le sultan la prit aussitôt par les aisselles et la fit s'allonger sur un sofa. Comme les médecins juifs du palais ne devaient ni voir Kossem ni en être vus, ils l'examinèrent à travers un rideau. La jeune femme leur tendit une statuette d'ivoire représentant son corps dénudé et, à l'aide d'une aiguille, leur indiqua l'endroit de son mal. Devant le peu d'efficacité de ce procédé, Ahmed eut recours à une sage-femme soudanaise, qui, au terme d'une longue auscultation, lui déclara que sa compagne était enceinte.

A cette nouvelle, Kossem resta un moment incrédule, puis elle laissa éclater son bonheur. Ainsi ces cinq années de stérilité, ces cinq années durant lesquelles elle avait souhaité n'être jamais née, allaient s'effacer à jamais !

Incapable de prononcer une parole, Ahmed s'assit au bord du sofa avec d'extrêmes précautions, et ses doigts se nouèrent à ceux de sa concubine comme pour lui transmettre un message de réconfort. Cette grossesse tant attendue renforça sa volonté de mettre un terme au différend turco-iranien. Il prit ses dispositions avec ses pachas pour les préparer à cette entrevue. Les deux états-majors se rencontreraient à Andrinople le 7 octobre.

Au moment du départ, Ahmed s'inquiéta de l'approbation de sa favorite. Si Kossem le désirait, il pourrait toujours retarder cette rencontre, mais la jeune Grecque lui demanda de n'en rien faire et l'encouragea à partir. Il n'y avait pas si longtemps, la perspective d'une absence du souverain l'eût remplie de panique. Aujourd'hui, sa grossesse la dispensait de douter d'elle-même et de l'avenir.

Debout derrière ses fenêtres, elle regarda s'éloigner le cortège impérial qui longeait l'enceinte avant de franchir la porte de l'Orient. Le sultan avait tenu à donner une grande solennité à son départ. Il portait un caftan en moire bleu de nuit et un diamant ornait son turban de soie. Sa smala, véritable océan de tentes en poil de chameau, le suivait, parmi un fourmillement de parasols de cérémonie et de palanquins d'apparat.

Quand le silence succéda aux fanfares, Kossem prit conscience de son isolement. D'inexplicables pressentiments s'imposèrent à elle. L'absence du sultan lui faisait craindre quelque manigance de Mahfirouz. Malgré sa disgrâce, l'Anatolienne logeait dans le palais. Son quartier figurait sur les plans architecturaux de Topkapi en noir, couleur de l'effroi, alors que celui de Kossem se colorait de vert et de rose, teintes de l'espoir et de l'amour. Selon l'usage, les chambres de l'ancienne favorite devaient être peu à peu dépouillées. Chaque matin, la Grande maîtresse des rites y enlevait une commode, un rideau de brocart, ou une soie emperlée. Lorsqu'il ne resterait plus rien dans ses boudoirs, Mahfirouz rejoindrait le Vieux Sérail où elle deviendrait une ombre parmi les ombres. Certaines de ses amies la tenaient déjà pour morte, mais d'autres, qui la connaissaient mieux, savaient qu'elle n'était pas de nature à accepter sa défaite.

Alors, s'interrogea Kossem, l'Anatolienne prendrait-elle des mesures susceptibles de modifier sa situation désespérée ? L'écroulement de ses rêves la forcerait-il à user de quelque expédient ?

Cette nuit du 12 décembre 1612 était exceptionnellement douce. Un vent léger, inhabituel en cette saison, effleurait les cyprès nains et faisait miroiter l'eau des bassins endormis. Une grande paix régnait dans la chambre de Kossem. Pourtant la favorite ne trouvait pas le sommeil. Irritée, elle se leva, se fit rhabiller par ses femmes et s'installa devant une baie vitrée pour surprendre la Corne d'Or et les mystères de la nuit.

Absorbée par sa contemplation, elle entendit à peine s'approcher Nouket Cheza, une de ses dames d'atour. Celle-ci tenait à la main un rameau vert, signe de parfaite soumission, et paraissait effrayée.

— Prestigieuse sultane, dit-elle à Kossem, je viens de la chambre des Pleurs, près de tes appartements, et il s'y passe des choses horribles. Chaque soir, depuis le départ de Sa Majesté pour Andrinople, des femmes du harem évoquent les esprits maléfiques pour te faire perdre ton enfant. Regarde bien ta chevelure, il y manque une mèche. Ces gueuses se servent de tes cheveux pour te nuire. Si tu tiens à découvrir les manigances de tes ennemies, suis-moi. Nous ne risquons rien. Pour nous rendre à la chambre des Pleurs, nous disposons d'une trentaine d'eunuques prêts à assurer notre protection.

Dans l'entrebâillement de la porte, Kossem distingua en effet les Nubiens. D'une taille peu commune, ils avaient des yeux dépourvus de cils, et leurs mains d'étrangleurs suscitaient l'effroi. La Grecque hésita longtemps avant d'accepter de les suivre. Par prudence, elle s'arma d'une dague empoisonnée.

La chambre dans laquelle elle s'introduisit suscita en elle un malaise proche de l'épouvante. Devant elle se trouvaient une centaine de femmes. Accroupies sur des nattes en paille de Manille, se balançant d'avant en arrière, elles composaient l'assemblée des Parfaites, tribunal clandestin qui, se substituant à la justice du sultan, rendait ses sentences la nuit et faisait régner la terreur. Toutes paraissaient hypnotisées par la Grande maîtresse du sabbat, une vieille aux bras entourés d'anneaux de corail. Afin d'éviter le contact de ses babouches avec le sol sacré du harem impérial, elle s'était déchaussée et installée sur une estrade en bois de santal. Comme hébétée, elle remuait, dans un brasero, des graines de chanvre dont les senteurs enivraient l'assistance.

Pour être à l'abri des regards, Kossem avisa un coin d'ombre et s'assit au côté de Nouket Cheza. Au loin, la Grande maîtresse s'époumonait, les lèvres incurvées en un rictus effrayant :

— Depuis qu'elle a été remarquée par le sultan, la dénommée Kossem empêche notre souverain d'honorer les odalisques, hurlait-elle. Sous prétexte d'alléger les charges du palais, elle vient d'unir les quatre cents vierges du harem à des pachas de l'Empire, à des fonctionnaires d'Etat, de sorte que le sérail devient, peu à peu, un palais habité seulement par des eunuques et des dames d'atour vieilles et sans importance. Cette créature nous narguera-t-elle encore longtemps ? Défendons nos privilèges. Ne la laissons pas nous affaiblir. Tuons-la ! Gloire au démon qui est au-dessus d'Allah ! Maître, délivre-nous de notre ennemie Kossem ! De toute la ferveur dont sont capables des créatures humaines, nous te supplions de la chasser de notre esprit. Toi seul peux la courber vers la terre et la faire vivre dans une peur perpétuelle. Nous te demandons d'assujettir le sultan aux volontés de notre seule et unique maîtresse, Mahfirouz. Eloigne la Grecque de notre souverain. Que mille fléaux s'abattent sur elle ! Puisse-t-elle périr ! Chienne, Kossem ! Chien, l'enfant de son sein !

Une expression de férocité marqua le visage des musulmanes qui reprirent en chœur :

— Chienne, Kossem ! Chien, l'enfant de son sein ! Le temps est l'espace, l'espace est le temps. Il n'y a rien en dehors de l'esprit du mal. Tout le monde est en lui et partout c'est lui.

Levant les bras, la Grande maîtresse imposa le silence. Elle se mit à pétrir une figurine de cire ressemblant à Kossem, fixa sur la tête une mèche de cheveux, prit une petite poupée représentant un nourrisson et les perça, toutes les deux, à l'aide d'une aiguille. D'abord aux pieds, puis aux jambes, enfin au cœur.

De fait, Kossem ressentit de violentes douleurs à ces trois parties du corps. A peine si elle discerna Nouket Cheza qui se tenait à ses côtés. Si elle avait mieux observé sa dame d'atour, peut-être aurait-elle compris sa trahison. D'un mouvement discret du menton, Nouket Cheza fit signe à la Grande maîtresse de conclure le sabbat et de passer à la phase finale du plan.

— O mes sœurs ! Attention ! s'exclama la vieille femme en

esquissant un sourire cruel. Les esprits m'annoncent une présence étrangère. Vite ! Fermez la porte, cherchez cette intruse et ne la laissez pas fuir ! Elle ne doit pas trahir notre secret !

A cette injonction, les femmes se répandirent partout. Kossem s'arracha à l'envoûtement qui la paralysait. Elle se releva de la natte de paille, brandit sa dague, se rua vers la porte et perça l'épaule d'un eunuque avec une violence dont elle se serait crue incapable. Elle courut à grandes enjambées pour se perdre dans les ténèbres des galeries. Alourdie par le poids du bébé, cent fois elle faillit tomber. Des possédées passèrent près d'elle, s'aperçurent de sa présence et tentèrent de l'étouffer. Quelques-unes la frappèrent sur le ventre.

— Mon bébé ! Allah, pitié ! geignit-elle, la voix réduite à un murmure.

Elle allait succomber, quand un homme, suivi d'une quarantaine d'eunuques armés, intervint. Kossem reconnut tout de suite le prince Mustafa, frère du sultan, enfermé depuis des années dans la Cage, la prison du harem. Il était extrêmement jeune. Son visage aurait pu être celui de n'importe quel musulman de la ville, n'eût été son extraordinaire regard vert clair. Avec ses sourcils épais, son teint blafard et son nez d'oiseau de proie, il lui était difficile de passer inaperçu.

Armé d'une machette, il se précipita en avant et entraîna ses gens.

— Frappez ! vociféra-t-il.

— Mort à Kossem ! lui répondit-on.

Un instant, les forces du mal triomphèrent. Ce fut le combat des tarentules et des mantes religieuses. Les haches, maniées avec rage, déchiraient les chairs, faisaient jaillir le sang.

Comme Mustafa craignait de succomber sous le nombre, il serra Kossem contre lui et fit signe à ses eunuques de protéger leur fuite.

— Pourquoi vous êtes-vous rendue dans la chambre des Pleurs ? cria-t-il. Mahfirouz a tout organisé, elle voulait vous faire perdre votre bébé. Elle sera damnée. Quant à mon frère Ahmed, je renonce à comprendre pourquoi il est parti à Andrinople alors que vous couriez ici un danger mortel !

Kossem ne répondit pas. Les mots lui parvenaient, vides de

sens. La peur, le manque d'air, la crainte d'avoir perdu son enfant l'empêchaient de respirer autrement que par spasmes et lui ôtaient toute raison.

De retour dans ses appartements, elle se rendit compte qu'elle offrait un spectacle lamentable. Devant sa difficulté à retrouver son souffle, la sage-femme soudanaise l'ausculta et décida de l'accoucher séance tenante. Elle pria le prince Mustafa de se retirer, puis arracha, plutôt qu'elle ne défit, les vêtements de la sultane, et la fit s'allonger sur un sofa percé, recouvert d'un drap blanc.

Au comble de la douleur, la favorite gémissait, agitait la tête, se mordait les lèvres. La chaleur montait en elle, lui enveloppait les jambes. Elle sentit des linges boire la sueur de ses tempes, entendit la sage-femme lui recommander de moduler plus doucement ses poussées. Un instant plus tard, ses veines furent affolées par une tempête de sang, ses chairs se froissèrent et un vide se substitua à l'enfant qui venait à la vie.

Une dame s'approcha de la petite boule violacée qui criait et, après une courte inspection, s'avança vers Kossem, serra ses mains et lui dit, étrangement émue :

— Ma douce ! Vous avez un fils ! C'est Amurat. Puisse Allah être mille fois adoré !

Les chambrières contemplèrent Kossem comme si elle avait accompli un miracle. Elles l'entourèrent de mille attentions, lui portant de l'eau claire, des médecines, du linge fleurant la cardamome et rafraîchirent l'atmosphère en y vaporisant de l'essence de violettes. A *la cérémonie du Henné,* elles frottèrent le corps d'Amurat de marjolaine pilée, de menthe de Kendilli, de sucre et de sel. En aucun cas, elles ne s'avisèrent de ménager ces deux dernières substances sinon le caractère de l'enfant s'en ressentirait : il serait « fade » ou n'aurait « ni grâce ni sel ».

Kossem était tellement faible qu'elle ne put se redresser toute seule. Le dos et le bas-ventre tiraillés par d'effroyables élancements, elle dut faire des efforts pour prendre son enfant dans les bras, enduire ses mains de fleurs de pavots écrasées et suspendre à son collier de perles un sachet contenant un peu de terre rouge de La Mecque.

En ces jours éprouvants, la jeune favorite supposa Mustafa

rempli de bonté pour elle. Cependant, bien qu'il vînt la féliciter et lui souhaiter un prompt rétablissement, son comportement s'avérait étrange. Il surgissait et disparaissait, sans la moindre explication. Il était possédé par cette folie habituelle aux locataires de Topkapi, ceux qui ont longtemps connu la peur et l'enfermement. Il ne semblait pas du tout se rendre compte de son rang de prince du sang, et il était impossible à Kossem de découvrir si cette modestie était réelle ou feinte.

Les premières semaines, la Grecque se sentit envahie d'un sentiment de gratitude pour sa sollicitude constante, puis elle éprouva le soudain désir de mieux le connaître. Elle osa même demander quelques éclaircissements à son sujet : Pourquoi était-il le seul homme à être logé au sérail ? Dans quelles conditions avait-il été épargné ? N'aurait-il pas dû être tué selon la loi du fratricide ? A quelle occasion le sultan l'avait-il enfermé dans la Cage ?

Ces questions, posées innocemment, eurent l'avantage de surprendre Mustafa qui ne put faire autrement que d'y répondre.

— Mon frère, dit-il, a toujours tenu une grande place dans ma vie. Lorsqu'il est monté sur le trône, il y a neuf ans, les religieux lui ont ordonné de me livrer au bourreau, au nom de la raison d'Etat, mais Ahmed a trouvé une solution inattaquable : il m'a fait passer pour fou, détruisant ainsi ma crédibilité auprès des dignitaires de l'Empire. Pour tranquilliser les esprits, il a feint de me priver de liberté en m'enfermant dans la Cage du harem. Personnellement, je n'ai pas à me plaindre, je vis fastueusement dans l'aile droite du harem, au milieu d'un luxe raffiné. Une fois par semaine, je pars en villégiature et je dispose d'une liste civile de quarante mille aspres. Trente pages albanais veillent au moindre de mes désirs. Ils s'occupent de mon linge, parfument mes caftans, emplissent mes aiguières de noix d'arec et d'eau de rose...

Le prince continua de raconter à Kossem combien Ahmed était un excellent frère, mais parfois l'intonation de sa voix sonnait faux, son regard vert se faisait soudain inquisiteur, presque hostile. Que reprochait-il au sultan ? De l'avoir sauvé de la mort pour en faire un reclus, prisonnier d'une existence monotone.

— Mon sort n'est rien, comparé au vôtre, précisa-t-il. Vous avez mis au monde un enfant qui sera un jour massacré. Osman, poussé par sa mère, n'aura aucune indulgence à l'égard de votre fils.

La Grecque tressaillit. Elle dut poser sa main sur les couvertures du sofa, pour lui donner un semblant d'immobilité.

— Rien ni personne ne pourra arrêter Osman sur le chemin du pouvoir, dit-elle avec sa vivacité coutumière. De tout temps les fils ont succédé à leur père.

— Et s'il plaît à Ahmed de changer la loi, rectifia Mustafa dont les yeux s'étaient soudain plissés. Il y a une solution à laquelle vous ne songez pas : celle d'encourager le sultan à me nommer son héritier. Les traditions ottomanes ont parfois favorisé les frères des sultans. Ne trouvez-vous pas préférable d'avoir affaire à un beau-frère prévenant plutôt qu'à une rivale féroce ? Ahmed vous vénère. Il vous sera très facile de l'influencer dans ce sens.

Kossem esquissa un geste fataliste, comme s'il n'était pas en son pouvoir de changer quoi que ce soit à la situation.

— Pourquoi parlons-nous de succession ? s'exclama-t-elle, en proie à un sentiment d'incrédulité. Ahmed n'est pas mort, à ce que je sache, il est vaillant, fort, et n'a pas encore trente ans.

Brusquement, elle soupçonna son beau-frère de lui dissimuler un événement important ; elle devina qu'il était précisément en train de se demander s'il y avait lieu ou non de l'en informer.

— S'il réussit à échapper aux complots du chah d'Iran, Ahmed ne pourra se sauver de la maladie qui le ronge depuis des années, laissa-t-il froidement tomber. Il souffre d'une phtisie contre laquelle les médecins du palais ne trouvent aucun remède. Sans doute a-t-il oublié de vous en entretenir ! Pour ne pas vous alarmer, il prenait l'habitude de se retirer dans une salle voisine de la chambre à coucher impériale. J'ai moi-même interrogé les médecins. Ceux-ci sont unanimes sur le cas du souverain. Tous l'estiment condamné à plus ou moins long terme. Quelques-uns lui ont même conseillé de partir pour La Mecque. Selon eux, le pèlerinage pourrait lui faire du bien.

Cette révélation fut un choc pour Kossem. Elle parut inconsolable et comprit tout à coup quel homme dangereux se trouvait en face d'elle. Elle perçut dans les faits et gestes de son beau-frère une férocité contenue, comme chez ces fauves apprivoisés en apparence, mais en réalité toujours sournois. Aussi se promit-elle de surveiller ses paroles et de ne montrer aucune émotion. Au moment où l'entretien s'achevait, on frappa à la lourde porte de ses appartements.

— Ouvrez, au nom de Sa Majesté Ahmed Ier ! entendit-elle.

Elle perçut des pas, un tumulte d'armes, des cris. Lorsque la porte céda sous la poussée des eunuques, Ahmed apparut, revêtu d'un caftan et d'un burnous poussiéreux. Il saisit dans le regard de Kossem une lueur hagarde, comme il n'aurait jamais cru possible d'en trouver dans les yeux d'une femme. Il la vit pâle dans ses longs voiles flottants, effrayante, si différente de celle qu'il avait laissée.

Il se fit conter par le détail tout ce qui s'était passé pendant son absence. Chaque fois que Kossem prononçait le nom de Mahfirouz, ses traits durcissaient. Une grande tendresse l'eût précipité contre le torse de son frère Mustafa, si la présence des chambellans et des dignitaires ne l'eut retenu. Il se promit de le récompenser au-delà de ses espérances. Peut-être lui offrirait-il de prendre du service dans l'armée ou lui confierait-il une province ? Pour l'heure, il se devait de châtier la coupable.

Dès qu'elle le vit brandir son sabre, Kossem hurla, s'accrocha à sa cheville, se jeta en travers afin de l'empêcher de commettre sa vengeance. Inutile. Il se libéra de cette étreinte et s'élança sans que rien ne pût retarder sa marche. Elle se précipita à sa suite.

En vue des appartements de Mahfirouz, elle eut l'impression de marcher dans un palais abandonné dont personne n'aurait foulé le sol depuis des années.

Par l'entrebâillement d'une porte, elle distingua Mahfirouz perchée sur de hautes socques de bois, un bâton de commandement à la main. Ses sourcils avaient des reflets d'or et ses yeux des teintes d'agate. Une robe brodée des insignes de son rang lui serrait la taille et un diadème orné de pendeloques cernait ses cheveux bouclés. A ses côtés se tenaient les eunuques de sa garde personnelle.

Au lieu de garder ses distances et de se prosterner, Mahfirouz s'avança, menaçante, vers le sultan.

— Je ne demande pas à Votre Majesté de comprendre la raison de mon acte, s'écria-t-elle au paroxysme de la haine et de la répulsion. Votre favorite est une petite aventurière, en quête de protection et de privilèges, et cela en dépit de ses prunelles mauves qui s'embuent si facilement de larmes. C'est une formidable tragédienne. Son passé, son enlèvement, les souffrances auxquelles elle prétend avoir été soumise, ne sont que pures inventions pour mieux vous charmer. Probablement avez-vous été envoûté, car il émane de cette femme des forces qui m'ont toujours épouvantée. Pourquoi l'admirez-vous tant ? Pour sa fierté et sa spontanéité ? Mais au harem, il y a des centaines de vierges qui vivent dans l'espoir de se libérer. Pourquoi Kossem plus qu'une autre ? Je suis votre première concubine et la mère de votre fils, le prince héritier Osman ! Depuis des années, vous ne m'avez pas dit un mot aimable. Vous avez préféré oublier jusqu'au goût de mes lèvres et la couleur de mes yeux. Cependant, votre sultane ne doit pas s'estimer quitte pour autant. S'imagine-t-elle qu'il suffit d'adopter une attitude doucereuse pour parvenir au but ? Un jour viendra où vous vous lasserez d'elle et vous me rappellerez, moi qui vous ai toujours été fidèle !

Le sultan regarda son ancienne concubine comme une créature répugnante.

— Je vous donne deux heures pour quitter Topkapi, lui intima-t-il, parvenant difficilement à se maîtriser. Vous serez exilée au palais de Daoud Pacha, à l'extérieur de la capitale. Emmenez avec vous Osman et vos complices, et ne reparaissez jamais plus à la cour. Réjouissez-vous, car vos pratiques infâmes me donnent l'occasion de prendre une décision que je mûrissais depuis longtemps : Kossem deviendra mon épouse et mon fils Amurat sera déclaré *chahzadé,* prince héritier.

— Je suis noble, fille de pacha et véritable maîtresse de ce palais, rétorqua Mahfirouz. Votre Majesté sait pertinemment qu'une union est impossible. Selon une règle de la dynastie osmanlie, les sultans ne peuvent se marier. Lorsque le padichah Bayezid a été fait prisonnier par Tamerlan, sa femme, la princesse serbe Despina, a été obligée de servir le souper au vainqueur. Les sultans ont décidé d'éviter à l'avenir une pareille honte à la dynastie et exclu le mariage. Moi qui suis d'Anatolie ai certainement plus de droits que cette esclave grecque !

— C'est précisément votre condition qui m'a empêché de vous proposer une telle union. Je ne voulais pas que votre père et votre famille arrogante prétendent au trône. C'est pourquoi je vous ordonne de vous retirer !

Le fait de voir sa rivale congédiée représentait une victoire pour Kossem. Pourtant, elle se sentait désorientée. L'envoûtement dont elle avait failli être victime, l'accouchement qui avait suivi, et la révélation inattendue de la maladie du sultan, la laissaient considérablement diminuée ; elle eut tout à coup envie de retourner dans le quartier aux esclaves, vêtue de nouveau de pauvres vêtements, et délivrée à jamais de ses tourments de favorite.

A l'annonce du départ de Mahfirouz, d'Osman et des dames d'atour, chassés par le sultan, Kossem s'embusqua derrière la galerie des Soupirs, une immense baie vitrée, d'où elle jouissait d'une vue d'ensemble sur la partie orientale de Topkapi.

Sa rivale avança dans un grondement de tambours lugubre. Un maquillage blanc à base de plomb tentait de dissimuler son émotion, mais ses yeux rougis par les larmes faisaient penser à une poupée dédaignée par un enfant capricieux.

Comme si elle avait deviné la silhouette de Kossem derrière les fenêtres du premier étage, l'Anatolienne se pencha vers son fils et lui dit avec une soudaine frénésie :

— De cette esclave grecque, garde à jamais l'image dans tes yeux. Bientôt viendra le jour de son grand châtiment !

Après avoir longé le belvédère, elle monta dans sa litière aux livrées sombres, et, le portail des Carrosses franchi, disparut au loin sans plus se retourner. Une fraction de seconde, Kossem voulut courir vers sa rivale, lui jeter ses bras autour du cou, la retenir, lui pardonner, mais à quoi bon ? Seul l'exil de Mahfirouz clarifierait la situation et permettrait à son amour de briller de tous ses feux.

Jusqu'à présent sa vie avait suivi des voies, dans une large mesure, tracées par d'autres. Maintenant, son rêve se réalisait : elle deviendrait l'impératrice de toutes les Turquies et exercerait son pouvoir sur vingt-cinq millions de musulmans. Le jour de son mariage, elle connaîtrait l'éblouissement de la fête, les fastes des Mille et une Nuits. Précédée de deux cents eunuques, elle apparaîtrait, coiffée d'un turban à aigrettes, dans une robe de mousseline rose, les seins corsetés dans des feuilles d'or. Selon l'usage, elle s'assiérait sur un pavois de cristal, et ses jambes croisées supporteraient le poids d'un cimeterre d'argent. Le sultan s'approcherait d'elle. Il la couronnerait d'un diadème de pierres de jade, joindrait ses mains aux siennes et les entourerait d'une mince bandelette de soie. Au moment où les dignitaires lanceraient des vivats et des vœux de bonheur, il signerait l'acte de mariage, lui offrant ainsi un traitement de deux cent mille piastres et les revenus de l'île de Chio. Alors, plus rien ne rappellerait l'enfant enlevée à la Grèce, suffoquant dans le quartier aux esclaves, serrant désespérément une galette de seigle dans sa main captive.

4

— Majesté Maternelle, nous demandons la permission de nous amuser dans la cour des Tamaris. N'y voyez-vous aucun inconvénient ?

Kossem regarda ses trois enfants, qu'une gouvernante introduisait dans le salon du harem, et se sentit envahie par un immense sentiment de tendresse. L'aîné de ses fils, Amurat, qui venait de prononcer ces paroles, paraissait sortir d'un livre d'images. Il avait des cheveux bouclés, des yeux bleus bordés de longs cils et portait un caftan scintillant pareil à celui des lutins des fables turques. Ses ongles étaient enduits de vernis doré et un tigre tatoué sur son poignet gauche indiquait son rang dans la hiérarchie des princes impériaux.

Kossem fut étonnée de le trouver aux côtés d'Ibrahim. D'ordinaire, les deux frères se détestaient d'une haine farouche. Ibrahim, né un an après Amurat, était un garçon joufflu, aux cheveux rouge carotte, aux joues constellées de taches de rousseur. Sa tunique cachait mal un embonpoint déjà important pour un enfant de six ans. Les eunuques l'appelaient Dragée Rose, à cause de sa gourmandise, car les poches de son caftan étaient toujours remplies de pistaches et de bonbons acidulés. Si les gouvernantes n'y prenaient garde, il atteindrait ses cent livres en un rien de temps !

Un peu en retrait, Kossem aperçut Tarchane, sa fille adoptive. C'était le bébé de sa nourrice russe, une petite merveille blonde âgée de cinq ans, à qui les astrologues avaient prédit un destin exceptionnel. Elle semblait légère comme une figurine de porcelaine, avec des yeux bleus et tristes. Une jupe à cerceau et un corset de velours parme rehaussaient sa taille. Une poupée vénitienne aux cheveux défraîchis, étouffait dans le creux de ses bras blancs.

A cause des dangers qui menaçaient l'existence de ses trois enfants, la Grecque les couvait avec une exagération qu'elle savait être néfaste. Toutefois, elle redoutait par-dessus tout l'étrange éducation musulmane qui leur inculquait une fausse image d'eux-mêmes. Aussi demandait-elle aux précepteurs de se conduire avec eux comme s'ils étaient des enfants du peuple.

Surprise de la gravité affectueuse d'Amurat, elle se précipita vers lui, l'enveloppa de ses bras, embrassa Ibrahim et Tarchane sur la joue, puis elle les laissa aux mains de la gouvernante, leur promettant de les rejoindre dès la fin de son entretien avec ses architectes et les douze muftis d'Istanbul qui l'attendaient dans la bibliothèque. Sitôt ses enfants éloignés, Kossem s'y rendit et se campa devant les religieux, un air de défi dans les yeux.

Les dévots musulmans, mal à l'aise, scrutèrent l'impératrice avec suspicion.

L'épouse du sultan portait une robe ornée des emblèmes de la famille osmanlie. Un voile très fin, couleur pastel, recouvrait sa coiffure en échafaudage. A l'oreille droite brillaient des saphirs noirs, et à sa main gauche étincelait sa bague de mariage, à l'intérieur de laquelle le sultan avait fait graver ce poème :

Alors que les lions tremblaient sous mes griffes d'épouvante,
Le destin me fit esclave d'une belle aux yeux de gazelle.

En fait de gazelle, les muftis voyaient en Kossem une fleur vénéneuse dont elle avait la trompeuse douceur. Ce qui les surprenait chez elle, c'était son ambition. Ils rageaient de savoir le sultan subjugué par ses charmes. Mais ils n'y pouvaient rien. Le souverain et elle étaient unis par ce mystère qui, parfois, touche les êtres et fait d'eux des amants comblés.

Kossem, devinant la nature exacte des sentiments de ses interlocuteurs, adopta une attitude arrogante.

— Je vous écoute ! lança-t-elle après avoir ajusté son face-à-main, un filtre de papier argenté. En quel honneur avez-vous ordonné à mes architectes d'arrêter les travaux de la Mosquée Bleue dont la construction a été décidée par Sa Majesté ?

Les muftis répondirent d'une voix impersonnelle comme s'ils s'adressaient à une étrangère.

— La Mosquée Bleue n'est pas conforme aux préceptes de l'islam. Sa conception est trop occidentale. La couleur bleue de ses vingt mille faïences donnera l'impression aux croyants de se trouver au bord d'une plage, et non plus dans l'enceinte de la maison d'Allah. Sa Majesté a même voulu appeler ce sanctuaire la Mosquée Violette en hommage à la beauté de vos prunelles. Nous avons eu infiniment de peine à l'en dissuader. Par ailleurs, la Mosquée Bleue dispose de six minarets. Or La Mecque en possède le même nombre. Nulle construction de l'Orient ne doit égaler ou dépasser en importance et en splendeur la ville sainte où le Prophète a reçu les enseignements de Dieu. Sauf votre respect, nous aurions préféré adresser nos doléances à Sa Majesté en personne, mais sans doute le sultan est-il trop occupé par les charges de l'Empire puisqu'il nous délègue sa bienheureuse épouse. Il n'y a rien d'étonnant à cela. Au lieu de vous conduire conformément à votre rang et de vous écarter de la conversation des hommes, vous montrez une formidable attirance pour le pouvoir. Il ne vous suffit pas de scandaliser votre entourage par vos dépenses insensées, ni d'avoir chassé la kadine Mahfirouz, vous poussez également le sultan à rompre le traité qui l'unit au chah et à déclarer la guerre à l'Iran. Si l'Empire ottoman disparaissait de cette terre, l'islam n'aurait plus de rempart et serait à la merci des hérétiques. En êtes-vous seulement consciente ?

D'énervement, Kossem se mit à tourmenter les plumes de paon de son éventail au manche de nacre et le dur accent de l'ancienne esclave se fit entendre dans sa voix.

— Je vous dois un respect infini puisque vous êtes les pairs de l'islam, dit-elle en conservant une expression impénétrable, mais au nom d'Allah, n'évoquez plus la religion en ma présence. Votre islam s'est dénaturé, et le Coran est devenu un livre mal compris, utilisé à des fins inavouables ; vous vous l'êtes approprié pour permettre la castration des eunuques, l'enfermement des femmes, le célibat forcené des soldats et l'affreuse loi du fratricide ! Vous ne comprenez pas à quel point le rêve de Sa Majesté est de conquérir Ispahan, d'annexer l'Iran à l'Empire et de détruire le fanatisme. Impossible de compter les défaites que les aïeux de mon auguste époux ont essuyées et dont l'un des résultats a été d'affaiblir la Turquie et de renforcer la puissance de l'Iran !

Reprenons vos accusations point par point : Vous déclarez mes dépenses excessives. Pourtant, cette année et les précédentes, j'ai épargné sur mon service de table l'argent de mon rang d'impératrice. Pour la construction d'un hospice en ville, je me suis dessaisie de mes bijoux comme s'il s'agissait de vulgaires cailloux. En neuf ans, j'ai bâti trois caravansérails, un hôpital, huit écoles coraniques, un dortoir pour les derviches tourneurs et cinq réfectoires destinés aux déshérités d'Istanbul. Pourriez-vous en dire autant ? Qu'avez-vous fait pour les mendiants de la ville ? Où sont passés les deniers du culte ? S'il le faut, j'exigerai l'ouverture d'une enquête, et nous verrons qui, de nous tous, a la conscience tranquille.

La Mosquée Bleue ? Parlons-en ! La gloire du règne de Sa Majesté repose sur cet édifice, les architectes recevront toute liberté pour mener à bien leur œuvre et utiliser la force de leur génie. Puisque La Mecque a seulement six minarets et est jalouse de la Mosquée Bleue à en perdre sa beauté, j'ai demandé au sultan de lui construire un septième minaret. Ainsi l'honneur de l'islam sera sain et sauf !

Votre haine à mon égard est aussi visible que le dos voûté des bossus. Aucun des gens d'Istanbul ne s'est permis de s'adresser à moi d'une telle façon. Vous me traitez en personne incapable de comprendre, mais je suis parfaitement convaincue que Sa Majesté a besoin de moi et de mes avis. Ensemble, nous donnerons à Istanbul une allure de grande capitale et cette ville dont nous sommes les maîtres sera le centre autour duquel gravitera l'Orient. Tant pis si les usages en pâtissent. Nous irons droit au but, sans nous soucier de l'étiquette et des traditions. S'il le faut, nous bousculerons tout sur notre chemin.

Pour vous prouver l'étendue de mon pouvoir, je vous somme de vous retirer sur-le-champ. Jamais vous ne deviendrez mes « directeurs de conscience » comme vous l'avez toujours souhaité. L'accès de la cour vous sera formellement interdit ! Inutile d'adresser des requêtes à Sa Majesté ! Mon époux est fatigué de vos censures et de vos actes de basse police. Vos propos perturbent la quiétude de son âme. Votre vue l'incommode. Prenez-en donc votre parti !

C'étaient là une attitude et une décision auxquelles les muftis ne s'attendaient pas. Ils avaient sous-estimé Kossem en la prenant pour une simple intrigante. Elle représentait désormais un mortel danger, annonciateur de la chute de l'Empire, la fin de l'islam, le triomphe des hérétiques. Ils prirent congé, secrètement épouvantés, se jurant de tout entreprendre pour permettre le retour de Mahfirouz et la disgrâce de Kossem.

Lorsque les dévôts s'éloignèrent, l'impératrice se sentit d'excellente humeur. Elle couva d'un regard admiratif ses deux architectes, Mehmet Agha et Abou Kassim. Les deux hommes, qui avaient assisté à ce pénible entretien, ne savaient quelle contenance adopter. Cependant, ils comprenaient, maintenant, comment la sultane avait pu soulever de passion le cœur d'Ahmed Ier. Elle n'était pas de ces femmes molles et indécises qui peuplent les harems. Ils lui trouvaient une intelligence exceptionnelle !

— C'est un miracle ! lui dirent-ils, soucieux de la remercier et de lui être agréables. Comment avez-vous pu trouver cette solution de doter La Mecque d'un septième minaret ? Nous pensions déjà notre travail détruit, nos espoirs anéantis. Comment pourrons-nous jamais vous remercier ?

— C'est moi qui vous suis redevable, répondit la jeune femme en laissant fuser un rire qui enchanta les deux hommes. Grâce à vous, j'ai découvert l'art de la construction et le langage des pierres. Vous avez élevé mon esprit à des hauteurs insoupçonnées. Désormais vous n'avez rien à craindre, et vos adversaires, les muftis qui redoutent votre originalité, se tairont et obéiront. Cependant, votre tâche n'est pas terminée. Vous construirez ma mosquée près de celle de mon époux. Les deux édifices seront ainsi côte à côte. Ils représenteront le couple que Sa Majesté et moi avons toujours formé. Ils célébreront notre gloire et témoigneront pour la postérité.

Elle s'abaissa, détacha de ses babouches les douze diamants qui les ornaient, et les remit aux architectes.

— Voici pour commencer vos travaux, leur dit-elle le plus naturellement du monde. Le lieu d'édification se situera près du port. Ma mosquée donnera l'impression de surgir de la mer en une multitude de coupoles. Elle s'élancera en plein ciel, prête à partir à la conquête d'un rêve. Pendant mon adolescence, les intendantes du harem impérial m'ont toujours obligée à ramper, à vivre comme une esclave à ras du sol. Aussi, les minarets de ma demeure seront-ils construits le plus haut possible afin de bien indiquer vers où se situe ma liberté. Chaque matin, les musulmans lèveront les yeux pour les apercevoir. Lors de la prière, ils prononceront mon nom, me sauveront de l'ombre et de l'oubli. Je veux que vous traitiez cette mosquée comme vous le feriez d'une favorite. Mettez à l'intérieur de la lumière et le plus de couleurs possible. Néanmoins, la tristesse ne sera pas absente de cet édifice. De mes deux fils, Amurat et Ibrahim, aucun ne mourra de mort naturelle. Tous les deux seront tués le jour où Osman, le fils de Mahfirouz, deviendra sultan. Aussi, l'extérieur de la mosquée traduira-t-il mon deuil de mère. Les murs seront sombres, dénués de fantaisie, austères afin que la mort soit montrée dans toute son horreur.

Les architectes, embarrassés de voir les yeux de Kossem s'embuer de larmes, tentèrent de la réconforter et lui dirent d'une façon inattendue :

— Le sultan Ahmed ne permettra jamais à personne d'attenter à la vie de vos deux fils. Nous sommes le 2 avril 1615. C'est donc *la journée du Serment,* au cours de laquelle le souverain aurait dû nommer Osman héritier de la couronne et réhabiliter sa concubine Mahfirouz. Or, il n'en a rien fait. Bien plus, il a convoqué dans la salle du Conseil le ban et l'arrière-ban de la cour afin de voir s'il était possible de léguer l'Empire à son Altesse, le prince Mustafa. Le prince a refusé un tel honneur, puis a demandé un délai de réflexion. Nous l'avons croisé, il y a deux heures, dans le couloir des Audiences. Il était entouré de ses pages et rejoignait la Cage du harem. Il faut dire que la séance a été houleuse. Les juristes et les muftis des provinces ont crié à la profanation des lois et menacé de provoquer une guerre civile. De rage, le sultan a clos les débats et, pour se détendre, s'est rendu à la chasse d'Injir Köy. Sa Majesté — n'en doutons pas — finira bien par dénouer la crise en sa faveur. En attendant, nous achèverons la construction de vos deux mosquées. Avec ces édifices qui porteront vos noms au firmament, vous aurez la ville et le peuple d'Istanbul tout entiers pour défenseurs.

Lorsque les architectes s'éloignèrent, Kossem se départit de son enthousiasme. Le désistement de Mustafa la laissait aux prises avec des pensées amères. Peu à peu, lui revinrent en mémoire les événements passés. Depuis son intervention dans la chambre des Pleurs où il l'avait sauvée des griffes de l'envoûtement, Mustafa n'avait cessé de la harceler, de l'accompagner dans la moindre de ses promenades. Au fil des jours, il avait fini par prendre de bien étranges libertés au point de se conduire avec elle en amoureux et de se déclarer le plus désespéré de ses admirateurs.

Au début, Kossem trouva ces attentions charmantes, mais elle ne tarda pas à éprouver de grandes difficultés à repousser les avances de Mustafa. Tant qu'ils étaient seuls, à l'abri des regards indiscrets, la situation ne prêtait guère à conséquence. Mais lorsque les dames de la cour les découvraient tressaillant ou rougissant, l'affaire prenait une tournure dangereuse. Pour parvenir à ses fins, le prince implorait, menaçait, se déclarait prêt à quitter cette terre si elle ne lui offrait pas le miel de l'amour. Des journées entières, Kossem se mettait à la recherche de son beau-frère par tout le harem, s'inquiétait de son sort, ne le perdait plus de vue. Lui mort, la solution miraculeuse qui consistait à bouleverser la succession d'Ahmed, épargnant ainsi la vie de ses enfants, disparaissait.

La sultane savait où trouver Mustafa, dans la chambre aux Dix Enchantements, le principal salon de la Cage. Le prince y prenait ses aises, fumait une pipe persane et sirotait une décoction d'orchidées légèrement fermentée. Il fut heureux de voir Kossem, point étonné, comme s'il s'attendait à sa visite.

En pénétrant dans la Cage, la Grecque comptait sans doute trouver de simples cellules, sans confort, mais sûrement pas ce fabuleux palais enfoui au cœur du harem.

Le prince Mustafa portait un caftan mauve qui accentuait son élégance naturelle. Comme il s'apprêtait à lui offrir une rose aux boutons fanés qui renaissait chaque fois qu'on l'arrosait, Kossem fit un mouvement de la main pour le repousser.

— J'aurais dû me passer de votre concours, lui dit-elle sous l'effet d'une colère difficile à réprimer. Depuis des mois j'ai harcelé mon époux pour le voir modifier les lois de la succession et vous donner une chance de devenir son héritier. Or, au moment où les choses s'arrangent, vous anéantissez mes efforts. S'agit-il d'un caprice ? D'un coup de tête ? Quelles sont donc vos exigences ?

— Ma force a toujours résidé dans ma capacité d'exploiter les circonstances, répondit Mustafa en la scrutant avec une admiration avide. L'attente est ma meilleure arme et me permet d'amener mes proies là où je le désire. Le trône ne m'intéresse pas. C'était un moyen pour vous approcher et faire pression sur vous. Vous êtes la personne la plus désirable de Topkapi et je veux votre bonheur. Vous ne vous doutez pas de ma jalousie, vous sachant dans les bras de mon frère ! Dès le premier jour, je vous ai aimée. Je ne me lassais pas de vous regarder, car je n'ai jamais vu de femme dont l'allure soit aussi attirante.

La tournure imprévue que prenait l'entretien affola Kossem. Elle serra les bras autour de son corps, comme pour se faire un rempart contre les paroles sacrilèges de Mustafa. Avec la brusquerie maladroite des timides, il continua à lui débiter mille paroles amoureuses.

— Jusqu'à présent, j'étais célibataire par la force des circonstances, déclara-t-il, un soupçon de malignité dans les yeux. La raison d'Etat m'a sacrifié. Des muftis et mon frère m'ont stérilisé par je ne sais quel procédé et empêché d'avoir un commerce charnel avec les femmes du harem. De tout temps j'ai été promis à une mort lente, à une existence morbide. Je n'ai eu ni nom, ni visage, ni silhouette. Mais aujourd'hui personne ne s'opposera à mes désirs. Demain, le Conseil impérial se réunit de nouveau. Il m'a accordé un délai afin que je prenne une décision définitive. Une commission de médecins m'examinera pour juger si je suis exempt de folie et capable d'assumer le pouvoir. Tout dépend de vous. Si vous me repoussez, je refuserai l'offre impériale, feindrai la démence, me déclarerai inapte au trône et pousserai le sultan à nommer Osman son seul et unique héritier.

Kossem regarda son interlocuteur comme si elle ne pouvait le supporter un instant de plus.

— Votre frère Ahmed est votre bienfaiteur, dit-elle frissonnante de colère. Vous auriez donc le courage de le renier et de lui voler son épouse ? Seriez-vous ingrat à ce point ? En profanant ma personne sacrée, vous commettriez un sacrilège punissable de mort !

Un lueur de dédain et d'amusement erra dans les yeux de Mustafa.

— Pardonnez-moi, ô sultane, de m'imposer à vous de cette manière. Jusqu'à présent, mon désir acharné des femmes n'a pu être assouvi. Célibataire et enfermé depuis mon enfance, je me suis durci dans une sorte d'égoïsme mêlé de méchanceté et de rage. Pourtant, je rejette la faute sur mon frère, Ahmed, qui s'est arrangé pour me priver des joies de l'existence. S'il le faut, je vous prendrai contre votre gré. Cependant, je vous conseille de suivre mes suggestions avec empressement. Lorsque le sultan mourra, les lois du harem vous feront une obligation de quitter Topkapi et de vous enterrer vivante dans le palais des Larmes Amères. Les chambellans vous sépareront de vos enfants, les étrangleront avec un lacet de soie comme il convient à leurs nobles personnes, et vous regretterez de ne pas m'avoir écouté. Je vous le répète, je me trouve en position de force. La vie de vos deux fils est suspendue à mes lèvres. Un énervement de votre part, et ils iront inévitablement vers la mort... Je vous veux, ni dans un jour ni dans deux, mais maintenant. Vous ne courez aucun danger. J'ai pris les précautions nécessaires pour n'être dérangé sous aucun prétexte.

La détermination de Mustafa fit sombrer Kossem dans un cauchemar dont elle ne se réveillait pas. Elle se voyait déjà, penchée sur les corps inertes et ensanglantés d'Amurat et d'Ibrahim. Tout le monde lui dirait : « Telle est la volonté d'Allah. A présent, tes enfants sont au Paradis. » Croirait-on que cette phrase la consolerait, lui ferait oublier les deux visages tant aimés ? Une voix lui soufflait de consentir au sacrifice. Elle devait, à tout prix, se conduire comme une esclave, sans scrupules, obéissante, autrement tout était perdu. Lorsque son beau-frère l'effleura, elle eut l'impression de sentir un flot de boue s'abattre sur sa peau. Mustafa la saisit avec une brutale âpreté, froidement décidé maintenant que toute gêne l'avait quitté. Ses mains s'appesantirent sur elle. Ses baisers furent avides, et ses caresses ne laissèrent aucune place à la tendresse. Kossem ne l'empêcha pas de la prendre comme il le désirait. Elle aurait pu l'insulter par son arrogance. Au contraire, elle se montra soumise et inerte dans ses bras. Au moment suprême, elle fit un effort pour demeurer silencieuse, appelant de tous ses vœux l'instant où l'accouplement s'achèverait et mettrait fin à son déshonneur.

5

En cet après-midi du 21 novembre 1617, le sultan s'assit devant la fenêtre de la chambre de la Méditation, là où il avait l'habitude de voir le coucher de soleil illuminer les yeux de Kossem. Habillé du manteau du Prophète, un vêtement de laine noire auquel il prêtait des vertus médicinales, il se sentit un peu las. Les glaces d'Egypte lui renvoyèrent l'image d'un homme usé. Ses yeux avaient perdu leur éclat et étaient bouffis comme au sortir d'un lourd sommeil ; des cernes, qu'il ne se connaissait pas, commençaient à infliger une défaite à ses trente ans. Ses cheveux se raréfiaient et son corps, autrefois trapu et musclé, devenait corpulent. Ces derniers temps, il était sujet à des fièvres dont aucun remède ne venait à bout. Un mal travaillait à détruire sa poitrine, ne lui laissant plus aucun espoir.

Effrayé, il s'arracha à cet examen morbide et laissa errer son regard à travers l'alcôve où tout était arrangé d'une manière irréprochable. Soudain il fut attiré par une feuille de papier qui débordait légèrement d'un coffret en bois de camphrier. Il la saisit et lut :

Quelque part au sérail, 20 novembre de l'année de grâce 1617.

Votre Majesté court un grave danger. L'impératrice, votre épouse, et Son Altesse le prince Mustafa complotent contre vous. Ces deux êtres chéris dont la pensée ne vous quitte jamais désirent votre mort. La sultane Mahpeïker se cache sous les traits d'une femme innocente pour mieux vous nuire et hisser votre frère perverti sur le trône or et turquoise de vos illustres aïeux.

A la suite de ces accusations, se trouvait un emploi du temps de Kossem, étayé par de nombreux détails :

Janvier 1617	*Par suite de la démarche des muftis, Votre Majesté décide de revenir sur sa décision de déshériter le jeune prince Osman et entreprend de le faire revenir à Topkapi.* *La sultane Kossem s'effraie, elle prévient Son Altesse, le prince Mustafa. Concertation.*
Février	*Ils se revoient à la cérémonie du Sor-Tapaï, cérémonie de la « tête aux pieds », au cours de laquelle l'impératrice est couverte de cadeaux par les quatre-vingts pachas de l'Empire. Echange de vues.*
Avril	*Pour barrer la route à Osman, et à la kadine Mahfirouz, l'impératrice absorbe des potions fortifiantes : katt (*), poudre de kola, santal rouge, et autres arômes d'amour qui permettront de vous satisfaire dix fois de suite.* *Malgré les ordres formels des médecins arméniens du palais selon lesquels toute étreinte doit vous être évitée, la sultane espère que ces visites nocturnes vous fatigueront, vous apporteront la mort, et permettront à Son Altesse le prince Mustafa de vous succéder au plus vite.*
Juin	*Pour des raisons que, même en cet instant, nous ne distinguons pas clairement, la sultane se rend au palais de Daoud Pacha. Elle demande à parler à Mahfirouz, la supplie de mettre un terme à leur guerre et lui propose une paix pour le bien de leurs enfants.*
Juillet	*L'impératrice essaie à nouveau ses habituels pouvoirs de séduction, et amorce une correspondance avec Mahfirouz.*
Août	*Envoi d'un courrier à Daoud Pacha, chargé d'un message écrit de la main de l'impératrice et adressé à Mahfirouz.*

(*) *Herbe hallucinogène d'Ethiopie.*

Septembre	*Après avoir réussi à plaire à Osman, et à conjurer la haine de Mahfirouz, l'impératrice exerce sur Son Altesse le prince Mustafa une domination de plus en plus étroite. Déclarations d'amour, billets enflammés, menus cadeaux, menaces et projets à l'étude se succèdent.*
Octobre	*La sultane, votre épouse, déjoue la surveillance de la Garde Voilée. Suivie de deux cocones, duègnes, elle s'approche du Kaffès, la Cage et donne des ordres stricts pour n'y laisser entrer personne.*
Novembre	*Le prince voit la sultane autant de fois qu'il le désire. Ils réfléchissent sur les moyens de mettre votre assassinat à exécution. Son Altesse est effrayée à la pensée que Votre Majesté pourrait découvrir l'horrible vérité. L'impératrice le rassure : les charges accumulées contre eux sont insignifiantes. Des dizaines de femmes de son service pourraient se porter garantes de sa moralité. Elle défie quiconque d'être en mesure de la démasquer.*

A la lecture de ce rapport anonyme dont il se demandait comment il avait pu être déposé dans ses appartements, le sultan serra les poings pour réprimer le tremblement de ses mains. Il ressentit une douleur atroce au côté comme un coup de sabre. Hébété, il se dirigea vers son coffre-fort, une redoutable mécanique confectionnée par un joaillier juif de Livournes, et y enfouit le rapport, de toute évidence rédigé par un partisan de Mahfirouz.

Jusqu'à présent, la familiarité constatée entre Kossem et Mustafa n'avait éveillé chez lui aucun soupçon. Kossem ne lui avait jamais fourni des motifs de regretter sa confiance. Facile à vivre, dotée d'une sensualité dont Mahfirouz et même les autres femmes du harem étaient dépourvues, elle lui avait fait connaître d'inoubliables jouissances.

Réfléchissant aux faits et gestes de sa compagne, il se demanda s'il avait raison de donner foi à l'horrible contenu de ce rapport. Toutefois l'attitude de Kossem à l'égard de Mahfirouz, ses allées et venues au Vieux Sérail, ses rencontres mystérieuses dans la Cage avaient de quoi troubler le moins jaloux des amoureux. Si par malheur elle était coupable, Kossem paierait le prix fort, sa jolie tête roulerait sous la hache du bourreau. Cette pensée, à peine formulée, lui parut monstrueuse. Aussitôt il s'injuria de se laisser aller à ses bas instincts. Au diable l'orgueil d'époux trompé ! Que deviendrait sa vie sans Kossem ? Elle était le seul être qu'il possédât au monde et les calomnies n'affecteraient en rien son amour. S'il le fallait, il éloignerait Mustafa de la cour, le marierait à une dame de son choix, et tout redeviendrait simple.

L'arrivée impromptue de Kossem interrompit le cours de ses méditations. Il se ressaisit, comme s'il redoutait de détruire par un geste inconsidéré dix années d'entente conjugale.

A vingt-huit ans, Kossem gagnait en beauté. Un visage délicat, une gorge parfaite, elle resplendissait dans sa robe de velours vert. Rien ne laissait soupçonner la dangereuse conspiratrice dénoncée par l'auteur de la lettre anonyme.

Un instant Ahmed fut tenté de la questionner, d'exiger d'elle des explications, une protestation, une attitude de femme innocente injustement outragée, mais il se contenta de la contempler avec un plaisir indicible.

Au moment de prendre congé pour se rendre au pavillon de chasse, il la fixa avec une telle intensité qu'elle en fut troublée. Kossem s'était pourtant préparée depuis longtemps à un interrogatoire en règle, et avait conçu de subtiles réponses qui écarteraient tout danger. Sa meilleure défense consisterait à mettre en balance sa parole contre celle de ses détracteurs. Quoi qu'il en soit, son plan arrivait à terme : Mustafa avait fini par accepter la proposition impériale. A la mort d'Ahmed, il hériterait de l'Empire ottoman. Jusque-là, Kossem lui avait recommandé de ne commettre aucune imprudence, de ne plus chercher à la revoir avant quelque temps. Lorsque son beau-frère cesserait de lui être utile, elle le bannirait de son existence et obtiendrait enfin le bonheur auquel elle avait droit.

Tout à coup la chambre de la Méditation pesa lourdement sur elle, et elle éprouva le besoin de se glisser au-dehors. Sans le souci de la maladie impériale et des problèmes de succession, cet après-midi du 21 novembre — même s'il promettait des orages en soirée — lui aurait paru un des plus beaux de sa vie.

Kossem décida de se rendre dans le *Bouyouk Oda,* la Grande chambre, qui servait de foyer et de lieu de récréation aux femmes du harem impérial. Une joyeuse animation y régnait.

Dès qu'elle pénétra dans la pièce, les dames d'atour marquèrent leur surprise, mais l'accueillirent cependant avec chaleur et organisèrent aussitôt des danses rythmées au son mélodieux du luth et des tambourins.

La Grande maîtresse de cérémonie, prenant une mine de conjurée, lui apprit qu'une chiromancienne, venue de la ville de Smyrne, se déclarait capable de révéler le passé et l'avenir, au simple toucher de la main. Si la sultane le souhaitait, elle pourrait connaître les secrets de sa vie future. L'impératrice se laissa séduire par cette idée. Elle ôta le lamé de sa robe, se dépouilla de ses bijoux, s'enfouit dans un tchador odorant et, pour ne pas trahir sa véritable identité, se glissa parmi les vierges du harem. Toutes s'introduisirent dans un boudoir sombre et s'installèrent devant un panneau grillagé.

Accroupie sur une peau de panthère, Kossem présenta ses mains par le guichet entrouvert, peu encline, au demeurant, à se laisser ensorceler par les propos mirifiques de la voyante.

— Deux êtres habitent en toi, insinua la chiromancienne. L'un souhaite la liberté et la pureté, l'autre la diplomatie et la fourberie. Jusqu'à présent, tu as été victime d'un univers implacable. Tu y as échappé grâce à une volonté farouche. A chaque épreuve, ton passé balayera tes scrupules et t'entraînera à des actes incontrôlés. Ta vie suivra la pente fatale du mal. Il y a en toi le désir de t'élever, mais aussi celui de nuire et de détruire. Malgré tout, ta destinée sera un miracle tel qu'aucune musulmane n'en connaîtra de semblable. Un seul principe dominera ton existence : la ruse... Deux frères te convoitent. Ils sont éperdument amoureux de toi, mais le deuxième l'est par intérêt. J'aperçois encore trois cents corps de jeunes hommes dénudés. Il n'y a pas de doute. C'est le nombre 300 qui revient dans la paume de ta main. Tu connaîtras intimement ces éphèbes au moins une fois...

A ces mots, Kossem tressaillit et fit mine de se retirer.

— Reste ! implora la voyante. Je ne t'ai pas menti. Les étoiles Rigel et Aldébaran régissent ton destin, tu ne peux te dérober à leur volonté. Je te l'assure. Tu es née pour l'amour, une loi terrible à laquelle tu ne cesseras de te soumettre. Tu guériras tes étreintes clandestines par d'autres étreintes, sans trouver le bonheur, jusqu'au jour où un chrétien, de belle figure, d'une forte virilité, te séduira. Je distingue de l'eau, des rivages désolés, une tempête, des étendards et un désert. Un jour, cet homme occupera ton esprit et ton cœur.

La chiromancienne remarqua soudain une chose qu'elle aurait dû voir immédiatement : la ligne de vie de Kossem faisait une fois et demie le tour de la paume de sa main, un formidable signe de longévité. Néanmoins, il y avait, aux alentours des soixante-dix ans, une coupure très nette, comme si un coup de hache en rompait le fil. Quatre autres traits parallèles menaçaient cette même ligne de vie et indiquaient des bouleversements imminents.

Au comble de l'incertitude, la voyante refusa de tirer des conclusions trop hâtives et conseilla à Kossem de revenir la voir dans quelques jours, lorsque les astres seraient plus favorables :

— Je ne peux rien te dire de plus, mais des nuages s'assombrissent au-dessus de ta tête, et le point culminant est pour aujourd'hui. Reviens dans ton dortoir et n'en sors sous aucun prétexte, autrement ta première vie prendrait fin et une autre existence commencerait dont les perspectives seraient éprouvantes.

Mêlant le geste à la parole, elle déposa une pastille d'encens dans un brasero pour clore la séance et agita une clochette afin d'appeler la consultante suivante.

Saisie d'appréhension, Kossem se leva, prit congé des dames d'atour et quitta le Bouyouk Oda.

Au moment où elle rejoignait ses appartements, elle entendit des cris terrifiants dont l'écho rebondit entre les galeries. Un eunuque à la peau d'ébène, luisante de sueur, s'approcha d'elle et emplit l'air d'une rumeur sinistre.

— Malheur ! Trois fois malheur ! clama-t-il. Le sultan a été pris d'un malaise au pavillon de chasse d'Injir Köy. Notre maître a voulu dompter un étalon sauvage et a été jeté à terre. Cette chute a aggravé sa maladie et écrasé à moitié sa poitrine. Nous l'avons ramené en litière fermée et transporté dans le sélamlik. Il est au plus mal. Il vous réclame d'urgence.

Un instant, Kossem vacilla, mais elle fit signe à son guide de ne pas s'inquiéter. Aussitôt, elle fut introduite dans la chambre impériale. Ahmed gisait sur son lit à baldaquin. Il remuait péniblement les paupières. Sur un hochement de tête, il éloigna les médecins afin de demeurer seul avec sa favorite.

Du regard, Kossem chercha un sofa où s'appuyer. Elle finit par s'asseoir sur le bord du lit impérial, sans oser effleurer son mari tant il souffrait.

— O malheureux seigneur et époux! se plaignait-elle. Je vous avais pourtant recommandé de ne pas sortir. Que vais-je dire à vos enfants ? Y avez-vous songé ?

Il ne l'écouta pas, s'empara de son poignet et l'étreignit convulsivement.

— Je sais tout ! dit-il avec une force surprenante.

Le ton sur lequel ces mots étaient prononcés effraya Kossem. Que savait Ahmed ? Avait-il découvert sa liaison avec Mustafa ? Lui reprochait-il de s'être rendue au palais de Daoud Pacha afin de se reconcilier avec Mahfirouz ? Avait-il appris la substitution de Saut de Biche à la citadelle du Vieux Sérail ? Elle fut épouvantée à l'idée qu'il l'interrogerait sur sa complicité avec Mustafa. Il l'accuserait certainement d'adultère, la livrerait au bourreau, l'entraînerait avec lui dans la mort.

— O ma tendre aimée, lui dit-il, j'ignore au nom de quelle folie tu as pu rompre ton serment de fidélité et avilir ton corps, mais, au seuil de la mort, je te pardonne. Rassure-toi ! Jamais je ne permettrai à quiconque de douter de ta sincérité. J'aurais accepté n'importe quelle bassesse pour ne pas te perdre. Tu ne peux soupçonner à quel point j'ai eu besoin de toi. C'est pourquoi j'assurerai ton avenir. Je viens de promulguer un édit par lequel tu disposeras de la liberté d'épouser mon frère Mustafa en secondes noces. Autrefois, le Prophète permettait aux veuves des combattants de l'islam de s'unir avec leurs beaux-frères afin d'assurer la continuité de leurs familles et d'accroître la population musulmane. Grâce à cette solution, tu sauveras ta vie et celle de nos enfants. C'est la meilleure chose que je puisse faire pour toi. Je chéris mon frère, mais je n'ai pas une haute opinion sur ses qualités. Il manque de largeur de vue, fuit les responsabilités. Dans son ombre, tu pourras le surveiller, réveiller son sens du devoir, l'obliger à se mettre à la tête de l'armée et empêcher l'invasion du chah, dont les menaces se font pressantes. Mustafa est seulement un moyen qui te permettra d'élever décemment nos enfants et de les voir grandir. Lorsque Amurat sera en âge de porter les armes, il achèvera mon œuvre, consolidera l'Empire, envahira l'Iran...

Tu as eu tort de renouer avec Mahfirouz et de t'estimer coupable envers elle. Au palais de Daoud Pacha, elle se pourrit de haine et de vengeance. Méfie-toi d'elle ! Si par malheur Osman parvenait au pouvoir, tes jours seraient en danger.

Les ultimes conseils de son époux, les sanglots de vénération qu'elle surprenait dans sa voix, inspirèrent à Kossem d'effroyables tourments. Elle jeta sur lui un regard désespéré, et tenta de le soulager en épongeant la sueur sur son visage.

Quelques heures plus tard, il hoqueta avec violence, inclina sa tête et rendit son âme à Dieu. Le médecin se pencha longuement vers lui, posa sa main sur le cœur, constata qu'il ne battait plus, et s'écria :

— Le sultan n'est plus ! Sa Majesté appartient désormais à Allah et à la postérité. Longue vie au commandeur des croyants, Mustafa Ier !

En entendant cette proclamation, Kossem secoua la tête avec une sorte d'incrédulité. Ses yeux s'agrandirent démesurément sous l'emprise de la terreur. Aveuglée par les larmes, elle courut vers le lit, arracha son turban, se cogna contre le mur. Folle ! Folle ! Elle se mordit les lèvres jusqu'au sang, se dépouilla de ses bracelets, incapable de maîtriser sa douleur.

Mustafa la trouva inanimée au pied du lit impérial, les doigts crispés sur un pan de couverture. Deux eunuques la portèrent dans sa chambre où les maîtresses du sérail avaient, en guise de deuil, recouvert les matelas, enlevé les riches brocarts et retourné les tapis.

Quand elle reprit connaissance, elle aperçut Amurat accroupi sur une natte de raphia, gémissant d'une manière continue. Elle alla vers lui, l'étreignit, lui demanda s'il aurait la force de rendre un dernier hommage à la dépouille de son père. Sur son consentement, elle serra ses mains dans les siennes et s'engagea avec lui dans les couloirs menant aux appartements impériaux. Dans la chambre mortuaire, elle montra une dignité émouvante. Ahmed était étendu dans une caisse en bois de tulipier, le corps vêtu d'un caftan de fils d'or. De voir le catafalque acheminé hors du sérail pour être déposé dans la crypte de la Mosquée Bleue la fit suffoquer. Longtemps elle suivit des yeux le cortège funéraire, se répétant d'une voix pleine de sanglots :

— Pourquoi prolonger tes battements, ô mon cœur ? O mon âme ! pauvre oiseau ! la cage qui t'enferme est en ruine. Il faut la quitter à tire-d'aile...

Les jours suivants, elle sombra dans un état second et s'enivra de ses pleurs. De peur qu'elle ne se balafrât le visage, les médecins arméniens lui coupèrent de force l'ongle de son petit doigt dont elle devait se servir en cas de deuil ou d'une tristesse insurmontable.

Deux semaines plus tard, le Grand maître des rites interrompit son chagrin. Il la pria d'évacuer Topkapi et de se rendre, sans délai, au Vieux Sérail d'où elle ne sortirait jamais plus.

— A partir d'aujourd'hui, vous paierez à Allah et aux lois du harem les dix années de faveur impériale. N'emmenez ni bijoux ni or. Vos effets ne dépasseront pas la hauteur d'un melon d'eau. Contentez-vous d'emporter quatre fichus de soie, quatre caftans et vos masques noirs représentant le museau d'une louve. Personne, pas même un eunuque, ne lèvera désormais les yeux sur vous.

— Une impératrice ottomane n'a pas coutume d'être défiée de cette manière-là, l'interrompit Kossem. Il y a quelques jours, j'étais encore respectée. Un seul battement de mes cils me faisait obéir des deux mille eunuques du palais ! J'ai été la reine de ce palais et la dame d'amour de votre maître. En me soumettant à vos contraintes, vous profanez sa grandeur et sa mémoire. Aussi, je vous conseille de me rendre justice et de ne plus troubler le repos de mon âme.

Devant l'obstination du Grand maître des rites, elle se vêtit de cinq mantilles de dentelles noires et chemina dans l'allée aux Carrosses afin de monter dans la litière qui l'amènerait au Vieux Sérail. Toute la cour s'était réunie au grand complet pour s'incliner une dernière fois devant elle. Malgré la période inachevée du deuil, Mustafa était vêtu d'un caftan étincelant, couvert de joyaux. Le maréchal du palais et le maître de ses gentilshommes blancs l'entouraient, décorés des plus hautes distinctions de l'Empire. Amurat, Ibrahim et Tarchane se trouvaient à leurs côtés, prostrés.

A la vue de ses trois enfants, Kossem eut de la peine à réprimer son émotion. Désireuse d'obtenir la permission de les emmener avec elle au Vieux Sérail, elle demanda à s'entretenir en privé avec Mustafa.

Le sultan accepta aussitôt, la prit à l'écart et la pria de reconsidérer sa décision de s'ensevelir au Vieux Sérail.

— Pétale après pétale, tes pleurs sont tombés. A présent il faut revenir à la vie, lui dit-il. Mon frère a longtemps lutté contre les terribles lois de l'Empire. Quelle serait son attitude s'il te voyait te résigner à ton sort ?

— *Babadjim,* Petit Père, durant ces semaines tu t'es conduit avec noblesse, le remercia Kossem. Tu as été mon réconfort et mon soutien. Seulement, si je restais au harem, je serais ton butin de guerre. Or je ne veux dépendre de personne. J'irai donc dans cette citadelle pour abriter ma peine.

— Ahmed ne méritait pas tes pleurs ! s'emporta-t-il en fixant le lointain d'un air farouche. Au hasard de mon inspection dans la chambre de la Méditation, j'ai ouvert le coffre-fort où il déposait ses documents les plus précieux. J'y ai découvert des rapports où j'étais dénoncé comme un dangereux conspirateur, doublé d'un fornicateur sans foi ni loi. Mon frère avait même ordonné une enquête à mon propos. Nulle bonne raison ne l'aurait poussé à me pardonner.

Il se tut, mais ses yeux semblaient dire : « Au fond sa mort était ce qui pouvait nous arriver de mieux. Je n'aurais pas supporté d'imaginer son corps se presser contre le tien. Peut-être aurais-je commis des folies pour rompre votre bonheur ? »

En écoutant Mustafa, Kossem se demanda quel moyen

s'offrait à elle de survivre et de demeurer libre sans offenser la mémoire de son époux.

— Les usages me donnent le choix entre le Vieux Sérail et une souffrance encore plus grande, dit-elle comme si une idée lumineuse venait de lui traverser l'esprit. Pourquoi ne consacrerais-je pas ma vie aux pauvres de la ville ? En m'obligeant à visiter les déshérités chez eux, je me sentirai utile et je saurai pourquoi Allah m'a infligé tant d'épreuves. Les portes du harem ne s'ouvrent qu'en cas extrême, un incendie ou une épidémie par exemple, mais mon doux époux Ahmed a modifié le Livre des cérémonies qui régit la vie des veuves impériales. Par ailleurs, cette faveur de sortir dans les rues n'est pas unique dans les annales de l'islam. Les femmes du Prophète se hasardaient dans les taudis d'Arabie. Elles créaient des hospices, s'introduisaient dans les maisons d'arrêt et portaient leurs dons à des prisonniers, munies d'une autorisation spéciale de leur époux. S'il le faut, je m'enlaidirai. Je m'habillerai d'un tchador repoussant et m'efforcerai de courber mes épaules afin de paraître d'un grand âge. Pour m'escorter, il te suffira de désigner des eunuques robustes. Ces Nubiens me serviront autant de gardiens que d'aides soignants. Ils porteront des hottes contenant des onguents, des médecines, des vivres et tout ce dont les pauvres hères ont besoin. Les vieilles de la vallée des Larmes m'ont appris le mystère de la science, des herbes et des plantes. J'utiliserai ces connaissances pour soulager la détresse des gens. Par ces temps troubles, je deviendrai ta messagère auprès du peuple. Un jour tu me seras reconnaissante d'avoir pris soin de ta popularité, car les pauvres seront les fleurons de ta couronne.

— A ma connaissance, les recommandations du Livre des cérémonies sont formelles, répliqua Mustafa avec énervement. Aucune femme ne doit s'éloigner à plus de huit lieues du harem impérial. D'autre part, il nous faut compter avec les dévots de l'islam. Ils trouveront ton comportement inconsidéré. Et puis il t'arrivera une mésaventure, dans ces faubourgs mal famés. Si tu le désires, tu pourras aller au Vieux Sérail pour secourir les recluses et leur apporter des dons comme tu le faisais auparavant. Je ne peux mieux te dire. Je t'apporte le harem sur un plateau d'or, tu en seras la reine sans partage. A toi de décider maintenant.

Devant l'obstination de sa belle-sœur, Mustafa la soupçonna de n'être pas vraiment chagrinée par la mort d'Ahmed. Selon lui, Kossem semblait contente de mettre un terme à son deuil, de ne pas demeurer cloîtrée pour le restant de ses jours. Dans un sens, il réalisait le formidable coup de chance passant à portée de sa main. S'il satisfaisait les caprices de la jeune veuve, il disposerait ensuite de temps pour entreprendre sa conquête et s'unir à elle, conformément aux dernières volontés du défunt. Dans le cas où il la contrarierait, elle s'enfermerait à vie, et s'envolerait alors tout espoir de la convoiter un jour.

De guerre lasse, il finit par accepter son souhait de venir en aide aux pauvres d'Istanbul. Elle sortirait de Topkapi au matin et reviendrait le soir, avant la dernière prière de la journée.

La Grecque fut étonnée d'avoir obtenu si vite l'accord de Mustafa. Elle se garda de trop s'interroger sur ses raisons réelles et accueillit cette faveur avec reconnaissance. D'ici quelque temps, elle pensait trouver une solution afin de calmer les ardeurs amoureuses de son seigneur et beau-frère.

Mais le hasard allait s'en charger tout seul, surtout lorsque le hasard en question est puissamment aidé...

6

Le 12 décembre 1617, au moment où les portes sacrées du sérail s'ouvraient devant elle, Kossem frémit de tout son être. Entourée de quarante eunuques armés de hallebardes et de yatagans, elle aborda la rue du Divan et la place du Croissant qui précèdent le harem impérial. Jamais elle n'avait imaginé une telle cohue, une pareille animation, des ruelles si étroites.

Lourde de siècles et d'intrigues, convoitée par les conquérants les plus prestigieux, Istanbul, ville de cinq cent mille âmes, lui apparut à l'image d'une courtisane belle en apparence, mais en réalité malsaine et dangereuse. Sans la présence des eunuques, Kossem se serait exposée à bien des vulgarités. Tout au long de la journée, elle fut obligée de marcher sur un trottoir exclusivement réservé aux femmes et ne put s'attarder devant les étalages des bazars. Croisait-elle un musulman un peu trop entreprenant, il lui fallait baisser la tête, réajuster son voile, tourner son visage contre le mur et attendre le passage de l'importun pour continuer son chemin.

Tout d'abord la sultane se sentit à peine tolérée. Les habitants la considéraient d'un air soupçonneux et se demandaient si cette dame de la cour ne venait pas se repaître de leurs misères. Quelques audacieux même l'insultèrent, lui jetèrent des cailloux. Parce que les usages lui interdisaient défense de répondre à ses agresseurs, Kossem opposa aux sarcasmes une patience inhabituelle. Le dos scié par les lanières de la hotte qu'elle portait en signe de pénitence, elle sillonna le faubourg de Top-Hané et les quartiers misérables du port. Elle gratta à la porte des masures, aida les vieilles femmes, mit la main à l'ouvrage et fit chanter les bûches dans les cheminées abandonnées. Aucune musulmane sensée ne se serait aventurée là où elle choisissait de se rendre, mais la foi de sa mission l'emplissait d'une exaltation merveilleuse.

A l'annonce de cette prouesse, les dévots musulmans déchaînèrent une tempête de protestations. Il n'y avait point d'exemple, à Istanbul ou ailleurs, qu'un sultan eût jamais laissé une dame s'aventurer en ville. Les religieux se demandèrent si ces escapades ne cachaient pas une intention inavouable. Ils étaient en fait surtout envieux d'entendre les ovations accompagner Kossem à chacune de ses sorties. Dieu sait ce qui pourrait advenir d'une telle princesse, très jeune, déjà célèbre, et mère de deux princes qui, un jour, seraient en âge de régner !

Kossem ne se soucia pas de ces protestations. Tout au long du mois de janvier, elle se dépensa sans compter, allant d'un pas décidé sur les chemins boueux comme si rien ne l'effrayait ni ne l'arrêtait. Son amaigrissement fut tel que l'anneau de mariage glissa de son doigt décharné et fit le bonheur d'un pauvre hère de la ville qui ne manqua pas de le ramasser.

En cette soirée du 26 février 1618 elle revenait au sérail percluse par les longues marches qui l'avaient conduite à travers la ville. Chaque pas la faisait souffrir, mais d'avoir secouru la misère des habitants illuminait son âme.

D'ordinaire, les portiers aux visages avenants l'accueillaient au guichet d'entrée, s'inclinaient devant elle avec les marques du plus profond respect. Contrairement à l'habitude, ce soir-là, des eunuques aux yeux fiévreux saluèrent à peine son arrivée, et esquissèrent, à son intention, des sourires énigmatiques qui l'intriguèrent. Le couloir qu'elle emprunta pour rejoindre ses appartements lui sembla silencieux, comme si les pierres retenaient leur respiration. Pourquoi les cires en avaient-elles été éteintes ? Qui les avait soufflées ?

Soudain, des silhouettes embusquées derrière les tentures jaillirent devant la sultane, la saisirent par l'épaule, la jetèrent sur le carrelage. Une brève seconde, la Grecque entrevit ses deux fils qu'on tentait de ceinturer puis, plus loin, des Nubiens, revêtus de terrifiantes armures de guerre.

Sans savoir pourquoi, Kossem songea à Mustafa. Son beau-frère était-il revenu sur sa décision de la laisser aller librement en ville ? Voulait-il la séquestrer ? La posséder contre son gré ?

A peine remise de sa frayeur, elle entendit hurler :

— Faites place ! Fronts courbés devant le sultan Osman II et l'impératrice douairière, la très honorable validé Mahfirouz !

La présence de sa rivale au palais était la dernière chose à laquelle Kossem eût songé. Mahfirouz lui apparut telle la reine de Saba au jour de son couronnement. Derrière elle se tenait son jeune fils Osman, un adolescent d'une quinzaine d'années. Abrité sous un parasol d'apparat, coiffé d'un turban de soie, il donnait l'impression d'un enfant timide, commettant une mauvaise action, à son corps défendant.

— Inclinez-vous devant le sultan ! s'écria Mahfirouz. Il est le maître de la Turquie, parce que le premier des fils d'Ahmed !

Malgré la pression de ses agresseurs, Kossem parvint à se relever. Mahfirouz lui laissa à peine le temps de reprendre ses esprits.

— Il ne te suffisait pas de posséder le sultan et de convoiter Mustafa, la nargua-t-elle, il te fallait aussi t'aventurer dans les rues de la ville afin d'être séduite par les musulmans les plus méprisables. Cependant ton plan a lamentablement échoué. Les muftis, auxquels tu t'es toujours opposée, t'ont condamnée. Ils prépareront ton procès et te jugeront.

Kossem aurait pu choisir de se maîtriser, mais elle scruta son ennemie avec une violence inouïe.

— Je suis dans le palais de mon beau-frère et j'y ferai ce que bon me semble ! rétorqua-t-elle comme si elle ne comprenait pas la situation.

A cette phrase, Mahfirouz émit un criaillement hystérique.

— Tu n'as plus de palais. Cette demeure est la mienne ! Les colonels de l'armée sont venus eux-mêmes me libérer de la prison de Daoud Pacha où Ahmed a eu tort de me reléguer. J'ai acheté la complicité de mes gardiens en leur promettant trente fois le revenu annuel d'un pacha de l'Empire, et cela a suffi à les corrompre. Un décret signé par les muftis a rendu illégal le règne de Mustafa. Je conteste le testament de feu ton époux et entends rétablir l'ancien ordre de succession : seuls les fils aînés succéderont à leur père.

A la façon dont elle se sentait observée, Kossem se vit déjà ligotée dans un « sac à oubli », noyée dans les profondeurs du Bosphore.

— Et Mustafa ? s'inquiéta-t-elle sans trop d'illusion.

Mahfirouz prit une expression moqueuse et gratta une invisible tache sur la manche de son caftan.

— Mes gardes l'ont évacué au Vieux Sérail. Rassure-toi, je n'ai nullement l'intention de le tuer. Il me suffira de le savoir enfermé. Si je t'épargne, ce sera pour te voir subir son sort.

— M'avoir à ta portée et ne pas m'achever représente une folie, ironisa la Grecque. Tu ne seras plus jamais tranquille avec moi !

— Les soldats m'ont demandé de t'épargner. Après tout, ils sont les artisans de ma victoire ! Et puis je n'ai pas envie de me les mettre à dos. Il me faut gagner du temps. Un jour viendra où je n'aurai plus à respecter mes engagements. Cependant, je l'avoue, j'ai une dette envers toi. Si tu l'avais désiré, tu aurais pu m'assassiner. Or, tu as supplié Ahmed de me traiter en prisonnière d'Etat. Durant les cinq années de mon internement, je n'ai manqué ni de parfums ni de bijoux. Nous voilà quittes. Aussi estime-toi heureuse. Une autre à ma place t'aurait livrée au lacet des étrangleurs. Peut-être changerai-je d'avis, mais en attendant tu connaîtras la mort lente de la prison du Vieux Sérail. Tu garderas tes deux fils Amurat et Ibrahim avec toi. Quant à ta fille Tarchane, elle sera acheminée dans la Maison des Réprouvées du faubourg de Yédikoulé. C'est un endroit exécrable où des tenancières de tripot donnent à des fillettes de son âge une éducation spéciale.

— Je t'en conjure ! supplia Kossem. Pas ma fille ! Au nom de ta mère ! Prends ma vie et épargne la sienne ! Rappelle-toi comment j'ai sauvé ton fils Osman il y a quelques années. C'était lors de sa circoncision. Comme il perdait son sang (*) les médecins du palais avouèrent leur incapacité à le soigner. Grâce aux herbes et à la science qui m'a été transmise par les sultanes du Vieux Sérail, j'ai enrayé son mal. J'aurais pu le laisser mourir, mais je ne m'en estimais pas le droit. C'est pourquoi je m'adresse

(*) Il était hémophile.

à ton cœur de mère. Me séparer de Tarchane et profaner son innocence, j'en mourrais !

— Crier de la sorte ne changera rien à ton affaire ! persista Mahfirouz. Plus tard, Tarchane sera percluse de vices et il ne me sera pas difficile de la convaincre que tu es la cause de son malheur. Ta fille éprouvera pour toi une haine farouche contre laquelle tu seras impuissante. Les muftis ont d'ailleurs signé un décret la concernant, l'éloignant de Topkapi et la plaçant dans cette maison de redressement. Quant à tes amis, les mendiants et les vagabonds d'Istanbul, ils veilleront sur ta précieuse santé. A eux reviendront les frais de ta subsistance et de ton entretien, car je suis bien décidée à ne pas verser un aspre pour ta literie et ta nourriture. Maintenant, hors de ma vue, et sermonne un peu tes deux fils ! Ils lancent des jurons et des horreurs qui font mourir de rire tous mes gardes !

Trop fière pour se laisser aller à de vaines supplications, Kossem n'accorda aucun regard à Mahfirouz. Précédée de ses cerbères, elle prit la main de ses deux enfants et ses voiles happés par le vent, s'enfonça sous les rameaux blancs des acacias qui recouvraient les tonnelles du harem. Sur la première esplanade du sérail, vers le Puits du Bourreau, où avaient lieu les exécutions capitales, une grande détresse l'envahit. Lui fallait-il vraiment compter sur la pitié de sa rivale ? Avec effroi, elle s'imaginait étranglée par les muets du sérail, dépecée, le corps noir de plaies, agonisant sur le pavé. Obéissant aux injonctions des gardes, elle se résigna à monter dans une charrette de femme du peuple qui la mena au Vieux Sérail. Ses deux enfants se blottirent contre elle. Dans leurs yeux immenses, moirés de larmes, se lisait l'épouvante. Secoués par les cahots de l'attelage, ils demeuraient hostiles, et donnaient l'impression de renardeaux pris au piège.

Kossem semblait ne pas les voir, incapable d'une réflexion cohérente. Après avoir connu l'amour d'un sultan, dix ans de bonheur conjugal, la foi auprès des pauvres, elle redoutait maintenant la solitude et l'enfermement. Lorsqu'elle pensa à Tarchane, puis à Mustafa, son imagination lui fit craindre le pire. Etaient-ils seulement vivants ? Et Saut de Biche, avait-il été maintenu dans sa charge de gouverneur ?

Au long du trajet, un important dispositif avait été déployé. Une foule indécise regarda passer la carriole. Quelques murmures de mécontentement s'élevèrent. Ce furent là les seules manifestations de sympathie, car jusqu'aux abords du Vieux Sérail, la ville semblait comme en état de siège.

La porte de la vallée des Larmes franchie, Kossem se laissa emporter par les gardes et accéda au greffe de la prison où l'on inventoria ses effets.

Tout à coup, un tintement de clochettes annonça l'arrivée du gouverneur.

— Place au commandant Checher Para Agha, maître, après Allah et le sultan, de la citadelle des Tourments. Puisse Dieu l'aider en la circonstance !

Saut de Biche — puisqu'il s'agissait de lui ! — joua son rôle de geôlier avec une rouerie forgée par l'habitude. Caché derrière son masque et son pavillon de soie, il écouta les consignes des envoyés de Mahfirouz et garda un ton égal, soucieux de ne pas trahir sa vieille complicité avec Kossem.

S'ils l'avaient désiré, les sbires de Mahfirouz auraient pu demeurer sur place pour s'assurer que tout se passait selon les instructions de leur maîtresse, mais l'enceinte lépreuse de la forteresse et le cérémonial étrange qui précédait la venue du gouverneur leur firent considérer toute inquisition comme inutile et ils s'éloignèrent sans demander leur reste.

Dès leur départ, l'eunuque surgit de derrière son rideau. Soulagé de se retrouver en tête à tête avec la sultane, il lui prodigua des marques d'attention et la conduisit à la cellule de l'Oubli où Mustafa avait été enfermé.

Quand il entendit la porte de la cellule s'ouvrir, le sultan déchu se leva de sa paillasse et se mit à racler les murs de ses doigts crispés. Voir sa belle-sœur en cet endroit le remplit à la fois d'espérance et d'effroi. Devant son air interrogateur, Kossem alla au plus pressé et lui expliqua comment elle avait autrefois réussi à remplacer le gouverneur mourant par son propre cousin. Mustafa demeura un long moment, sans esquisser un geste ni prononcer un mot. S'étant assuré que personne ne l'observait, il extirpa de la poche de son caftan une trentaine d'émeraudes et une rivière de diamants qu'il disait avoir dissimulées quelques minutes avant l'intrusion de Mahfirouz. Peut-être ces joyaux serviraient-ils un jour !

Saut de Biche ne laissa pas le sultan s'enthousiasmer plus longtemps :

— Rien n'est encore joué, dit-il. Qui sait si Mahfirouz ne me remplacera pas par l'un de ses protégés ? Je parie qu'elle enverra des inspecteurs pour voir de quoi il retourne. Ses sbires s'assureront, par eux-mêmes, de ma fermeté envers vous. S'ils constatent quelque anomalie, ils me relèveront de ma charge de gouverneur et nommeront à ma place une de leurs âmes damnées. C'est pourquoi nous devons envisager toutes les précautions. Vous allez donner aux inspecteurs l'impression d'être maltraités. Dépouillez-vous de votre caftan luxueux et revêtez ces haillons. Une fois les mouchards repartis d'ici pour rédiger leur rapport à Mahfirouz, je vous libérerai. Vous disposerez ensuite des meilleures chambres et d'une grande liberté de mouvement. Sultan Mustafa, vous demeurerez ici dans votre cellule du Séjour de l'Oubli. Faites comme je vous l'ai indiqué. Quant à moi, j'accompagne la sultane et ses enfants dans leur cachot.

Malgré la fermeté de Saut de Biche, Kossem ne se sentait pas rassurée. Elle prit la main de ses enfants, suivit l'eunuque dans les couloirs du sous-sol et entra dans le cachot qui lui était destiné. C'était une geôle sinistre qui n'avait pas dû entendre beaucoup de rires. Aucune lumière n'avait pénétré ce lieu condamné aux ténèbres. La porte, d'une épaisseur de six pouces, était fermée depuis longtemps. On disait cet endroit hanté par les esprits. Y entrer, ou en respirer l'air, revenait à sombrer dans la folie ou à mourir dans l'année. Plus d'un eunuque avait voulu en forcer le secret, mais personne ne les avait revus vivants.

Kossem fut horrifiée par le spectacle qui s'offrait à elle : un grabat mité et des draps de toile rêche ! Sur les murs dépourvus de fenêtres, elle aperçut des traces, comme si du sang y avait séché. Elle prit dans ses mains les malheureuses affaires que lui tendait Saut de Biche : trois pantalons bouffants, une cotonnade, et des sandales de chanvre.

— Voici un poignard, ajouta l'eunuque. Mettez-le dans votre gorgière. Au cas où je ne pourrais intervenir, vous seriez à même de vous défendre et de porter un coup à vos agresseurs. Le gardien en faction devant votre porte vous préviendra de l'intrusion des inspecteurs de Topkapi ; il frappera le vasistas d'une manière convenue entre nous.

Demeurée seule, la Grecque ne put se défendre de l'impression d'avoir été manœuvrée, et de nouveau ses doutes l'envahirent. La sincérité de Saut de Biche était-elle feinte ? L'eunuque triompherait-il des obstacles qui se dressaient devant lui ? Et s'il prêtait allégeance à Mahfirouz ?

A la tombée de la nuit, les inspecteurs dépêchés par Mahfirouz entrèrent en trombe au Vieux Sérail et investirent les cellules du sous-sol. En une fraction de seconde, Kossem fut avertie de leur intrusion.

— Attention ! cria le gardien. Les gens de Topkapi sont arrivés. Ayez l'air d'être malheureuse !

La Grecque s'étendit sur son grabat et fit allonger ses enfants devant elle.

— Pas un mot ! commanda-t-elle. Dormez ! Des méchants veulent notre mort !

D'un geste brusque, elle les recouvrit d'une couverture. Par un jour habilement ménagé, elle vit les mouchards s'avancer. Ils avaient des mains d'étrangleurs et des visages sinistres. Ils coulèrent un regard halluciné dans chaque recoin du cachot dans l'espoir d'y découvrir quelques anomalies, fouillèrent dans la lingerie et finirent par s'en aller.

Lorsqu'il fut absolument sûr de leur départ, le gardien entrouvrit le judas, et signifia à Kossem de se méfier. Il avait, en effet, surpris entre les inspecteurs une conversation selon laquelle ils ne tarderaient pas à revenir. Aussi était-il au regret de ne pouvoir la libérer dans l'immédiat et se voyait-il dans l'obligation de la maintenir dans l'isolement le plus complet.

— Combien de temps pourrai-je tenir ? ne cessa de se demander Kossem.

Faute de fenêtre, il était impossible de voir ce qui se passait au-dehors. Les enfants furent longs à trouver le sommeil. Pour les endormir, elle leur raconta d'une façon incertaine l'histoire des trois lutins sortis d'une énorme citrouille. Comme ils prétendaient la connaître, elle se rabattit sur les mésaventures de la nourrice Kondgé Goul. Même échec. Alors elle détailla en long et en large la fable de l'ours Kodja Oglou, un impénitent mangeur de miel, dont la légende venait du fond des âges. Une heure plus tard, les garnements refusèrent de se laisser bercer. Elle s'efforça de les distraire de son mieux, et accomplit des tours de magie avec des boutons de caftan qu'elle fit disparaître et réapparaître derrière le lobe de leurs oreilles. Ils ne tardèrent pas à s'endormir. Assise au bord du lit, Kossem les veilla farouchement. Au matin, elle s'efforça de ne pas céder au désespoir, mais les allées et venues des mouchards aggravèrent son impatience. Maintenue au secret pendant des semaines, elle accomplissait difficilement ses ablutions. Pour boire l'eau, elle utilisait celle du baquet qui lui servait à laver son linge, dont elle écartait les souillures de la main. Lorsque Saut de Biche la libéra un mois plus tard et la fit venir dans ses appartements, elle impressionna tout le monde par sa maigreur de louve et sa puanteur.

— De quel droit nous as-tu séquestrés ? s'exclama-t-elle. Pourquoi ne nous as-tu pas libérés plus tôt ? Parle ! Nous avons maigri au point que le souffle du Bosphore pourrait nous faire tomber. A peine si tu nous as permis d'aller dans la salle d'eau. Des jours durant, il nous a fallu subir l'odeur de nos excréments. Est-ce donc la peine de t'avoir nommé gouverneur ?

A ces mots, Saut de Biche devint gris, ce qui était la manière des eunuques de pâlir.

— Veuillez me pardonner, mais je ne regrette pas d'avoir agi ainsi. A présent, les inspecteurs sont persuadés de ma férocité. Je le sais. Vous avez considérablement souffert. Le gardien de votre cellule m'a révélé combien l'air de votre cachot était devenu irrespirable. Désormais, nous n'aurons plus à subir les visites-surprises de ces sbires et vous disposerez de toute la liberté souhaitable. Détendez-vous. Mes gens vous conduiront au hammam. Restez-y le plus longtemps possible. A votre retour, vos tables seront garnies de mets dont vous me direz merveille.

Plongée dans un bain aux sels de jasmin, Kossem eut tout le temps de se remettre de sa fatigue et de ses émotions. Puis, elle se retrouva avec ses deux fils devant des assiettes où les jarrets de mouton rôtis à la braise et les pâtés de caille auraient suffi à provoquer une émeute parmi les gens du faubourg de Galata.

Amurat et Ibrahim se précipitèrent sur les bouchées de riz avec l'avidité d'enfants peu sûrs de leur prochain dîner. On termina par une crème chaude à la pistache et une infusion à la fleur d'oranger, ce qui était la moindre des choses.

Détendue par un tel déjeuner, la sultane passa des larmes au rire avec une rapidité qui déconcerta le gouverneur.

— Une chose m'intrigue, avoua-t-elle, comment le gardien de ma cellule a-t-il pu m'avertir à temps de la présence des sbires de Mahfirouz ? Avez-vous un code pour vous prévenir les uns les autres ?

— Le Vieux Sérail a été construit en labyrinthe de façon à égarer d'éventuels agresseurs, expliqua l'eunuque en faisant mine de lui confier un secret. Tout le monde ignore la disposition exacte des souterrains, catacombes et galeries secrètes. Il nous a donc été facile de conduire les sbires de Mahfirouz dans les couloirs les plus longs de la prison. Pendant ce temps, les eunuques de la Garde Voilée ont pris des raccourcis pour parvenir au sous-sol. Les moyens dont nous disposons sont multiples. Souvent nos yeux et nos doigts vont plus vite que nos jambes. La manière de pencher nos bonnets sur la tête, le nombre de bagues à nos mains et la couleur de nos étoffes ont un sens particulier. Une aigrette rouge arborée sur la calotte d'un guichetier ? Cela signifie l'imminence d'un danger. Même le cliquetis des trousseaux de clefs nous signale la présence de personnes indésirables au parloir. De toute manière mes appartements ont été conçus pour avoir une vue sur quatre angles. Je peux tout observer, alerter mes gens et organiser rapidement ma défense.

— Et où comptes-tu nous loger ?

— Pour vous et vos enfants, j'ai choisi trois chambres du premier étage. Ces chambres ont la particularité d'être reliées à vos cellules du sous-sol par un escalier dérobé dont personne ne connaît l'existence. En cas d'alerte vous emprunterez ce passage secret qui vous permettra de rejoindre votre cachot et le gardien, mon complice, vous y enfermera aussitôt. Ensuite vous vous dépouillerez de vos robes somptueuses et endosserez vos habituels haillons. Ces chambres, vous le verrez, sont spacieuses. Les fenêtres y ont des carreaux colorés, les lits des oreillers gonflés de duvet d'oie. J'y ai fait mettre du linge, des serviettes, des rince-dents, des peaux de chèvre d'Anatolie, des résines aromatiques et trois Corans munis de fermoirs. Vous avez également à votre disposition une salle d'eau avec des cristaux de bain et une baignoire égyptienne.

La Grecque se rendit compte combien elle s'était trompée au sujet de Saut de Biche. Quelle volonté que la sienne ! Quelle force dans son désir de lui être agréable ! Grâce à lui, ce qui était apparu comme désespéré avait fini par se résoudre d'une façon magistrale. Avec un tel appui, Kossem réaliserait des intrigues sulfureuses, et les pires idées qu'on s'était faites à son propos ne seraient rien à côté de la réalité.

Les deux années suivantes, qui auraient pu s'écouler avec une lenteur morbide, passèrent comme l'éclair. Tous les soirs, la sultane consignait dans un carnet satiné, marqué aux armes d'Ahmed, les faits les plus marquants de la citadelle. Elle trempait sa plume d'étain dans une encre verte et, d'une écriture à la fois fine et élégante, faisait revivre ses joies et ses tourments :

Vallée des Larmes, rébiou-el-aoual 1027
de l'hégire (février 1618...).

Les journées qui se sont enfuies ont été comme les amandes, les unes douces, les autres amères. Y aura-t-il encore une alerte aujourd'hui ? Subirons-nous la visite des gens du palais ? Combien de fois avons-nous couru dans l'escalier qui relie mes chambres du premier étage à mon cachot souterrain !

Entre Saut de Biche et moi des liens se sont tissés. En un autre endroit, il m'aurait été impossible de trouver un complice aussi formidable de prévenances et d'intelligence. Je suis envahie d'un sentiment de gratitude et je m'attache à sa présence chaque jour davantage. Avec lui je ressens une sensation de camaraderie, la curiosité et le bonheur de partager ses secrets et ses misères quotidiennes.

Jusqu'à présent Babadjim (Mustafa) *ne m'a pas importunée. Il y a quelque temps, je me suis attendue à une offensive de séduction de sa part. Afin de l'intimider je garde mes distances. Non, il ne tente rien. A-t-il compris qu'il est mon frère ?*

Je dors avec mes deux fils, Amurat et Ibrahim. J'ai besoin de les sentir contre moi, tant la chaleur de leurs corps me rassure. Chaque matin ils se disputent. Après les avoir forcés à faire la paix et à venir se blottir dans le creux de mes bras, je leur jette un regard de mère courroucée et leur apporte un plateau sur lequel fument des tasses de chocolat à la cannelle, des bâtonnets de sucre de poire et des crêpes anatoliennes. Un coup de baguette ne les empêche pas de se déchirer pour un malheureux beignet aux acacias, ni de le manger gloutonnement. Avant de les laisser s'éloigner dans les couloirs, je leur mets quelques touches de parfum derrière le lobe de l'oreille et la chambre a bientôt une odeur de pommier. Ils m'embrassent, courent, passent leur tête dans l'entrebâillement de la porte. Réconciliés, ils rient. Tout à l'heure, si le temps le permet, je leur apprendrai l'art de faire sautiller une orange d'Espagne sur le jet d'eau de la cour des Soupirs...

Les saisons se succèdent et Saut de Biche est notre providence. Grâce à lui, Babadjim loge dans une aile du premier étage, mais à l'autre bout de la prison, car j'ai interdit à notre ange gardien de l'installer près de mes chambres. Quant à moi, je dispose d'une armoire tournante, d'un passe-plat vénitien et d'un monte-charge entre les cuisines du rez-de-chaussée et mon appartement. Le matin, Saut de Biche fait venir notre petit déjeuner et quelquefois du lait crémeux acheté dans une ferme du faubourg de la capitale. Nous déjeunons et dînons ensemble dans une atmosphère familiale chère à mon cœur. Mon confident me propose des mets avec du soleil partout : farces au poivre blanc, jeunes rôtis aux sauces de paprika, poulet cuisiné dans une pâte de sésame au vinaigre, enrobé de feuilles de thé et fumé au bois de camphre. Hier encore une bosse de chameau daubée dans son jus. Derrière les carafes de cristal et les chandelles de Gênes, nous dégustons des loukoums dont nous nous amusons à éparpiller la poudre blanche. Nous passons dans l'alcôve voisine pour y siroter une petite liqueur d'Arménie. Mes chants séduisent mon auditoire. D'après Saut de Biche, ma « voix est la caresse d'une goutte de rosée sur un cristal de Bohême. » Le poète !

Demain les enfants sortiront pour la première fois : ils iront dans l'allée qui sert de promenoir aux recluses. Il me faut redoubler de vigilance, car le minaret de la mosquée voisine sert d'observatoire aux séides de Mahfirouz, le muezzin aveugle y a été remplacé par un espion aux yeux de lynx qui épie ce qui se passe à l'intérieur de la vallée des Tourments.

Dans quelques semaines, Saut de Biche nous permettra de cultiver derrière ses appartements un jardin potager dont nous extraierons quelques produits pour notre usage personnel. Nous voilà transformés en paysans rouméliotes. Si Mahfirouz savait !...

Les collecteurs de poils sont arrivés cet après-midi et nous avons failli être percés à jour. Chaque année, Mahfirouz envoie ses barbiers pour raser mes deux enfants du cou jusqu'au bas de la cheville. Au retour de ses messagers, ma rivale inspecte le duvet avec une méfiance morbide, cela suffit à la tranquilliser et à la persuader qu'elle n'a rien à redouter d'enfants encore trop jeunes pour représenter un véritable danger.

Malgré son âge, Amurat est velu, à l'image de son pauvre père, et ses poils sont devenus épais, sombres et drus. J'ai craint quelque mauvais agissement de la part de la plus cruelle de mes ennemies. Une nuit, avant l'arrivée des collecteurs, je me suis précipitée sur Amurat pour lui administrer une drogue de Malaisie et épiler son corps, poil après poil, y laissant les plus tendres et les moins dangereux. Malgré l'opium, mon enfant a considérablement souffert. Des plaques se répandirent sur son torse, et il dut me mordre à travers les pans de mon caftan pour ne pas crier de douleur. Plus tard, je le fis s'allonger une journée entière dans un lit de poudre de talc, ce qui ne l'empêcha pas de se plaindre de démangeaisons...

A la suite de cette épreuve, j'ai demandé à Allah la force de ne jamais m'avouer vaincue. Si je dois quitter cette terre, je la quitterai, mais Mahfirouz n'obtiendra pas une plainte de ma part, et les seules paroles qui franchiront mes lèvres parleront d'honneur et de liberté !

7

Lorsqu'elle laissa errer son regard autour d'elle, en ce matin d'hiver 1620, la Grecque crut rêver, car rien dans l'alcôve où elle se trouvait n'offensait son orgueil de sultane. Son lit italien à baldaquin était orné de crépines d'or avec une mosaïque bleu turquoise qui représentait les saisons de l'année. Le reste du mobilier conspirait à créer une atmosphère feutrée qui la rassurait. Les flacons d'albâtre et les pots de cristal de sa poudreuse lui procuraient toujours un ravissement extrême. Près du sofa, elle s'attarda à contempler des ouvrages arabes et turcs : une grammaire rimée, l'histoire des califes de Bagdad et des sentences coraniques.

A peine si elle entendit Saut de Biche qui venait de se faire annoncer. Selon la coutume, l'eunuque déclama dix formules de politesse avant d'entrer dans le vif du sujet. A son air, la sultane devina tout de suite qu'il avait des nouvelles à lui transmettre. Comme il lui lançait un regard admiratif, elle lui adressa des reproches à peine nuancés.

— Saut de Biche, tu me contemples comme une femme dont il serait impossible d'obtenir un baiser. Ton respect confine trop à la vénération. Je suis une musulmane quelconque !

— Vous n'êtes pas une dame ordinaire, répliqua-t-il dans une gêne confuse. Contrairement aux odalisques de Topkapi, vous ne méprisez pas les Noirs et les esclaves.

— Et pourquoi devrais-je détester les eunuques ? s'exclama-t-elle en se saisissant d'un narghilé. La plupart des accusations portées contre eux sont absurdes. Ne sont-ils pas des hommes comme les autres ? Quant aux eunuques de cette prison, j'ai deviné leurs souffrances. Beaucoup ne supportent pas leurs humiliations. Si Allah me permet de revenir à Topkapi, je fais le serment d'interdire ces pratiques d'émasculation et de détruire les établissements de castration.

— Un tel vœu ne se réalisera jamais, gémit l'eunuque, car Mahfirouz ne se laissera pas dépouiller de son trône. Je viens de recevoir une lettre où elle m'ordonne de vous traiter comme la poussière de mes sandales.

En distinguant une pointe d'intérêt qui s'allumait dans les yeux violets de Kossem, il déplia un papier bleuté marqué au chiffre de Mahfirouz et, après s'être éclairci la voix, lut le contenu :

Au gouverneur de la prison dite « le Puits des Lamentations ».

Pour le bien de la couronne et de l'Empire.

Ordre t'est donné, à dater de ce jour, d'exercer une discipline plus rigoureuse. Tu feras couper les cyprès qui bordent l'enceinte et élever un mur près de la terrasse du nord-ouest où s'effectuent depuis des années de navrantes tentatives d'évasion. Veille à forger les portes de nouveaux barreaux, crible les poternes de verrous et défends les balustrades d'objets tranchants. Quant aux recluses, montre-toi impitoyable à leur égard. Tu les empêcheras de se rejoindre la nuit en les rivant au lit et en les contraignant à ceindre leurs hanches d'une ceinture de chasteté. La surveillance des guichetiers sera renforcée. A la tombée de la nuit, les femmes seront palpées et déchaussées.

Tu maintiendras Kossem Kadine dans l'isolement le plus complet. Refuse-lui les promenades et ne lui autorise aucun contact avec ses gardiens. La possibilité d'écrire ou de recevoir du courrier lui sera interdite. Tu ne reconnaîtras en elle qu'une simple prisonnière et tu lui dénieras le droit de s'appeler sultane. Elle aura pour seuls compagnons les punaises et les rats, et pour lit une paillasse repoussante. Faute d'eau elle ne pourra lire le Coran, ni accomplir ses prières, et sera donc en faute avec Allah. Lorsque la situation sera plus calme à Istanbul, et au moment que je choisirai, tu utiliseras le poison dont je t'ai parlé dans une lettre précédente. Ainsi mourra celle qui osa profaner le caractère sacré du trône. Telle est ma volonté. Cette missive est à brûler. Toute indiscrétion de ta part sera effroyablement châtiée. Allah sauve la validé. Que ses ennemis — si Elle en a — périssent.

Ecrit et scellé à Topkapi, 5 novembre 1620, du palais le plus beau de l'Empire comme du monde entier.

Suivait l'emblème de Mahfirouz : Guerégdurki, Il en sera ainsi.

La lecture de ce pli achevée, Saut de Biche expliqua à Kossem qu'il y avait dans la prison, non seulement les veuves des sultans, mais les concubines, épouses, filles et nièces de certains gouverneurs et pachas de l'Empire.

— Tous les dignitaires dont Mahfirouz n'est pas sûre ont été contraints de laisser leur épouse ou leur famille en otages au Vieux Sérail, commenta-t-il, l'air soucieux. Mahfirouz se garantit ainsi leur fidélité. Ces prisonnières sont à la fleur de l'âge. D'être privées d'étreintes les rend irritables au possible. Leur agitation risque d'attirer l'attention des inspecteurs de Topkapi.

En écoutant de tels propos, Kossem affecta une attitude lointaine. Elle savait que les patrouilles des eunuques avaient trouvé dans les chambres des séquestrées des boules chinoises, des crèmes, et des instruments virils en ivoire laqué et nervuré dont elles se servaient pour satisfaire leurs corps. Près de la réserve des guichetiers soudanais, les gouverneurs successifs de la prison avaient édifié un mur percé de mille orifices par lesquels les mains des prisonnières se glissaient avec des pièces de monnaie pour soudoyer les Nubiens de la Garde Voilée qui se trouvaient de l'autre côté et les obliger à les caresser. Cette aubaine architecturale avait permis aux vieilles de protéger leur identité et de calmer leur frénésie. Lorsque de tels attouchements ne leur convenaient pas, elles s'amusaient entre elles et usaient de petites boules en cuir d'hippopotame garni de barbelettes et d'un divan à bascule propre aux étreintes les plus perverses.

A vrai dire la Grecque eût aimé parler à Saut de Biche plus librement d'un tel sujet mais son sens des convenances l'en dissuada. Elle se contenta de lui demander pourquoi il n'améliorait pas le sort de ses pensionnaires.

— Les prisonnières, dont tu as la charge, ne cessent de se révolter, dis-tu. Si elles persistent dans leur comportement, les espions de Mahfirouz ne tarderont pas en effet à découvrir notre complicité. Le moment me semble venu de prendre une décision. A tout prix nous devons calmer les recluses. Pourquoi n'achèterais-tu pas des esclaves mâles aux bazars de la ville afin de les introduire discrètement ici ? Ces hommes serviront d'étalons aux femmes des pachas et la tranquillité reviendra dans ta demeure. Tu n'achèteras pas seulement des chrétiens, il nous faut aussi des femmes. Depuis quelque temps le sultan Mustafa dépérit. En continuant de s'étioler de la sorte, il ne sera jamais plus apte à gouverner, et ton rêve de voir ton prince revenir sur le trône ne se réalisera jamais. Or ton devoir est de servir ton souverain. Au cas où Mustafa serait à nouveau nommé sultan, je prends l'engagement solennel de te faire devenir *Kislar agha,* Gardien des vierges. Qu'en dis-tu ?

Etourdi par la folie et le danger d'une telle proposition, Saut de Biche s'épongea le front et ses lèvres se retroussèrent en un rictus crispé.

Sans attendre de réponse de sa part, la sultane posa une main amicale sur ses épaules et lui dit avec fermeté :

— A travers moi, tu exprimes ta vengeance. Elle donne un sens à ton existence. Les musulmans t'ont réduit à la condition d'esclave. Toi et tes semblables n'êtes que des ombres. Si vous aviez eu la force de lutter, aujourd'hui vous seriez des hommes libres. La résignation a fini par devenir votre seconde nature. Saut de Biche, tu ne peux plus reculer. Nos routes sont condamnées à se rejoindre. Elles ont la même destination. Un jour, nous abolirons l'esclavage, le harem, la castration. Mais, pour réaliser cette grande espérance, j'ai besoin de ton aide. N'avons-nous pas été victimes des hommes, de l'islam ? Ose me contredire ! Notre enfance et notre adolescence se sont déroulées dans le froid des prisons. Aussi, les misères que nous avons subies nous dispensent du moindre remords. Tu entends ? Nous ne devons plus nous interroger sur les conséquences de nos actes !

— Et comment comptez-vous acheter les esclaves ? demanda-t-il, stupéfait d'entrer aussi facilement dans le jeu de la sultane.

La Grecque salua cette question d'un éclat de rire cristallin.

— Lors de sa déposition, Mustafa a réussi à dissimuler une collection de grenats et d'émeraudes d'une valeur inestimable. Pour me remercier de mon aide, et à l'occasion de mon anniversaire, il me l'a offerte. Ces joyaux sont à monnayer. Tu en obtiendras un prix raisonnable chez les bijoutiers arméniens du faubourg de Soloumonastir.

Elle ajouta avec une assurance grandissante :

— Puisque nous sommes à l'heure des confidences, je peux te l'avouer : mon beau-frère Mustafa me voue un véritable culte. Depuis qu'il a respiré mon parfum, il prétend ne plus vouloir se pencher vers les autres roses. Je ne serais pas fâchée de le voir s'éloigner de moi. Veille à lui procurer les plus belles vierges, de blondes et ravissantes Circassiennes feront le meilleur effet. Mais ce n'est pas tout. Tu construiras un harem secret accolé à notre prison, de sorte qu'il y aura deux demeures en une seule. Ce harem secret nous permettra de rejoindre nos cellules en un temps record, d'avoir un œil sur les huit cent quatre-vingt-dix chambres de la citadelle et d'interdire à quiconque de se dérober à notre réseau de surveillance. Les architectes qui ont bâti les assises de ma mosquée m'ont montré des matériaux et une composition de leur invention qui rendent invisibles les jointures des coupoles de leur édifice. Je t'en révélerai le secret, et il sera impossible aux inspecteurs de Topkapi d'en percevoir les traces. Quatre enceintes construites l'une derrière l'autre abriteront notre domaine. Tu transformeras les cours. Tu y aménageras un lac et une rivière artificiels, une prairie, avec des bassins, des plantes, des petits ponts chinois et tu donneras à cette prison l'aspect d'un paradis tel que celui du ciel en pâlira de jalousie. Nous appellerons ce lieu la Cité Heureuse ou la Vallée Invisible. Peut-être est-ce utopique, mais ce sera un endroit sacré et inviolé, préservé de toute souillure humaine où nous, les prisonnières, vivront comme des geôlières, dans une impression de joie éternelle et de doux abandon. En cas d'indiscrétion, Mahfirouz ne croira pas ce genre d'histoire, et notre secret sera scrupuleusement gardé. Sans le vouloir, ma rivale m'a permis de prendre sur elle la plus éclatante des revanches.

Avec une suprême insouciance, la sultane discuta de toutes les difficultés qu'ils pourraient rencontrer dans l'exécution de son plan.

Quelques mois plus tard, elle fut confondue par l'aisance avec laquelle Saut de Biche s'était acquitté de sa mission. L'eunuque monnaya les émeraudes au prix le plus avantageux. Il acheta deux cents éphèbes aux oreilles perlées et une centaine de femmes de Mykonos et de Rhodes d'une beauté inégalable. Dissimuler tout ce monde qui ne figurait sur aucun registre de recensement constitua un exercice périlleux. Une fois de plus, le gouverneur remplit sa tâche avec zèle. Il fit passer les esclaves mâles pour des plâtriers ou des maçons venus remettre à neuf les boiseries et les toitures de la prison. En homme qui aime prendre ses précautions, il prévint le cas où il aurait à subir la curiosité des enquêteurs de Topkapi. Il décida que les ébats amoureux entre recluses et esclaves auraient lieu à l'autre bout de la citadelle, près d'un endroit nommé *le plaisir des Grecques*, lieu de promenade datant de l'époque byzantine. Pour plus de prudence, l'entrée des chambres érotiques fut masquée par d'astucieux panneaux de bois et les couloirs conçus de manière à éviter aux uns et aux autres de s'y rencontrer. Saut de Biche bénéficiait de la complicité d'un courtisan et d'un eunuque de l'entourage même du sultan Osman. Il semblait être en mesure de connaître à n'importe quel moment les intentions des inspecteurs de Topkapi. Dès la venue des mouchards, ses comparses, les guichetiers et portiers soudanais, entraient dans les alcôves secrètes où se prélassaient amoureusement les esclaves et les prisonnières nues. Au diable les confidences et les attouchements. Tout était déménagé, les amants, les boiseries aux dessins obscènes, les narghilés et les pipes d'opium. Les boudoirs redevenaient lieux paisibles. Rien ne transparaissait de l'atmosphère de volupté et d'orgies.

Mis à part quelques alertes, la vie s'écoula agréablement. Cette existence de plaisir donna aux épouses des pachas et des gouverneurs une fringale de frivolité et de délices à laquelle elles s'abandonnèrent sans réserve. Elles s'encanaillèrent durant tout le temps de leur enfermement au point de ne plus vouloir quitter la prison ni revoir leurs maris qui, pourtant, les attendaient... désespérément. Dieu sait combien elles aimaient les kiosques aériens blottis dans les sycomores ! Ces merveilles architecturales avaient coûté des dizaines de bourses d'or et étaient appelées *les petits palais de l'anéantissement* car toute personne qui y entrait en ressortait les reins rompus par les étreintes amoureuses. D'habiles jeux d'ombres et de lumières faisaient scintiller les appartements de mille teintes et donnaient aux yeux des femmes les lueurs du désir. Au-dessus de la porte d'entrée, imprégnée de parfums, il y avait cette inscription : *Aimables invités ! Allongez-vous, aimez, satisfaites-vous, dormez et rêvez !* Toute la partie du Vieux Sérail, accessible aux enquêteurs, était à l'abandon, mais le reste, inconnu de la plupart des gens de Topkapi, présentait, grâce aux soins attentifs de Saut de Biche, l'aspect d'un monde qui aurait pu appartenir au délire d'un fumeur d'opium.

Six cours d'eau sinuaient sous l'ombre des saules pleureurs et des cygnes glissaient sur un lac paisible. Jamais Kossem n'aurait imaginé dans ses rêves les plus extravagants un tel univers. Au printemps, elle ne voyait rien d'autre que les vagues de la mer qui se brisaient contre les rivages dans un scintillement de perle. Les nuits étaient possédées de tant de magie qu'elle en oubliait le sommeil.

L'été, elle vivait sur les terrasses de granit rose où il faisait bon marcher pieds nus. Saut de Biche, son brave confident, se conduisait avec elle comme le gardien d'une précieuse antilope et exauçait ses désirs avec un inlassable dévouement. Chaque matin, il laissait des marchandes juives de mercerie s'introduire dans la citadelle afin d'égayer son existence.

Si la Grecque permettait à ces dames de Sion d'entrer en prison, c'est parce qu'elles lui rendaient un service considérable. En effet, les plus lettrées d'entre elles servaient d'enseignantes à ses deux fils Amurat et Ibrahim. Avec un rien d'habileté, elles se glissaient dans la chambre des princes, leur énorme corbeille à la main. De par-dessous les dentelles et les épingles porte-bonheur, surgissaient des livres grecs, italiens et français, de quoi nourrir l'esprit d'une centaine d'écoliers.

Kossem profita de ces séances et emmagasina le plus de connaissances possible, dans l'espoir que ce savoir lui servirait un jour à s'imposer dans le monde des hommes. Bien résolue à bouleverser les événements, elle n'attendait qu'une occasion de quitter la citadelle, persuadée que la victoire l'attendait au bout du chemin.

8

Des pas retentirent dans les cours du Vieux Sérail, des pas pressés, ceux d'un homme qui se prépare à accomplir une mauvaise besogne.

Prévenue par un gardien, Kossem quitta précipitamment sa chambre du premier étage. Avec une hâte fébrile, elle emprunta le couloir secret, s'introduisit dans sa cellule, se dépouilla de ses atours, et revêtit sa robe de deuil. Lorsqu'elle cessa d'éponger les gouttes de sueur qui perlaient à son front, ce fut pour apercevoir la silhouette du jeune sultan Osman se profiler dans l'encadrement de la porte.

— Ma mère, l'impératrice Mahfirouz, vous réclame, dit le souverain. Elle souffre d'une maladie pulmonaire et sa santé s'est soudainement altérée. Sans doute veut-elle vous présenter ses excuses et se réconcilier avec vous avant d'être rappelée par Allah. Profitez de cette occasion. Je vous accompagne. Un carrosse se trouve dans la cour du Crépuscule et nous conduira à Topkapi.

Tout en parlant, Osman observait Kossem ; son maquillage à peine défait, ses voiles imprégnés de transpiration, sa peur, suscitaient sa curiosité. Ce n'étaient pas les seuls faits étranges dont il se sentait entouré chaque fois qu'il venait ici, car il y avait dans cette citadelle des choses déplacées. La présence du gouverneur masqué, le tressaillement des sentinelles, la façon dont les vigiles correspondaient entre eux, ne manquaient pas de l'intriguer. Toutefois il n'avait nullement l'intention de percer à jour les relations particulières qui existaient entre le commandant de la forteresse et ses prisonniers, persuadé au demeurant que le gouverneur Checher

Para Agha avait eu pitié de Kossem au point d'enfreindre le règlement.

— Vous savoir ici me désespère, déclara-t-il à la Grecque. J'avais pourtant donné des ordres afin de vous transférer dans des chambres plus salubres. Pourquoi le gouverneur n'en a-t-il rien fait ?

— Le commandant n'est en rien responsable, répondit Kossem. Il se borne à exécuter les instructions de votre mère. Toutefois je ne me plains pas. Je vous suis reconnaissante de vous soucier de ma condition. Vous me prévenez de votre arrivée par des chambellans et vous ne venez ici qu'après avoir reçu mon autorisation. Depuis votre intervention, le gouverneur me permet de prolonger mes promenades et laisse infiniment de liberté à mes deux fils. Comment pourrai-je jamais vous remercier ?

— Tout simplement en me suivant à Topkapi au plus vite. Ma mère, la sultane, vous expliquera en quoi consistent ses dernières volontés. Ne la contrariez surtout pas, vous savez combien elle est susceptible. En attendant, voici ce petit crayon d'or. C'est un gage d'amitié. Lorsque vous me l'enverrez, je viendrai à votre secours. Par cet humble objet, je lie votre vie à la mienne. Je mourrais plutôt que de ne pas respecter mon engagement.

Touchée par cette attention, Kossem considéra son interlocuteur avec une expression embarrassée. A quel point pouvait-elle se fier à lui ? Cherchait-il à la protéger afin de contrebalancer la puissance de sa mère ? Tout dans son attitude reflétait l'assurance, mais qu'en était-il réellement ?

Kossem s'étonna de son charme et de son pouvoir de persuasion, car un instant plus tard, elle se laissa convaincre de monter avec lui dans la litière qui devait l'amener au palais des sultans. Quelques heures auparavant, la seule idée de se retrouver avec le fils de sa rivale lui aurait paru insensée.

Tout ce dont elle se rappela en parvenant au sérail impérial, ce fut de s'être attardée pendant quelques minutes dans les Jardins des Perles. A la suite d'Osman, elle s'engagea dans les galeries afin d'atteindre les appartements de Mahfirouz. Ce quartier était appelé *la fin du monde et le début de l'inconnu* car quiconque en franchissait les limites, sans autorisation spéciale, encourait la mort. Le jeune sultan indiqua à Kossem une porte en bois de tulipier incrusté de nacre, l'ouvrit, la pria d'entrer, et trouva une vague excuse pour s'éloigner. La chambre de la Lumière de l'Orient, dans laquelle la visiteuse fut introduite, paraissait étrangement calme. Trois encensoirs exhalant des volutes d'encens incitaient à la somnolence. Les dames des gouverneurs et des familles les plus anciennes de la Turquie se tenaient alignées sur plusieurs rangs... Leur présence dans la chambre mortuaire fut de courte durée puisque la Gardienne des heures leur fit signe de se retirer afin de laisser les deux veuves impériales en tête à tête. La Grande maîtresse des biens de la couronne découvrit les rideaux du sofa et Mahfirouz apparut, alitée, entourée de sa garde féminine. Cinq années de pouvoir abusif, d'intrigues et d'assassinats, l'avaient défigurée et vidée de ses forces. Un masque épais, à base de plomb, lui servait de fond de teint et attirait l'attention sur ses yeux verdâtres profondément enfoncés dans leur orbite.

Elle regarda fixement Kossem et fut stupéfaite de la voir si bien portante. Réprimant sa jalousie, elle lui ouvrit les bras et lui désigna un siège.

Tout d'abord, irritée de ne rien trouver à dire en guise de bienvenue, elle se contenta d'observer le protocole, et utilisa le vouvoiement pour garder ses distances.

— La prison vous va bien. Vous ressemblez à une jeune lune, toute d'argent et d'or pâle, d'une fantastique fraîcheur. Pour vos beaux yeux violets, combien de cœurs de sultans brisés ? Les langues médisantes du harem impérial avaient raison de prétendre que vous possédiez une véritable richesse sous vos jupons de crêpe noir. Vous avez ensorcelé Ahmed et Mustafa dès le premier regard, et mon fils le sultan Osman II me dispute pour vous avoir honteusement séquestrée au Vieux Sérail. Est-il vrai qu'il vient prendre de vos nouvelles et désobéit à mes ordres ? Il y a un temps peu lointain, où jamais je n'aurais pensé vous revoir. Et pourtant, c'est moi qui vous fais appeler. Ces cinq années ont été pour moi une grande leçon d'humilité. Elles m'ont permis de comprendre mes erreurs. Comme je me suis abusée de moi-même ! Je me suis laissé séduire par la haine, l'envie et les vaines apparences. Aujourd'hui je vous demande votre pardon.

Oublions nos torts, réels ou imaginaires. Comment ai-je pu vous faire souffrir ?

En entendant proférer de tels regrets, Kossem fut tentée de s'attendrir, mais son instinct lui recommanda la prudence.

— Je m'étonne que vous ayez choisi l'approche de la mort pour m'adresser la parole, lui dit-elle après avoir épousseté la poussière qui couvrait ses voiles de veuve. A quelle transaction voulez-vous encore me soumettre ? Quelles sont donc vos pensées ? Ne m'avez-vous pas assez abreuvée de calomnies et de mesquineries ? Pendant des années, vous avez manqué de décence et de dignité à mon égard. Est-ce ma faute si Ahmed et Mustafa se sont conduits avec moi en jouvenceaux transis d'amour ? J'ai voulu me disculper, mais vous m'avez repoussée. Demandez plutôt pardon au peuple que vous n'avez eu cesse d'opprimer !

En d'autres temps, Mahfirouz aurait châtié une telle impudence, mais soucieuse de dialoguer et de convaincre son interlocutrice, elle se garda de montrer la moindre saute d'humeur.

— Ma tâche n'a rien d'agréable, commenta-t-elle. Gouverner l'Empire exige cruauté et sang-froid. Mais il ne s'agit pas de cela aujourd'hui ! Je me demande si Osman n'a pas finalement raison en ce qui vous concerne. Je n'ai voulu voir que le mauvais côté. J'aurais dû croire à votre sincérité. Mais à cette époque, j'étais une femme livrée au poison de la jalousie. Je vous ai haïe parce que le souverain menaçait de me renvoyer en Anatolie et de déshériter Osman au profit de vos deux fils Amurat et Ibrahim. J'ai commis là une erreur monumentale, car si j'avais surmonté ma haine, peut-être nous serions-nous aimées. A présent il est trop tard. Cinq années nous séparent. Et quelles années ! Après la nomination de mon fils Osman, j'ai cru pouvoir traiter les colonels de l'armée comme des animaux tenus en laisse. Ceux-ci étant bien trop redoutables, je me suis rabattue sur les janissaires qui appartiennent à la caste des guerriers. Et mes malheurs ont commencé. Comme vous le savez, ces janissaires sont des chrétiens enlevés en bas âge à leur famille. Circoncis et convertis à l'islam, ils sont enrôlés dans l'armée turque, obligés de demeurer chastes, et élevés dans l'amour des sultans et de l'Empire. Or je commis la faute de leur ôter leurs privilèges et de diminuer leur solde. Lors de la campagne militaire d'Osman en Pologne, ils se révoltèrent en plein champ de bataille. Osman les fit châtier sans délai. Il y eut plus de soixante mille janissaires tués, encore est-ce là une faible estimation. Depuis, les officiers ottomans jurent de venger leurs morts et de punir mon fils comme il le mérite. Ma vie est devenue intenable à Istanbul. Et cela à cause de vous. Ma grande erreur a été de vous enfermer au Vieux Sérail. Le peuple vous plaint, les crieurs publics et les poètes errants chantent des mélopées sur votre triste sort et vous considèrent comme une martyre. Quant aux officiers de l'armée, ils ont l'intention de se servir de votre légende de mère des pauvres, pour vous libérer, remettre Mustafa sur le trône et assassiner mon fils. C'est pourquoi je vous supplie de m'aider. Vous êtes ma prisonnière et moi votre geôlière, mais mon astrologue, une doyenne de cent trente-deux ans, me l'a assuré : vous nous survivrez, à moi, Osman, Mustafa, Amurat, Ibrahim, vous demeurerez la dernière rescapée de Topkapi, un être sacré, l'esprit même du sérail et de l'Empire. S'il doit en être ainsi, vous serez en mesure de protéger Osman. Mon fils vous porte une affection profonde. Peut-être ai-je été trop froide envers lui ! En tout cas, il vous considère comme sa *taya kadine,* sa mère nourricière. Jamais il ne m'a pardonné de vous avoir si durement traitée.

Kossem ne répondit pas tout de suite parce que le protocole du harem exigeait des intervalles de silence dans la conversation. Au bout d'un moment, elle demanda à son interlocutrice quelles étaient ses véritables intentions.

— Beaucoup d'officiers ont déserté l'armée et se sont constitués en un comité secret appelé les Partisans Noirs, expliqua Mahfirouz. Je vous demande donc d'espionner votre beau-frère et d'identifier chaque conspirateur qui pourrait s'introduire dans la citadelle. Pour cela, je vous permettrai de circuler en toute liberté à l'intérieur de l'enceinte.

— Je devrai donc servir à la fois d'appât et de moucharde ! répliqua sèchement Kossem.

L'Anatolienne ne releva pas l'allusion.

— Mes ministres m'ont conseillé de vous ramener, vous, vos enfants et votre beau-frère dans la Cage de Topkapi. Selon eux, je pourrais faire pression sur vous et empêcher vos partisans d'attaquer mon palais. D'ailleurs j'ai l'intention de retirer la princesse Tarchane de la pension Yédikoulé et de la conduire ici sans délai. Je vous donne à choisir entre la vie des Partisans Noirs et celle de votre fille adoptive.

Kossem s'étonna de son calme. En d'autres temps, elle se serait levée pour insulter Mahfirouz, mais elle ne commit rien de tel. Seule, la sécurité de sa fille la préoccupait. Or il était aisé de deviner quel serait le sort de la fillette si les rebelles entraient à Topkapi. Dans le meilleur des cas, Tarchane serait réduite à l'état d'otage. La solution la plus raisonnable consistait donc à la laisser dans la pension. Elle y serait plus en sécurité qu'au palais, à l'abri de la convoitise des Partisans Noirs. Rassurer Mahfirouz lui sembla être l'attitude la plus souhaitable.

— Je ferai de mon mieux pour vous être utile, lui déclara-t-elle avec un art consommé du mensonge. Si les partisans de Mustafa me contactent, je vous livrerai leur nom, et leur tendrai un traquenard pour vous permettre de les capturer. A la réflexion, je préfère savoir ma fille à Yédikoulé. D'ailleurs, elle ne m'est pas indispensable. Même au Vieux Sérail, elle ne ferait que m'encombrer. Dès mon retour en prison, je vous signerai une décharge recommandant aux intendantes de la pension de ne jamais la laisser sortir. En attendant je m'associe à vos efforts. J'entreprendrai tout pour conserver votre estime.

— Je vous croyais haineuse à mon égard et je m'aperçois qu'il n'en est rien, la remercia Mahfirouz. Puisque Ahmed Ier, objet de notre dispute, est mort, nous ne devons plus nous opposer comme nous l'avons fait dans le passé. Que diriez-vous si je vous nommais ma principale conseillère ? Je vous sais avisée. Feu Ahmed vous a toujours initiée aux choses de l'Etat. Il ne tient qu'à vous de quitter la vallée des Larmes et de vous installer près de mes appartements.

— J'ai rarement vu une geôlière proposer à sa prisonnière la liberté et les honneurs, ironisa Kossem. Etes-vous réellement sincère ? Un instant, je me suis demandé si vous ne vouliez pas me piéger. Est-ce par charité que vous vous préoccupez de mon sort ou plutôt pour persuader les Partisans Noirs que je les trompe et approuve votre politique ?

— Je vous assure qu'il n'en est rien, affirma Mahfirouz. Je suis lasse du pouvoir. Je désire à présent qu'Osman règne par lui-même. Aidez-le dans sa tâche, et tout ira pour le mieux. Le calme revenu à Istanbul, je jure d'améliorer votre condition d'existence. Faites-moi confiance pour une fois. Vous avez en moi la plus tendre amie...

Ces propos laissèrent Kossem sceptique : elle s'avouait incapable de deviner les véritables intentions de sa rivale. Cependant elle pensait ne s'être pas trop mal comportée. Après tout, n'avait-elle pas convaincu Mahfirouz qu'elle était une mauvaise mère, insoucieuse du sort de Tarchane, et donc à l'abri de tout chantage ?

Quand elle prit congé, elle se sentit détendue, soulagée de connaître par le détail la situation désespérée de l'Anatolienne. Bien qu'habituée à tricoter ses combinaisons avec plusieurs aiguilles à la fois, Mahfirouz n'était pas aussi indestructible qu'elle l'imaginait. S'être heurtée aux janissaires montrait clairement sa folie. A cause d'elle, la Turquie allait être jetée dans la plus grande tragédie de son histoire.

9

La nuit précédente, le vent avait soufflé par brusques rafales. Mais en cette matinée du 24 avril 1622, le temps s'adoucissait et une brise légère effaçait les gouttes de pluie qui formaient une rosée sur les pétales des volubilis. Dans l'allée des Parfums du Vieux Sérail, Kossem et Saut de Biche devisaient calmement. La venue du printemps, dont ils percevaient les moindres signes, les émouvait toujours. Parfois ils s'arrêtaient en cours de chemin afin de contempler les cascades de glycines ou les bassins que le soleil faisait briller de mille feux roses.

Lorsqu'ils accédèrent au kiosque du Mystère et à l'esplanade du Lotus en Fête, ils se contentèrent de se regarder avec affection. Tous deux avaient l'impression de pouvoir demeurer côte à côte pendant des heures, tant ils se sentaient apaisés par le silence. L'espoir de quitter la vallée des Larmes paraissait les avoir abandonnés, mais au fond d'eux-mêmes, ils savaient combien cela était faux. Tant de choses étaient survenues ces dernières semaines qu'il leur était difficile de mettre de l'ordre dans leurs idées. D'abord la mort de Mahfirouz et ses funérailles grandioses. Ensuite la décision d'Osman de transférer les prisonniers du Vieux Sérail à Topkapi afin de mieux les surveiller. Aussi se demandaient-ils s'ils avaient bien fait de se fier au fils de l'Anatolienne.

Pour tromper leur morosité, ils montèrent jusqu'au colombier. Il y avait dans cette tour de tri postal, une centaine de pigeons voyageurs qui servaient de messagers aériens entre Topkapi et la citadelle. Soudain, Kossem avisa un oiseau aux pattes duquel était attaché un gobelet contenant un pli scellé.

Intriguée, elle se précipita, prit le pigeon dans le creux de ses mains, s'empara du message et lut :

Caserne Bayezid, le 23 avril 1622.
De la part des Partisans Noirs,
délégation du peuple et de l'armée

à Mustafa Ier, Calife des Califes
et Seul Maître de l'Empire Doré
de la Sublime Porte

Comme nous l'avons suggéré à Votre Majesté dans notre lettre du 5 courant, il vous faut conserver bon espoir, car nous avons décidé de vous rétablir sur le trône de votre frère. Tout est prêt pour le déclenchement de notre soulèvement. Il vous revient de droit d'en fixer la date exacte. C'est pourquoi nous vous conjurons de vous manifester et de répondre à cette missive avant la prochaine lune. Si Allah le veut, nos étendards se dérouleront et la tête de vos ennemis servira de perchoir aux corbeaux d'Istanbul. Longue vie à Mustafa Khan, Petit Père des Croyants, Ombre d'Allah sur l'Orient. Puissent vos yeux illuminer la nuit dans laquelle nous errons depuis des années.

La main crispée sur cette lettre, la Grecque ferma les yeux comme pour échapper à une insoutenable vision. N'avoir pas été prévenue des tractations secrètes de son beau-frère la stupéfia. En proie à une nervosité grandissante, elle redescendit les marches du pigeonnier, glissa sans bruit sur le sable de l'allée qui menait aux appartements de Mustafa et ne tarda pas à forcer la porte de la chambre impériale, laissant dans son sillage son parfum de cassis sauvage.

Mustafa, qu'elle interrogea sans détour à propos de cette correspondance avec les Partisans Noirs, ne marqua pas la moindre gêne.

— Et pourquoi t'aurais-je prévenue ? s'étonna-t-il. Je n'ai nullement l'intention de quitter le Vieux Sérail ni de remonter sur le trône ! Ici, mon existence est légère comme un parfum d'Orient. Pour oreillers, je dispose des bras les plus roses de l'univers et je vis entouré de créatures de rêve aux lèvres provocantes. Pourquoi m'en priverais-je ? Depuis des années, nous nous prélassons dans un paradis alors que nos ennemis nous croient en enfer. En un sens, le Vieux Sérail est une bénédiction, car nulle part ailleurs à Istanbul, nous n'aurions une situation pareille. De quoi te plains-tu ? Tu as tiré parti de cette prison, et réussi à t'imposer à toute la domesticité. Les guichetiers soudanais et libyens sont prévenants envers toi. Il y a parmi eux des gens prêts à se faire tuer sur un seul de tes ordres. Certains prennent même l'habitude d'enlever les graviers de ton chemin et de balayer le sol que tu vas fouler. Chaque matin les mendiants te nourrissent. Dans la cour des Bols à Offrandes, ils t'apportent de la farine, des galettes, des crêpes et des vêtements chauds qu'ils dérobent dans les caravansérails. Tu es leur idole, et leur amour à ton égard a la pureté d'une eau des sources. De retour à Topkapi, tu n'auras rien de tel !

En écoutant ces paroles, Kossem passa la main sur sa nuque, signe certain chez elle d'hésitation.

— Osman est débordé. Il ne peut plus contrôler la situation, insinua-t-elle. Ses ministres lui ont conseillé de nous assassiner pour ramener le calme à Istanbul. Saut de Biche a vu quelques-uns de ses chambellans rôder autour de la forteresse afin d'en étudier les voies d'accès et de perpétrer leur crime. Je me demande si j'ai bien fait de me fier au jeune sultan. Non seulement il n'a pas libéré Tarchane, mais il parle déjà de réduire nos dépenses et de nous transférer dans la Cage, la prison de Topkapi. Il me semble donc déraisonnable de demeurer ici alors qu'on nous propose de nous ouvrir la porte. Nous menons une existence à la limite de la catastrophe. D'un moment à l'autre, nous pouvons être démasqués. De plus le Vieux Sérail est devenu ingouvernable à cause des énormes charges qu'il implique. Comment pourrons-nous subsister jusqu'à l'année prochaine ? Je te le répète, Babadjim, tu es le seul à détenir les clefs de la situation. Rejeter une semblable occasion serait une erreur impardonnable ! En attendant, nous devons manifester notre reconnaissance envers Saut de Biche et le remercier pour son dévouement. Sans lui, rien n'aurait été possible. Pendant notre captivité, il nous a apporté le secours d'un esprit infaillible et une amitié pleine d'agréments. Je demande pour lui la charge de Gardien des vierges !

— Mais c'est un être fruste ! s'écria Mustafa. Pourrai-je donner la charge la plus importante de l'Empire à un ignorant ?

— Ce castrat est plus intelligent que tu ne le supposes, l'interrompit Kossem. Au palais, il se consacrera exclusivement à notre service et sera un serviteur idéal. D'ailleurs j'ai l'intention d'emmener à Topkapi tous les eunuques du Vieux Sérail. Ainsi, Saut de Biche aura sous ses ordres les eunuques qu'il a eus à la vallée des Larmes. Si tu refuses, je resterai ici. Jamais je ne me séparerai de mon confident.

De guerre lasse, Mustafa céda à sa belle-sœur. Le surlendemain, il présida lui-même la cérémonie du Pakkou au cours de laquelle il nomma Saut de Biche son kislar-agha. Il enveloppa l'eunuque dans sept tissus flottants et le hissa sur une montagne de pièces de monnaie. Puis il lui remit les emblèmes de sa nouvelle dignité : une tour conique en cuivre rouge, une calotte de feutre, une gourmette d'or et des parchemins contenant les lois orales transmises d'eunuque à eunuque. Trois jours plus tard, il adressa un courrier aux Partisans Noirs et leur signifia qu'il acceptait leur concours à condition qu'ils épargnent Osman et l'enferment dans la Cage de Topkapi. Par ailleurs, il s'engageait à rétablir les privilèges des janissaires et se promettait de doubler leur solde.

Mais les officiers n'avaient nullement l'intention de laisser la vie à Osman. Le fils de Mahfirouz vivant, ils couraient un risque mortel. Ils le tueraient donc et feraient endosser la responsabilité de leur assassinat à Mustafa.

Le coup d'Etat fut décidé pour le 19 mai 1622, au matin.

Aux premières lueurs de l'aube du 19 mai, une poussière rousse monta vers le Vieux Sérail, annonçant une chaleur étouffante, sans la moindre brise.

Lorsque la porte de sa chambre s'ouvrit brutalement, Kossem fut surprise dans son sommeil et distingua vaguement son beau-frère qui venait de surgir. Hagard, le visage décomposé, il était sous l'empire d'une terrible émotion.

— Ces soudards de janissaires m'ont trompé ! clama-t-il. Ils n'ont pas tenu parole. Ils ont pillé Topkapi, violé les femmes du harem, assassiné Osman à la prison des Sept Tours après l'avoir émasculé !

L'effroi paralysa Kossem. Elle fixa Mustafa avec des yeux emplis de désespoir, dans l'attente d'un démenti, tant cette nouvelle était inattendue, impossible. Elle imaginait Osman broyé contre le torse de ses tortionnaires, mutilé, tentant de leur échapper. Cette vision suffit à la faire défaillir.

— Les janissaires sont là, dans la cour, reprit Mustafa. Ils veulent nous porter en triomphe jusqu'à Topkapi. Viens, mets-toi derrière ces persiennes.

La Grecque se pencha. Les unités de cavalerie parcouraient la place en formation serrée et une mer de têtes casquées ondulait. Avec leurs joues balafrées, leurs tatouages effroyables et leurs lourdes moustaches, les janissaires produisaient sur la foule un effet terrible. Sur un signal convenu d'avance, ils poussèrent leur cri de guerre, hioc ! hioc ! et hurlèrent de toutes leurs forces :

— Nous empalerons sur notre virilité quiconque voudra nous détruire. Nous exigeons des égards, la restitution de nos privilèges et le double de notre solde. Puisse Osman brûler comme une torche en enfer !

La façon dont ils vociféraient irrita Mustafa, toujours embusqué derrière les fenêtres.

— Ces brutes sanguinaires me remplissent d'écœurement, dit-il à Kossem d'une voix tremblante de rage. Dès mon retour au palais, j'y mettrai un terme, car un jour ils seront la perte d'Istanbul. Ils puent le soufre et la charogne.

Ecrasé de honte et de stupeur, il revêtit un caftan de velours amarante brodé de fils d'argent, enfouit trois poignards dans sa ceinture de soie et mit à son auriculaire une bague de turquoise, souveraine contre le mauvais sort et les maléfices de la journée.

Dans la cour de la Purification précédant la place du Vieux Sérail, les officiers de l'état-major s'inclinèrent devant lui avec apparemment les marques du plus profond respect. Ils l'aidèrent à monter à cheval et passèrent en revue, à sa suite, l'armée dont l'aspect barbare les plongea dans une extrême fascination.

Mustafa parti, Kossem entassa dans sa malle les livres et les affaires auxquels elle tenait par-dessus tout. Malgré sa peine, elle était froide et résolue. Rejointe par Saut de Biche et ses deux enfants, elle s'en alla, enveloppée dans ses voiles lamés d'argent, droite, superbe. Les officiers des bataillons rangés à l'intérieur de l'enceinte lui adressèrent un salut militaire et mirent leur sabre au clair. Enfin, un chambellan l'accompagna jusqu'à la place encombrée d'un fouillis d'attelages et la hissa dans une litière, sorte de catafalque sombre aux portières incrustées de clous de rubis.

La ville qu'elle traversa sombrait dans une bruyante atmosphère de fête foraine. L'ivresse était générale. La chaleur, les cris, les jurons et les vivats montaient de partout. Dans les quartiers pauvres, elle suscita une extraordinaire émotion. Ce fut à qui la toucherait, lui présenterait ses enfants, lui jetterait des fleurs ou détellerait ses chevaux afin de la haler jusqu'au palais. Elle finit par arriver dans la cour des Carrosses de Topkapi, où l'attendaient des bannières multicolores, des queues de cheval et les parasols de dignitaires.

— Place à Mahpeïker Kadine, Splendeur de la Lune, et à ses deux princes Amurat et Ibrahim Khan ! entendit-elle.

A travers les voiles qui la revêtaient, Kossem aperçut les chambellans décorés du cordon de la Couronne, le Grand maître des perroquets et des rossignols, et le Porteur de bonnes nouvelles, chargé seulement d'annoncer les heureux événements du harem. Drapés de violet et d'or, ils étaient chaussés de babouches d'argent et des tresses de laine pendaient de leur bonnet de feutre. Sur des tables basses, ils avaient disposé toutes les splendeurs de la confiserie turque, des cerises confites, des cédrats à la liqueur, des pommes laquées de miel, un pilaf sucré dont ils avaient parsemé les grains de riz de quelques perles blanches. Lorsqu'ils virent la Grecque et ses deux enfants, ils lâchèrent des dizaines de colombes dans le ciel d'Istanbul et se prosternèrent avec beaucoup d'humilité.

Aux abords de ses anciens appartements, Kossem apprit que tout le quartier où elle avait vécu avec Ahmed avait été saccagé par Mahfirouz. Les scellés y avaient été ensuite apposés, et interdiction avait été faite d'y entrer sous peine de mort.

D'une main rageuse, elle brisa les cachets de cire en forme de tête de lion qui obstruaient les serrures et entra dans les alcôves. Là elle crut être l'objet d'une hallucination. Elle trouva les mosaïques ébréchées, le heurtoir des portes démantelé, les fourrures brûlées, les vitres cassées. De plus, le temps avait fait son œuvre : boiseries vermoulues, plafonds lépreux, guichets rouillés.

De saisissement, elle se laissa tomber sur un sofa recouvert de plâtras. Elle fut tirée de son accablement par le bruit des roues d'un char à bancs. Se glissant hors de la pièce, elle vit un enfant, le visage encadré par les pétales d'un capuchon pointu, en descendre.

— C'est Tarchane ! s'exclama une dame de compagnie.

La vue de sa fille adoptive fit sombrer la sultane dans un abîme de douleur. Cinq années passées dans l'endroit inavouable de Yédikoulé avaient considérablement changé Tarchane, et les dames de la cour la prirent davantage pour une enfant prostituée que pour une princesse de lignée impériale. Perchée sur des chaussures tartares à haute semelle, elle avait les dents colorées, les cheveux teints et les sourcils passés au crayon. Malgré l'absence de seins, elle portait une gorgière volumineuse et ses fesses de garçonnet oscillaient, donnant à son allure un air aguicheur et pervers. Kossem l'attira contre son sein, la couvrit de baisers, mais la fillette montra tout de suite une indifférence et une assurance étranges.

— Mais, embrassez votre sœur, ordonna la sultane à ses deux fils, qui se demandaient quelle était cette étrangère. L'auriez-vous oubliée ? Les méchants qui lui ont causé du tort sont morts. Désormais personne ne nous séparera plus !

Bien décidée à taire ses inquiétudes, la Grecque n'en souffrit pas moins de voir Tarchane ainsi transformée, mais peut-être cicatriserait-elle les blessures du passé par une éducation appropriée et beaucoup de chaleur humaine.

Quelques instants plus tard, elle se rendit dans sa chambre du deuxième étage, en changea l'ordonnancement et y installa un vaste lit où elle dormirait avec ses trois enfants et recréerait, avec eux, cette vie familiale qui lui avait tant manqué. Sans la prévenir, les dames du harem entassèrent devant ses fenêtres tous les caftans de Mahfirouz qu'elles avaient pu trouver et y mirent le feu. La lumière de ce surprenant incendie aveugla Kossem comme si des milliers de diamants avaient été déposés à ses pieds. C'est dans cette atmosphère de fête crépusculaire qu'elle s'assit devant son pupitre, ouvrit son carnet intime et se mit à écrire :

Topkapi, soirée du 19 mai 1622.

Aujourd'hui la Cité des sultans est mon écrin et mes enfants les trois perles de ma couronne. Je viens de revoir le cyprès planté par mon pauvre Ahmed. Mon défunt époux avait en effet remarqué que le soleil entrait à flots dans mon alcôve et me gênait dans la lecture du Coran. Il a fait en sorte que le feuillage de cet arbre enraciné par ses jardiniers en une nuit me serve de tamis. Je vais à la Fenêtre des Rubis dont je soulève les tentures. Le harem bruit comme une cage de perruches. La terrasse est encore imprégnée de la chaleur de la journée. La brise de la mer agite les fleurs au point de les délivrer de leur nectar. Je reste indifférente à la beauté qui m'entoure. L'arrivée de Tarchane m'a bouleversée. J'aurais souhaité être transportée ailleurs, n'importe où, plutôt que de la voir ainsi attifée. Cinq années de maison de correction lui ont fait acquérir de détestables habitudes. Les intendantes de Yédikoulé lui apprenaient le vol, la médisance, le mensonge, les attouchements obscènes. Elles l'obligeaient à prendre de l'opium et à ne plus s'en passer. Je pleure de haine et de rancune car ma fille n'a plus la moindre chance de montrer plus tard une quelconque honnêteté.

Mahfirouz a donc réussi à venir à bout de son innocence et à la pervertir. Depuis des années, elle a creusé, entre mon enfant et moi, un abîme sur lequel aucun pont ne pourra être jeté. Il y a des mois, elle fit venir Tarchane au harem impérial. Elle lui montra la lettre où, par crainte de troubles à Topkapi, j'avais recommandé aux intendantes de ne pas libérer ma fille et de la retenir prisonnière à Yédikoulé. Tarchane n'a pas compris mes véritables intentions. Elle était convaincue que je voulais me défaire d'elle. J'eus beaucoup de mal à la persuader du contraire.

Faute de me retourner contre Mahfirouz, je m'en prends à ses âmes damnées, les douze muftis d'Istanbul, qui lui ont permis de voter la déposition de Mustafa et l'enfermement de Tarchane à la Pension des Réprouvées. Il y a quelques heures ces prétendus serviteurs d'Allah sont venus me féliciter. Je ne les ai pas écoutés, et un sourire mauvais a plissé mes lèvres. Depuis longtemps j'attendais cette occasion de leur clamer ma haine. Les usages du sérail, je le savais, permettaient aux sultanes revenues d'un exil de montrer leur rancœur et de déclarer la guerre à ceux qui avaient contribué à leur disgrâce. Forte de ce droit, je m'approchai des muftis et j'écrasai leurs pieds de la semelle de mes babouches. Lorsqu'un religieux tenta de protester, je le criblai de mon regard acéré et lui criai : « Je vous discréditerai. Vous paierez chacune de mes larmes ! »

Les jurons dont j'abreuvai mes ennemis ne suffirent pas à me rendre ma sérénité. Ce retour au pouvoir est une victoire amère. J'ai perdu dans cette épreuve douloureuse Osman, le beau et jeune sultan qui m'a si souvent protégée contre les menaces et la méchanceté de sa mère. Pourquoi ne l'ai-je pas mieux défendu ? S'il a été précipité dans la mort, n'est-ce pas à cause de moi ?

Prise de désespoir, j'ouvre la fenêtre. Je me laisse gifler par la brise de la mer. Je supplie le vent, le froid, la terre entière de me cingler, de lacérer mon visage, car j'ai été une misérable incapable de prévoir et de protéger les miens. Je voudrais me prosterner, heurter mon front contre le sol, demander pardon ! pardon ! mais je n'éprouve aucune sensation, je n'entends rien, sinon le bruit d'une galopade, un peu comme si une litière imaginaire m'emportait loin de ce lieu, très loin...

10

La brise de ce 2 juillet 1622 caressait les charmilles et faisait se balancer les cônes de pin. Assise près d'une fenêtre entrouverte, Kossem ne prêtait pas attention aux allées et venues incompréhensibles de son beau-frère. Elle se contentait de lire l'histoire de la dynastie ottomane écrite par un lettré turc, et, de temps à autre, entrait en conflit avec l'auteur sur certaines erreurs glissées dans son récit. Finalement, irritée par l'agitation du sultan, elle ferma sèchement son ouvrage et observa Mustafa afin de comprendre la raison de sa mauvaise humeur.

Comme il devinait l'inquiétude de sa belle-sœur, Babadjim lui confia tout de ses soucis, lui révélant ses démêlés avec les douze muftis d'Istanbul.

— Les religieux remuent ciel et terre pour se renseigner sur notre enfermement au Vieux Sérail, expliqua-t-il. S'ils apprennent l'introduction clandestine des chrétiens mâles dans la prison et la façon dont nous avons transformé les cellules, ils crieront au scandale et tout le respect dont nous sommes entourés ne tardera pas à s'effriter de lui-même ! Je connais assez les muftis pour savoir qu'ils nous calomnieront. Pendant le règne de mon frère Ahmed, j'ai eu l'occasion de me faire une idée assez nette de leur état d'esprit. En signant le *fetwa* où ils reconnaissaient ma folie, ils ont permis à Mahfirouz de nous réduire à néant et d'avilir ma nièce Tarchane. Ce sont là des hommes dangereux pour notre sécurité et Allah est bien mal représenté par de tels individus. D'ailleurs, ils poussent les habitants de la ville à la délation. Une énorme couffe d'alfa suspendue à une corde descend et remonte le long du mur de leur maison. Les musulmans qui se sont rendu compte chez un voisin ou une voisine d'une infraction aux lois du

Coran y déposent une lettre de dénonciation destinée aux tribunaux de nuit.

Pour ne pas interrompre ce flot d'accusations, Kossem se garda de manifester le moindre sentiment, mais la façon dont Mustafa exposait son mépris la laissa songeuse. D'instinct, elle sentit qu'elle tenait là une occasion de se venger des muftis qui l'avaient abandonnée, elle et ses enfants.

— Par un grave sacrilège, les religieux sont devenus usuriers et bailleurs de fonds, poursuivit Mustafa. Fabuleusement riches, ils délivrent à leurs locataires et métayers des jetons de plomb en échange de leurs lopins de terre, de leur blé et de leurs jarres d'huile d'olive. Durant le règne d'Osman, ils auraient vendu leur propre mère pour augmenter leur fortune. Il faudrait dix jours à dos de chameau pour mesurer leurs domaines de Brousse et d'Iznik !

— Malgré leur triste réputation, ils ne sont pas dangereux, rectifia Kossem. La méchanceté de ces gens va nous donner un pouvoir encore plus grand, car une idée intéressante vient de prendre forme dans mon esprit. Depuis quelque temps, les muftis rêvent de construire une mosquée qui surpasserait toutes celles de la ville. Ils ont mis dans leur projet un acharnement incroyable. Ils désirent en effet perpétuer leurs noms et la gloire de leurs familles. Combien m'en veulent parce que j'ai refusé de les aider ! Lorsque je leur ai demandé de consacrer leur argent à des hôpitaux, ils ont fort mal pris la chose. Cette obsession de posséder une mosquée est une formidable brèche dans laquelle nous nous engagerons pour les toucher à mort, car nous allons monter une escroquerie, les dépouiller de leurs biens, les discréditer et empêcher le peuple d'écouter leurs accusations !

Mustafa se raidit. Par nature il avait horreur des complications, mais comme il n'avait pas l'âme d'un contradicteur, il pria la sultane de lui dévoiler ses intentions.

— Admettons que je ne sois plus Kossem, lui confia la Grecque, les lèvres plissées en un sourire pervers. Imagine-moi dans les voiles sombres d'une femme d'âge canonique, la veuve d'un pacha, par exemple. Par testament, mon défunt époux m'ordonne de léguer la moitié de ses biens aux muftis d'Istanbul. Je convie donc les muftis dans un palais, je leur signifie les volontés de feu mon mari et leur fais part de leur fabuleux héritage. En attendant de voir de tels biens convertis en argent liquide, je les engage à dépenser leur propre fortune afin de construire la mosquée de leurs rêves. Croyant pouvoir hériter, les religieux s'endetteront. Ils se ruineront et ne tarderont pas à souiller leur réputation d'honnêtes hommes.

Tout d'abord le sultan se garda d'émettre un jugement, puis, séduit par un tel plan, il donna à sa belle-sœur son entière approbation, ignorant l'erreur qu'il allait lui faire commettre.

Kossem étudia le projet dans les moindres détails. Personne ne sut comment elle loua un palais désaffecté dans le faubourg de Bechiktache, ni pourquoi le propriétaire ne se méfia pas d'elle. Agit-elle par le biais d'un eunuque ? Usa-t-elle d'un prête-nom ? Quoi qu'il en soit, elle fut maîtresse des lieux dès le 12 juillet 1622 pour la dérisoire somme de cinquante mille piastres. Ce palais appartenait à une famille de corsaires turcs dont les ancêtres avaient connu une célébrité orientale. Abandonnée à la suite de l'extinction de cette famille, la demeure était dotée de façades impressionnantes. Toutefois les canalisations étaient engorgées, les douves remplies d'immondices et la robinetterie exécrable.

Kossem décida de tout remettre en état. Elle embellirait les parcs et donnerait à la bâtisse un éclat de luxe digne de la veuve d'un pacha. Les eunuques qu'elle y fit venir s'affairèrent avec habileté. Ils arrachèrent le chiendent qui avait pris possession des jardins et débarrassèrent les bassins de leur vase. Ils transférèrent le mobilier du Vieux Sérail et le déposèrent dans les alcôves vides. Ils ornèrent la salle de réception de quatre commodes, de cinq sofas de soie et d'une multitude de coffrets nacrés.

Après avoir mis une dernière main à la décoration des boudoirs, Kossem, devant son miroir, imprégna ses joues de poudre de riz, accentua les cernes de ses yeux afin de se donner l'allure d'une sexagénaire. Ce fut seulement à la minute où elle envoya un valet de pied convier les muftis dans son palais qu'elle eut conscience du danger. Tout à coup, son plan lui parut trop simple, et elle se demanda s'il réussirait.

Les muftis avaient achevé le sermon du vendredi et s'apprêtaient à regagner leurs demeures lorsqu'un domestique, somptueusement vêtu, les interpella. Il s'excusa de les déranger, mais leur signifia que sa maîtresse Mal Hatoun, veuve du pacha d'Izmir, désirait les entretenir à propos de la construction de leur mosquée. Intrigués, les religieux suivirent le serviteur. Ils s'engouffrèrent à sa suite dans une litière digne d'un nabab et ne tardèrent pas à arriver dans un palais fastueux où régnait une intense animation. Les façades majestueuses de la demeure s'harmonisaient avec l'eau bleutée des bassins. Les cours flamboyaient de couleurs sublimes et les roses avaient des capuchons emperlés, afin d'être protégées des rayons du soleil.

Les muftis se sentirent aussitôt séduits. Introduits dans le salon d'honneur étincelant de cristaux, ils virent, là, les domestiques courir en tous sens, ramper au point de se confondre avec le carrelage. Sur des tables basses, ils trouvèrent des branches entières de dattes du Caire et des sorbets parfumés à la violette. Soudain une chaise à porteurs arriva dans leur direction. Une dame voûtée, drapée d'un étonnant tissu brodé de fleurs d'argent, en surgit et vint s'installer devant eux. Elle les reçut avec courtoisie et les pria d'honorer ses rafraîchissements.

— Vous êtes les maîtres de ce palais, et non pas des invités, dit-elle d'une façon inattendue. Mon défunt époux, le pacha d'Izmir, qui était un pieux musulman, a pensé à vous dans ses derniers moments. Il vous a légué ce lieu et plus de la moitié de sa fortune.

D'une sacoche, la « veuve » exhuma une liasse de documents et lut :

Moi, Mourad Cacagoglou, pacha d'Izmir, sain d'esprit et de corps, recommande mon âme à Allah et dispose ce qui suit.

Le jour où il plaira à Dieu de me rappeler à lui, ma tête reposera sur une pierre plate de La Mecque, et mon corps, revêtu de haillons de derviche, sera ramené à Istanbul où des funérailles se célébreront comme preuve de mon attachement à l'islam.

Tout au long de ma vie, je fus secondé par le dévouement de ma digne épouse. Je lui rends grâce de tout cœur et lui octroie mon domaine d'Izmir, mes dix kiosques du Rubis et de l'Enchantement, deux cent cinquante coupes de vermeil, quatre cents services d'agate, huit cents turquoises de Nichapour, mes cassettes de bijouterie et mes porcelaines bleues.

Je lui fais obligation d'observer un legs de cent millions de piastres au profit des douze principaux muftis d'Istanbul et la prie de leur céder mon palais de Bechiktache. En ce qui concerne mes mines de cuivre, j'offre à ces très hauts serviteurs d'Allah les deux tiers de leur capacité, soit sept cent mille piastres. Cette somme leur sera versée à condition d'abriter ma dépouille dans la crypte de leur mosquée.

Mes volontés jetées sur ce parchemin, je suis prêt à mourir et implore le pardon de ceux qui ont souffert par ma faute.

Fait à Izmir, écrit de la main d'un scribe de confiance, sous ma dictée, le 6 juin 1622.

Chaque chiffre du testament entra dans les oreilles des muftis et s'y incrusta. Point n'était besoin de beaucoup d'imagination pour se rendre compte des richesses incalculables du défunt.

La veuve ne manqua pas de tempérer l'enthousiasme des religieux.

— Vous voilà fortunés, mais mon époux a mis pour condition d'avoir la certitude de reposer dans le caveau de l'édifice, dit-elle. Or, votre mosquée n'a pas encore été construite. En ce cas, vous ne pouvez disposer des biens du défunt ! Mais tout peut s'arranger rapidement si vous me remettez votre propre argent afin de me permettre de commencer les travaux d'édification de votre mosquée. En effet, mon défunt mari me laisse seulement des biens mobiliers et immobiliers et je ne dispose d'aucun argent liquide. Donnez la totalité de votre fortune à mes administrateurs. En guise de caution, je vous confierai le testament, les lettres de change, les documents concernant les mines de cuivre et un reçu des sommes versées. Je vous conseille d'entreprendre la construction des assises sans le moindre délai. Achetez à crédit les fenêtres, les lampadaires, les jets d'eau et les tapis. Les travaux doivent commencer avant l'arrivée de l'hiver, sinon la dépouille de mon époux sera enterrée à Izmir, entraînant ainsi l'annulation du testament et votre qualité d'héritiers.

Les muftis passèrent une main sur leur front moite, se consultèrent et laissèrent s'écouler un moment interminable avant de prendre une décision.

— Nous vous donnons notre accord, concédèrent-ils, conscients de leur faiblesse. Nous possédons deux millions d'aspres. Dans quelques heures, des hommes de confiance vous les apporteront. Dès réception de cet argent, nous vous prierons de signer un reçu de votre noble main.

Après avoir balbutié des remerciements, ils quittèrent le palais, de la poudre plein les yeux. Un peu plus tard, ils dépêchèrent des messagers, les bras chargés de sacs contenant tout leur avoir.

Dès qu'elle vit disparaître les scribes des muftis, Kossem réclama l'aide de ses gens. Elle roula les tapis, chargea le mobilier dans ses chariots dissimulés près des communs, remit tout en ordre et ne laissa aucune trace de son forfait.

Pendant ce temps les muftis, oublieux de toute prudence, achetèrent à crédit les lampes de bronze les plus chères, la marqueterie la plus fine, en échange d'innombrables reconnaissances de dettes.

Des semaines s'écoulèrent, les laissant sans nouvelles de la veuve. Pris d'un doute, ils revinrent au palais. Stupéfaction, terreur affreuse, ils aperçurent les volets baissés, les verrous tirés et les salons vides. Aucune âme ne paraissait avoir vécu ici. Recouverts de housses, les sofas ressemblaient à des galères abandonnées dans un port frappé d'épidémie.

— Incroyable ! s'écrièrent les muftis. On nous a bernés !

Transis de peur et de honte, ils se virent perdus, accusés d'escroquerie, incapables de rembourser leurs créanciers. Perdus, ils étaient perdus ! Que faire ? Qui avait donc intérêt à les duper de cette façon ? Soudain, ils se rappelèrent comment Kossem avait foulé leurs pieds de ses babouches. La démone ! C'était elle la cause de leur infortune ! Ils en étaient certains !

Au comble de l'affolement, ils se rendirent à Topkapi et demandèrent audience à la Grecque.

Kossem les reçut dans la chambre de l'Ambre où elle avait l'habitude de se recueillir. Son rang d'ancienne épouse d'Ahmed lui permit de paraître à visage découvert. Seule une voilette transparente recouvrait ses joues et laissait libres ses yeux violets. A peine si la splendeur glacée de l'alcôve réduisit les muftis au silence. Le déploiement d'or, de satin et de cristal ne les émut guère ; ils assourdirent la domesticité de leurs malédictions. Vibrante d'indignation, la sultane leur ordonna de se taire et compara leurs cris à des lamentations de femmes.

— O cruelle ! rétorquèrent-ils tandis que leurs yeux présageaient les flammes de l'enfer, il ne vous suffit pas de nous voler, vous voulez également attenter à notre honneur de musulmans ?

La Grecque feignit d'ignorer de quoi il retournait.

— Vous voler ! Mais soyez plus clairs ! Que signifie cette calomnie ?

Les religieux luttèrent contre l'envie de l'injurier ; ils tentèrent de faire le rapprochement avec la veuve du pacha d'Izmir, cherchèrent un indice, une ressemblance, mais les deux silhouettes féminines ne correspondaient en rien.

En désespoir de cause, ils lui racontèrent la terrible mésaventure et agrémentèrent leur récit de supplications à fendre le cœur.

— Tout cela est insensé, leur dit-elle avec désinvolture. Je me demande si vous ne me cherchez pas querelle, car je suis incapable de commettre la bassesse dont vous m'accusez si facilement ! Je vous avais recommandé de ne pas construire cette mosquée et de penser un peu plus à vos pauvres. Mais vous ne m'avez pas écoutée. Vous avez préféré m'accabler d'épithètes horribles. Je suis « le point noir de votre félicité », « le gravier qui meurtrit la plante de vos pieds », votre « chrétienne mal dégrossie », votre « démon déguisé en femme ». Pendant cinq années vous ne m'avez apporté aucune aide. Où étiez-vous lorsque ma fille Tarchane fut condamnée à des pratiques que la morale réprouve ? Vous avez dénigré mon beau-frère, comparé son esprit à une jarre vide, trompé le peuple !

Elle continua longtemps à déverser son fiel. Seule la présence des domestiques lui imposa un peu de décence.

Médusés, les religieux s'éloignèrent du palais et eurent toutes les peines du monde à rentrer chez eux. Dès le lendemain, ils espérèrent réduire la faillite en convainquant les commerçants auxquels ils avaient acheté les objets de luxe de reprendre la marchandise. Vainement. Accablés de dettes, ils ne purent empêcher les usuriers de vider leurs maisons. Quelques semaines leur suffirent à mesurer l'ampleur du désastre. Seule l'aumône de certains fidèles leur permit d'éviter l'expulsion. D'autres virent leurs femmes et leurs filles s'offrir à des tâches ménagères chez de riches particuliers, ce qui acheva de briser leur amour-propre et de saper leur prestige.

Ainsi furent bernés, pour une chimère, les douze pauvres muftis d'Istanbul. Tous maudirent la sultane et lui vouèrent une haine dont les effets se manifesteront longtemps après.

Dépourvue de scrupules, Kossem fut persuadée d'avoir agi pour le mieux. Les résultats obtenus lui donnèrent entière satisfaction. La location du palais de Bechiktache de cinquante mille piastres et les cinquante mille autres données aux eunuques en guise de remerciement élevèrent les frais à cent mille piastres. Mais l'or ravi aux muftis lui rapporta deux millions et représentait donc un bénéfice d'un million neuf cent mille piastres. A cela s'ajoutèrent les sommes provenant des biens mobiliers des religieux qui eussent pu paver en pièces d'or la totalité des faubourgs d'Istanbul.

Face à ce bilan mirifique, la Grecque jubila. Le soir même de son escroquerie elle mitonna un plat d'aubergines farcies aux piments rouges d'Egypte et au poivre noir des Cyclades qu'elle baptisa en présence des dames de la cour, l'*Imam Bayildi* autrement dit « Les muftis se sont enfuis », terme et plat culinaires qui, depuis, sont entrés dans la langue et les coutumes turques !

11

La nuit était largement entamée lorsque des éclairs zébrèrent l'obscurité de la chambre où Kossem dormait avec ses enfants. L'orage de cette nuit d'août 1623 prenait possession du harem et donnait au palais un aspect fantastique. A demi assoupie, la sultane s'absorba dans la contemplation de cette tempête. Les couloirs voisins s'emplissaient de brouillard et les crocs de fer qui servaient à suspendre les lanternes étaient sinistres à souhait. Par chance, le lit impérial se trouvait entouré de volets d'ardoise qui laissaient passer l'air du dehors mais empêchaient la poussière de s'infiltrer grâce à un astucieux système de moustiquaires.

Ce sofa, Kossem y tenait par-dessus tout, car, immense, il lui permettait de s'allonger avec ses enfants et de mieux les protéger.

Au pied du lit, les huit femmes gardes du corps de la sultane dormaient à poings fermés. Très masculines et souvent accusées des mœurs de Lesbos, ces *ichoglanes* comptaient parmi les pensionnaires les plus redoutables de Topkapi.

Impressionné par le tonnerre, Amurat se réveilla en sursaut. Après avoir enjambé les corps d'Ibrahim et de Tarchane, il s'approcha de sa mère pour réclamer des caresses. Kossem le berça, lui fit respirer l'air du dehors, puis, chassée par la tornade, elle quitta le balcon et ramena son fils sous le baldaquin où elle-même finit par s'assoupir. Soudain, des chuchotements lui parvinrent, comme sortis des profondeurs d'un abîme. Avec des yeux incrédules, elle vit Amurat aventurer ses mains vers le renflement des seins de sa sœur. Il effleura le ventre de Tarchane et s'insinua vers son intimité. La fillette, qui trouvait agréable d'être caressée, remuait les jambes et rejetait la tête en arrière dans un fiévreux énervement.

Tout d'abord, Kossem fut décontenancée par chaque détail de la scène dont elle était témoin. Saisie par le simoun de la colère, elle s'empara d'une longue baguette en bois de cerisier et en frappa les coupables, qui, démasqués, tressaillirent de honte et s'enfouirent sous les couvertures pour ne plus en bouger.

Au matin, la Grecque se demanda s'il ne s'agissait pas d'une hallucination et se reprocha ses soupçons. Ses enfants n'étaient-ils pas trop jeunes pour avoir une notion précise de leurs actes ? Manquaient-ils d'affection ? Depuis combien de temps avaient-ils découvert les mystères de leurs jeunes corps ? Par souci des convenances, et afin d'éviter toute indiscrétion, elle prit sur elle d'éloigner les domestiques, puis sépara le frère et la sœur en les faisant dormir dans des lits distincts.

Son devoir de mère la persuada de ne rien divulguer. S'ils apprenaient une telle affaire, les muftis s'empresseraient de la rendre responsable de cet inceste. Ils l'enfermeraient au harem, s'occuperaient d'Amurat et l'endoctrineraient avec ce fanatisme qui l'avait toujours épouvantée.

A la réflexion, elle n'aurait su dire quelles étaient ses véritables intentions. Pour le moment, il lui semblait déplacé de dévoiler à Amurat l'origine et l'adoption de Tarchane. Il était trop jeune pour comprendre. Plus tard, elle lui dirait tout. Qu'espérait-elle en lui cachant la vérité ? Lui faire croire qu'il commerçait avec sa propre sœur et commettait un péché ? Le convaincre de la gravité de son vice, de façon à mieux le diriger, à être maîtresse du jeu ? L'histoire de la dynastie ottomane lui avait appris l'ingratitude des princes envers leur mère. En ce cas, elle inspirerait à Amurat une frayeur salutaire qui l'empêcherait un jour de se retourner contre elle.

Devant Mustafa qu'elle revit au matin, elle se garda de montrer l'inquiétude qui l'agitait, mais le sultan connaissait trop sa belle-sœur pour se laisser duper. Il la harcela de questions, lui reprocha de manquer de confiance. Il fut passablement horrifié lorsqu'elle lui raconta de quoi il retournait.

— Peut-être estimes-tu mes propos mensongers ou exagérés, dit Kossem au comble de la confusion, mais je n'invente rien. Certes, j'ai désiré une fille plus que toute chose au monde, et pourtant il m'est impossible de me montrer gentille envers

Tarchane. D'ailleurs ma fille ne m'aime pas. Elle me rend responsable de son enfermement à la pension de Yédikoulé. Ces cinq ans de séparation ont fait leur œuvre. Quelque chose de diabolique a été inoculé dans l'âme de Tarchane dont personne ne pourra plus la libérer !

— Tu compares ton enfant à un démon, mais est-ce sa faute si elle a été internée à Yédikoulé ? lui demanda Mustafa d'une voix étrangement calme.

— Tarchane a pour règle de se montrer servile envers ceux qui lui sont hostiles ! s'exclama la sultane. Elle sait si bien s'y prendre qu'elle a réussi à te mettre dans son jeu. Non seulement tu m'interdis de la punir, mais tu lui offres toutes sortes de jouets, des maisons de papier, des boîtes à musique et des automates mécaniques. Pourtant elle ne mérite rien de tel. Elle est paresseuse, rancunière et mal élevée.

A cette remarque, Mustafa regarda Kossem sans trop la comprendre. Il voyait dans tout ceci un incident sans conséquence, et considérait sa belle-sœur comme une mère de famille barricadée dans sa sévérité, incapable d'apporter à sa fille le réconfort dont elle avait besoin. Par crainte de voir la Grecque s'enferrer dans la haine, il préféra aborder un autre sujet de conversation. Il déclara que la solde des janissaires l'occupait au point de ne pas lui laisser le temps de penser à autre chose.

— Les caisses du Trésor sont vides, se plaignit-il. Lors de l'assassinat d'Osman, les soudards sont entrés au palais et ont pillé l'or de l'Etat. A présent, ils me réclament le double de leur paie habituelle. J'avais à ma disposition le butin que nous avons volé aux muftis, mais j'ai utilisé cet argent pour colmater les brèches de l'Empire et réprimer quelques révoltes en Arabie. A présent, il ne me reste plus rien, et le dernier muletier de la ville doit être, sans doute, plus fortuné que moi.

— Je me méfie de tes explications, répliqua sèchement Kossem. Je me demande si tu ne t'es pas approprié les richesses des muftis à des fins personnelles. Depuis des mois, tu ne cesses d'embellir Topkapi de kiosques, de jardins, d'en parsemer les allées de perles et de grenats. Si tu m'as bernée, je romprai l'association qui nous lie tous les deux à la première occasion.

— Chère âme, je ne t'ai jamais dupée. L'argent des muftis m'a servi à assurer la tranquillité de l'Empire. Mes problèmes de trésorerie sont tels que j'ai dû dévaluer la monnaie, sans en référer aux officiers des janissaires. D'ailleurs, dans deux heures, je verserai moi-même la solde des fantassins dans la salle du Divan. Si tu le souhaites, il te sera possible d'assister à la distribution de l'or.

La surprise arracha un cri à la jeune femme.

— La salle du Conseil des ministres n'est-elle pas exclusivement réservée aux hommes ? demanda-t-elle.

— Tu oublies la Fenêtre mystérieuse, rectifia Mustafa. C'est une lucarne incrustée dans l'un des murs de la salle. On l'appelle aussi l'Œil de la sultane, ou la galerie des Ombres et de la Lumière. Masquée par un rideau, cette lucarne permet de voir sans être vue. On doit cette construction à Roxelane, l'épouse de Soliman le Magnifique, la première sultane à avoir eu l'idée d'espionner le monde des hommes. Par un escalier dérobé, tu pourras te glisser dans cette loge et épier les militaires à ta guise.

Curieuse de découvrir la salle du Divan, Kossem prit congé du sultan, non sans lui avoir recommandé la plus grande prudence. En cours de chemin, elle s'inquiéta à propos de la dévaluation de l'or et se demanda si les janissaires accepteraient une telle monnaie.

Dans l'alcôve impériale, elle fut surprise de retrouver Saut de Biche. L'eunuque portait un lourd collier de cuivre et un pagne qui imitait le pelage d'une panthère. Il était dans tous ses états. L'émotion le faisait suffoquer.

— Il faut annuler l'audience dans la salle du Divan, s'exclama-t-il en étreignant les épaules de Kossem, geste qu'il ne s'était jamais permis. Le sultan risque d'être tué à tout moment. Il y a quelques jours à la Mosquée Bleue, notre maître a évité de justesse un poignard brandi par un énergumène. Près de sa résidence des Eaux Douces d'Asie, il a aperçu un mannequin en osier pendu à une poterne, et ce mannequin portait son nom. Une autre fois, dans un kiosque de plaisance, on a lancé un galet enveloppé d'un papier où figuraient des menaces de mort. Depuis cette tentative d'assassinat, il se méfie de tout le monde, surveille son entourage dans le reflet des glaces et obture les oreilles de ses gardes de boules de cire afin de les empêcher d'écouter aux portes. Sa peur des janissaires est devenue viscérale. Peut-être n'a-t-il pas tout à fait tort. A mon avis, les soldats se sont servis de lui pour se débarrasser d'Osman à bon compte. Ils ont même projeté d'établir une dictature militaire à Istanbul. Seulement, ils ont craint d'être rejetés par le peuple. Au fond, les habitants de cette ville sont attachés à leurs princes. Jamais ils ne toléreront sur le trône un de ces soudards.

— Et d'après toi, que se passera-t-il dans la salle du Divan ? demanda Kossem, angoissée.

— Je crains le pire, car c'est folie de recevoir les soldats dans la salle du Conseil. Une arme est vite cachée. Heureusement, le sultan a pour gardes du corps les deux cents eunuques que vous avez eu l'obligeance de faire venir du Vieux Sérail. Ils périront, mais ne laisseront jamais leur souverain être malmené par les janissaires.

Ces paroles mirent Kossem au comble de la confusion. Décidant d'en avoir le cœur net, elle pria l'eunuque de l'accompagner jusqu'au couloir menant à la Fenêtre mystérieuse.

Tous deux aboutirent au hall des Bousculades où s'amorçait un escalier sans rampe. Peu après, ils furent en vue d'une sorte d'armoire de granit encastrée dans le mur. Sur les indications de Saut de Biche, Kossem l'ouvrit, et accéda à un vestibule si étroit qu'elle put à peine poser un pied à côté de l'autre.

Lorsqu'elle écarta la draperie qui masquait la Fenêtre mystérieuse, elle esquissa un mouvement de recul, effrayée par la proximité des janissaires. Assis sur le trône, Mustafa adoptait la raideur des minarets de Sainte-Sophie. Pour se sentir à son avantage, il avait revêtu, par-dessus son caftan, un pectoral de béryl rose. Derrière lui, le Grand maître des cérémonies agitait deux turbans et rendait les saluts. Les eunuques du vieux Sérail l'entouraient, tels les remparts abritant une forteresse. Très fiers de leur valeur guerrière, ils étaient protégés par d'impressionnants boucliers de cuivre rouge. Une cuirasse bleutée recouvrait leur torse et un carquois de flèches aux pointes empoisonnées se trouvait suspendu à leurs cuisses d'athlètes. Les janissaires étaient alignés sur treize rangs, leur caftan boutonné jusqu'au cou en signe de soumission. De l'endroit où elle se tenait, Kossem ne perdait pas un seul geste et scrutait Mustafa qui ne cessait de pâlir. Pendant une heure, le silence fut troublé par le tintement des pièces de monnaie et l'ouverture des coffres du Trésor. Soudain un officier qui appartenait aux « cognes », aux « têtes fortes » utilisées dans l'armée pour soulever les fantassins, donna le signal du mécontentement. Au moment où le trésorier principal et l'inspecteur des Finances impériales lui remettaient sa solde, il saisit une pièce d'argent, et la mit entre ses dents pour en éprouver la dureté. Il feignit de revenir à sa place, puis pivotant sur ses talons, jeta la pièce en direction du sultan. Un flot d'injures s'échappa de ses lèvres.

— Tu te moques de nous ! cria-t-il. Nous crois-tu capables d'accepter cet or de pacotille ? Peut-être espères-tu nous ridiculiser comme a voulu le faire Osman ? Mais, ingrat, as-tu oublié son châtiment ? Donne-nous immédiatement quatre fois la valeur de notre solde. Tu entends ? Exécute-toi ou ton turban servira de tapis à nos babouches !

A ces mots, le sultan tenta de protester.

— Esclave, rentre tout de suite dans le rang, ordonna-t-il à l'officier. Disparais ou je jette sur toi les eunuques de ma garde !

— Tu te caches comme une sultane derrière ces moins que rien, lui rétorqua l'énergumène qui persistait à s'exprimer en termes outrageants. Ces émasculés ne nous font pas peur. Quant à toi, homme peu viril, si tu ne nous rends pas justice, nous te besognerons jusqu'à la garde. Les plus membrés d'entre nous prendront possession de toi en sortant à demi de ton « fondement » pour le plaisir d'y aller et revenir !

Ce n'était pas le genre de propos qu'une dame de Topkapi devait entendre, mais, rejetant toute pudeur, Kossem s'obstina à demeurer derrière la Fenêtre mystérieuse.

— Ah malheur ! murmura-t-elle à Saut de Biche, mon beau-frère est trop faible devant de tels vauriens. Les janissaires sont prêts à tous les éclats. Ils vont se ruer sur Mustafa et l'assassiner sous mes yeux !

Soudain, elle distingua un soldat qui se penchait vers sa botte. L'homme en retira un poignard et le lança en direction du sultan. La lame effleura un courtisan et se planta dans une boiserie. Aussitôt les Nubiens et les Soudanais dégainèrent et brandirent leur sabre. Les militaires sortirent des dagues et des gourdins qu'ils avaient cachés jusque-là. Une rage sans précédent anima les extraordinaires muscles des Africains et on s'entre-tua à tour de bras. L'ivresse du sang gagna tout le monde.

Eperdu de terreur, Mustafa tentait de se dissimuler derrière son trône.

— A moi, pour le sultan ! hurlait-il, suppliant deux eunuques de ne pas s'éloigner.

Par chance, sa Garde Voilée fut victorieuse. Elle réussit à faire reculer les émeutiers jusqu'à la première porte du sérail.

Comme elle estimait en avoir assez vu, Kossem rabattit la tenture de la Fenêtre mystérieuse, se glissa hors de sa cache, donna le bras à Saut de Biche et courut dans les couloirs qui menaient à ses appartements. Le palais était sens dessus dessous. Les eunuques patrouillaient dans toutes les directions. Ils s'assuraient de la solidité des portes de bronze ou se dissimulaient dans des endroits propices aux embuscades, prêts à se défendre au cas où les janissaires s'introduiraient de force dans le quartier des Vierges.

Laissant Saut de Biche derrière elle, Kossem entra précipitamment chez elle et abandonna ses voiles aux mains des dames d'atour. Du talon, elle envoya voltiger ses brodequins, et faillit se prendre le pied dans une descente de lit qui semblait avoir été posée là pour lui jouer un mauvais tour. D'énervement, elle congédia son entourage, exigeant de n'être dérangée par personne. Sans conviction, elle prit son tambour à broder, mais, inéluctablement, elle s'interrompait et fichait son aiguille dans l'étoffe de soie. Non, décidément, ces travaux de femme n'étaient pas faits pour elle. Elle se leva de son sofa et se mit à réfléchir.

Sa confiance en Mustafa n'avait pas donné les fruits escomptés. Depuis son retour au palais, il s'amollissait et donnait libre cours aux excentricités les plus folles. Au fond, il n'aimait pas le pouvoir. Seuls les arts, les femmes et la musique persane l'intéressaient. Avec un tel état d'esprit, il conduirait l'Empire à l'abîme. Kossem imaginait sans peine quelles auraient été les conséquences si la révolte des janissaires avait réussi. Devant la gravité de la situation, elle se devait d'engager sa personne dans le conflit, ne point se limiter au simple rôle de femme passive.

Désormais toute son énergie tendrait à neutraliser ce Mustafa irrésolu, et à faire monter son fils Amurat sur le trône.

Après l'affrontement dans la salle du Divan, Mustafa prit les choses énergiquement. Il signa soixante-quinze ordonnances de mort, fit démolir une caserne et demanda aux officiers de choisir entre la castration et les galères. D'autres fauteurs de troubles furent empalés, les uns sur la porte de l'Orient, les autres près de la niche de la Honte où les bourreaux entreposaient les têtes des condamnés à mort. Des bastonnades eurent lieu sur l'immense place du Croissant afin de montrer à qui en douterait encore la grandeur immuable de l'Empire. Estimant le danger écarté, Mustafa retourna à ses plaisirs forcenés.

Dans les deux semaines qui suivirent, il donna au harem des fêtes dignes de Sardanapale et des rois de Babylone. Il fit asseoir ses danseuses de Trébizonde dans d'énormes figues en soie noire et les plaça sur une estrade roulante. Le cortège arriva au son des fifres et des tambourins, entouré par les palmes des valets albanais. Sur un claquement des doigts impériaux, les lèvres des figues géantes s'entrouvrirent et laissèrent apparaître des cœurs de fruits décorés de graines rouges et blanches. Les cœurs remuèrent, se délovèrent lentement et les danseuses entièrement nues émergèrent dans toute leur beauté. Pour narguer les muftis, Mustafa les convia dans son musée secret et leur permit de contempler sa fabuleuse collection d'armes et d'objets érotiques. Là, se trouvait un poignard dont le manche montrait un homme saillissant une femme comme une jument, le tout s'animant sur une simple pression du doigt. Ici, un pistolet, sur la crosse duquel deux athlètes africains s'entrelaçaient. Lorsque la poudre chauffait le canon, le bas du pagne des deux Nubiens enflait d'une façon suggestive. Les religieux furent horrifiés, ils passèrent par toutes les couleurs, y compris le vert qui est la teinte préférée du Prophète.

En apprenant ces facéties puériles, Kossem refusa d'assister aux festivités du palais. Mustafa finit par s'en émouvoir. Le 28 août 1623, il alla lui rendre visite au harem.

Tout d'abord il tenta de distraire Kossem par mille propos aimables mais son interlocutrice le reçut assez mal.

— Cesse donc de jouer au souverain épanoui. Pourquoi es-tu revenu à Topkapi si c'est pour te désintéresser des affaires de l'Etat ? Tu as peur des janissaires et les séances du Divan te déplaisent. Que se passera-t-il demain ? Y as-tu songé ? Tes pensées vont vers les magnolias, l'enchantement des jets d'eau, l'étalage des chamarrures. Même les chambellans entrent dans ton jeu. Ils se gardent de te parler des choses de l'Empire et attendent toujours une occasion favorable pour t'entretenir des sujets alarmants. Je te le répète, beau-frère, l'heure est grave. Il faut prendre une décision sous peine d'assister à de nouveaux troubles. Les janissaires préparent un complot pour t'écarter définitivement du pouvoir. Et sais-tu pourquoi ? Ils t'accusent d'incapacité et veulent imposer mon fils Amurat. Ils espèrent semer la discorde entre nous. Peut-être ainsi aurions-nous la bonne idée de nous entre-tuer ? Comme ils rêvent d'une dictature militaire, ils se hisseront sur le trône en piétinant nos cadavres et institueront un conseil d'officiers afin de régenter l'Empire.

— Tu sembles bien convaincue ! ironisa-t-il. Qui a si bien pu te renseigner ?

— J'ai ma police, mes intendantes et mes eunuques répliqua-t-elle avec un tranquille aplomb. Je suis l'ombre de ce palais. Pas un noyau ne sort de son fruit sans que j'en sois informée. Peut-être me crois-tu cupide et ambitieuse. Pourtant, le trône ne m'intéresse pas. Je crains seulement pour ma vie et celle de mes enfants. Me comprends-tu ?

— Et comment faire ? Parle, car je me fie entièrement à toi ! Au Vieux Sérail, tu as montré talent et sang-froid. Je ne mépriserai donc pas tes conseils.

Kossem prit son temps, puis lui assena le coup mortel :

— Les militaires ne désirent plus ton gouvernement. Ils ont acquis une puissance terrifiante et sont désormais les vrais maîtres d'Istanbul. A nous de réagir pour les empêcher de nous nuire. Feins d'entrer dans leur jeu et donne-leur ce qu'ils veulent t'arracher de force.

Un frisson parcourut Mustafa.

— Tu parles du trône ? s'enquit-il, le souffle court.

— Oui. Abdique et désigne mon fils Amurat comme successeur.

Cette phrase à peine prononcée, elle baissa les paupières pour éviter son regard. Lui reculait comme s'il avait été mordu par les crocs d'une louve. Avec émotion, il s'affaissa sur un sofa. Traversée d'un bref remords, la Grecque se précipita.

— Non ! Je te supplie de pardonner ma témérité ! J'étais folle ! Pourquoi ai-je laissé ma langue s'agiter ainsi ? Babadjim, je t'ai manqué de respect. Inflige-moi le plus impitoyable des châtiments. Je l'ai mérité !

Mustafa ne répondit pas. Prostré, il se prit à réfléchir. En pensée, il se revit au Vieux Sérail. Il essaya de passer en revue les moindres faits et gestes de sa belle-sœur. Il avait distrait son veuvage, permis à ses babouches de fouler les rues de la ville, protégé ses enfants. Et comment le remerciait-elle ? En méditant de l'écarter afin de placer son fils Amurat sur le trône ! Tout compte fait, il lui avait servi de marchepied. Il avait été le chemin qui devait la conduire vers ce trône tant convoité.

Malgré son humeur noire, il se demanda s'il ne céderait pas au fils de la Grecque l'Empire, dont, au fond, il ne se souciait pas. Cependant Kossem devait mettre les formes et le reconnaître comme un homme de valeur.

Devinant ses pensées, la sultane usa de son charme pour mieux le convaincre.

— Petit Père de la Félicité, lui dit-elle, je n'ai jamais été une perle en matière de diplomatie. J'ai dû t'offenser sans m'en rendre compte. Ma peur de retourner en prison m'a fait commettre la pire infamie. Cependant reconnais-le : je t'ai constamment aidé. Grâce à moi, tu es sorti de l'ombre, tu as troqué ta condition de prisonnier d'Etat contre celle d'un prétendant au trône. Lorsque tu m'as poursuivie de tes assiduités amoureuses, je me suis tue. J'aurais pu te dénoncer ou me venger. Or je n'ai rien entrepris contre toi. Même au Vieux Sérail il m'aurait été possible de te laisser enfermer pendant ces cinq ans sans jamais te dévoiler la complicité qui m'unissait au gouverneur Saut de Biche. Cette fois encore, je te sauve la vie, et dans quelque temps tu me sauras gré de t'avoir tenu un tel langage.

Ces phrases eurent l'effet surprenant d'apaiser le souverain. Il prit les mains de la sultane dans les siennes et la regarda avec une sorte de respect nouveau.

— Tu as raison. Ce rôle de sultan m'a toujours horrifié. Néanmoins, mon abdication ne réglera pas forcément tes problèmes. Peut-être les janissaires ne laisseront-ils pas le temps à Amurat de régner ? Quant à moi, quel sera mon sort ? Je n'ignore pas comment on traite les sultans qui renoncent au trône. Ils sont exilés au château de Démotika ou à la forteresse des Pendus d'Andrinople, ces Vieux Sérails destinés aux hommes, puis ils meurent, lentement, accablés par les vexations. Ou bien les militaires m'enfermeront dans la Cage, mon ancienne prison du harem, et, une fois mon abdication proclamée, ils me tueront !

— Ensemble, unis, nous avons toujours échappé aux guêpiers tendus par nos ennemis, le rassura Kossem. Aujourd'hui, il y a encore possibilité de nous sauver. Si tu abdiques, j'annoncerai aux colonels de l'armée ma décision de t'enfermer dans la Cage. Le calme venu, je t'acheminerai discrètement dans l'un des nombreux palais de la ville. A toi de choisir, entre les pavillons de plaisance de Bébek ou de Beyoglu. Je te conseille plutôt *Indjir Köy*, le Petit Sérail, bâti le long du canal de la mer Noire. Ses jardins s'étendent à perte de vue. Je te l'assure, c'est un endroit enchanteur. Le silence des patios y est seulement perturbé par le murmure des jets d'eau et des feuilles d'oranger. Je sais, ce sont là plaisirs dérisoires en comparaison de tout ton Empire. Mais tu as le choix entre rester à Topkapi et courir le risque d'y être massacré, ou te réfugier à Indjir Köy pour y mener la vie d'un pacha. Pardonne ma brutalité, mon bien-aimé. Je te parle à cœur ouvert.

— Tu n'as rien à te reprocher, dit-il. Au fond, tu me rends un grand service. Je me soucie peu d'ordonner et d'être obéi. Et une vie m'attend dont beaucoup pourraient rêver. Demain, je réunirai les dignitaires, les oulémas, et l'arrière-ban de la cour. Devant eux, je m'engagerai à renoncer au pouvoir au profit de ton fils. Selon l'usage, je remettrai à Amurat le trousseau de clefs des huit cents chambres du harem, les sceaux impériaux, la bague où sont gravées les armes du grand vizir et les ordonnances sacrées signées de ma main. Ensuite, ce sera à toi d'agir. Et d'abord, comment espères-tu t'imposer ?

— Mon fils a grandi à l'ombre de mes cils et je saurai le diriger, déclara-t-elle, déjà imprégnée de la dignité de sa charge.

Je régenterai l'Empire jusqu'à sa majorité. Rassure-toi. Ces années passées à la fois à Topkapi et au Vieux Sérail ont fait de moi une autre femme. Il n'y a plus une seule miette de morale en mon esprit. Le mépris des hommes est un obstacle auquel je m'attends, mais je m'appuierai sur des complices et rallierai des partisans. Pour chacun je trouverai des paroles d'une douceur de miel, une promesse d'argent, des titres, des terres et des privilèges. De si haut qu'elles sautent, les tigresses telles que moi savent retomber sur leurs pattes.

— Et ton fils Amurat ? s'enquit-il en posant sur elle un regard brûlant.

— Les médecins ont allégué qu'il était épileptique, soupira-t-elle avec émotion. Il me fait une peur affreuse lorsqu'il est pris de convulsions. J'ai appris à le masser, à lui donner de l'eau de bétoine et à tromper son mal avec de l'essence de Perse. Quelquefois un saint homme l'étend sur un immense coran de la taille d'un homme et le guérit momentanément grâce à des attouchements et à des litanies.

— Pourvu que mon neveu ne me ressemble pas, gémit Mustafa, habité par une douleur soudaine. Quand les historiens rédigeront les annales de mes deux règnes, ils me traiteront de fou !

— C'est faux ! Ta folie n'en est pas une. Elle m'a permis de m'introduire dans le monde des hommes et de m'instruire des affaires de l'Etat. S'il y a un fou à incriminer, c'est l'Empire tout entier, avec ses lois terribles, ses eunuques et ses harems. Je te le dis, Mustafa, souvent la folie annonce le règne de la raison. Tu es peut-être le plus grand philosophe de ce palais !

Elle se tut car elle décela dans la silhouette et l'air de son beau-frère une profonde lassitude qui lui fit mal. Elle était désolée d'en arriver là, mais en proposant cette solution d'abdication, elle supplantait les janissaires et désamorçait leur complot.

Le 1er septembre 1623, tout se déroula comme Kossem l'avait prévu. Mustafa convia les pachas, leur annonça sa volonté d'abdiquer et de s'enfermer de son plein gré dans la Cage de Topkapi. Il signa une quantité impressionnante de documents et invita l'assistance à souhaiter longue vie au nouveau sultan

Amurat IV. L'épreuve terminée, il supporta dignement son abdication. Sept jours plus tard, il fit des adieux émouvants à Kossem. Dissimulé dans une cape noire, il quitta le harem impérial et s'engouffra dans une litière bâchée qui le conduisit à son palais d'Indjir Köy.

Mustafa en route vers son nouveau destin, Kossem se sentit aussi proche du trône que le Bosphore de ses rives. Depuis la fenêtre du deuxième étage de la *Daïré Valdesi*, le Sanctuaire des validés, elle avait l'impression d'avoir une vue sur le monde entier.

Désormais cet empire, qui avait assuré la gloire à Soliman le Magnifique et inspiré la poésie d'Amurat III, lui appartenait. Et quel empire ! Trois continents, sept mers, trente peuples, quarante nations, cinquante langues. Il était aussi étendu que la nuit ; à peine le couchant expirait-il à l'une de ses frontières que le jour se levait sur l'autre !

Lorsqu'elle eut cessé de contempler son domaine, l'impératrice pria Saut de Biche de faire venir Amurat qui jouait avec Ibrahim et Tarchane dans les chambres voisines.

Vivante réplique d'Ahmed, Amurat n'était plus le petit coupable qu'elle grondait dans les allées poudreuses du Vieux Sérail, mais un enfant mûri précocement.

— Demain 11 septembre sera une journée éprouvante, lui dit-elle. Ton intronisation aura lieu à la mosquée d'Eyoub où se réuniront les pairs de l'Empire. Dorénavant tu t'appelleras Amurat IV. De retour au palais, il te faudra subir la cérémonie du nu. Devant les dignitaires les plus âgés d'Istanbul, tu apparaîtras dévêtu. Seul l'endroit le plus secret de ton corps sera caché par un triangle d'étoffe. Tu te laveras dans une eau provenant du puits sacré de La Mecque. Deux eunuques racleront la sueur de tes aisselles et la verseront dans une amphore contenant la transpiration de tous les sultans de l'Empire. Ils te sécheront à l'étoupe et glisseront sur ton corps une tunique de laine blanche portée par le premier enfant sultan de la dynastie. Enfin tu agiteras dans ta main une branche d'olivier pour indiquer ta ferme résolution de succéder à ton oncle avec les meilleures intentions du monde. Pour le moment nous allons rendre hommage à ton malheureux père et nous introduire dans la crypte de la Mosquée Bleue afin d'y saluer sa mémoire.

— Place à l'impératrice mère, à la reine de toutes les reines de l'Orient ! clamèrent les eunuques dès qu'ils aperçurent la sultane en compagnie du jeune souverain. Longue vie à la perle du califat ! Heureux, son lion Amurat IV !

Entourée de cinquante « balayeurs de mauvais esprits » qui agitaient autour d'elle leurs encensoirs, Kossem arriva dans la cour des Carrosses et monta dans une voiture d'osier réservée à la famille osmanlie. Quand elle atteignit la Mosquée Bleue, elle serra les mains de son fils et s'approcha du tombeau d'Ahmed. L'âme noyée de tristesse, elle se rappela son corps souple, sa virilité chaleureuse. Il l'avait faite femme, lui avait donné à la fois sa tendresse et son royaume. Grâce à lui, elle devenait, à l'âge de trente-quatre ans, *validé*, autrement dit impératrice mère de l'Empire. A peine si en cette heure intense les prédictions d'une astrologue du harem lui revenaient en mémoire :

En misérable, tu es venue ;
De même tu partiras...

12

Pour la première fois depuis des jours, le souffle du Bosphore prenait possession de Topkapi et en chassait la chaleur, signe que le temps des pluies ne tarderait pas. Cependant l'arrière-saison offrait encore les derniers feux de sa splendeur.

Kossem, qui errait dans les allées du sérail en compagnie de Saut de Biche, se laissa séduire par la magie des jardins. Le sentier de jade lui permit de remonter en direction de la salle du Divan, dont l'esplanade était gardée par deux redoutables guépards de pierre. A sa grande stupéfaction, elle constata que la Fenêtre mystérieuse avait été murée.

— Les pachas du Conseil ne supportent plus d'être espionnés par des femmes, lui expliqua Saut de Biche. Désormais leurs entretiens demeureront secrets et s'effectueront à huis clos. Nous sommes mardi. C'est le jour où ils examinent la situation de l'Empire et les affaires de l'Etat en instance. Comme ils ont craint d'être épiés par vous, ils ont devancé l'heure de la réunion et ordonné aux huissiers de fermer la porte.

— A quoi rime une telle attitude? s'écria Kossem. Les ministres du Divan doivent rendre compte au sultan et au peuple. Pour ma part, je désire savoir comment ils gèrent l'Empire. Qu'ont-ils à cacher? Suis-je validé ou non? Puisque ces messieurs du Conseil m'interdisent d'assister à leurs débats, je braverai les usages de la cour et entrerai en personne dans la salle du Divan.

Devant un tel défi, le kislar-agha s'abandonna à de vaines prières.

— Vous n'y pensez pas, supplia-t-il. Aucune sultane avant vous ne s'y est rendue. Ce serait profaner le sanctuaire de la politique ! Je vous en conjure, renoncez à votre entreprise ! Jamais les pachas n'accepteront votre présence. Je les entends déjà évoquer l'islam et les traditions. Ils vous tendront un traquenard. Peut-être votre vie même sera-t-elle menacée !

— Fuir ! fuir ! Tu n'as que ce mot aux lèvres ! Comment pourrai-je me faire entendre de l'Empire des Osmanlis si les sujets de mon fils ne m'écoutent pas dans mon propre palais ? Je dois réagir immédiatement sinon il sera trop tard, car les pachas prendront l'habitude de ne plus me consulter. Il y a dans la salle du Divan un couloir de soie verte et un paravent où les sultans ont l'habitude d'inviter leur mère ou leur favorite. Je me tiendrai là et entendrai les conversations des ministres. En cas de danger, les deux cents guichetiers du Vieux Sérail, dont je me ferai une escorte, me protégeront au péril de leur vie. Que diable, ne tremble pas ainsi ! Nous vivons un temps de bouleversements exceptionnels. Un janissaire obtient en un jour le sabre d'or de colonel. En un jour aussi, des savetiers deviennent gouverneurs, et des esclaves, hier promises au fouet, tiennent tout à coup entre leurs mains blanches le destin de l'Orient. C'est pourquoi tu vas ordonner à tes gens de s'armer et de venir me rejoindre au harem !

Furieux d'avoir à subir ces remontrances, l'eunuque affecta la dignité d'un domestique outragé et remplit le palais de malédictions connues de lui seul. Kossem ne s'en préoccupa guère. Rapidement, elle regagna ses appartements, où elle demanda à ses dames d'atour de l'habiller. Pour l'occasion, elle enfila un pantalon bouffant d'un bleu turquoise et revêtit un caftan amidonné, lourd de soixante-dix livres. Sur son bonnet de velours, elle posa la tiare des validés, ornée de *Beauté Bleue de l'Asie*, un diamant de cent six carats.

Au lieu d'arriver au Divan installée dans une chaise à porteurs telle une déesse d'Egypte, elle préféra s'y rendre à pied, entourée de Saut de Biche et de ses eunuques armés.

Aux abords du lieu du Conseil, les sergents d'armes tentèrent de s'interposer, mais les écarter fut un jeu d'enfant. La lourde porte incrustée de clous de rubis s'ouvrit avec fracas.

— Place ! Au nom de la validé Mahpeïker, mère de l'Empire, entendit-on. Avec ardeur, Kossem s'engagea dans le couloir de drap. Comme les pachas avaient enlevé le sofa impérial, elle déboutonna son caftan pour le disposer sur le carrelage et s'en constituer un tapis. Après quoi, elle disposa sur ses genoux une écritoire munie d'un encrier, et se tint prête à recopier sereinement les propos des vizirs.

L'intrusion de Kossem et de ses eunuques horrifia les pachas. S'étant concertés du regard, ils cessèrent leurs conciliabules et rassemblèrent leurs documents dans des serviettes de maroquin.

Soudain, l'un d'eux se leva et se tourna vers le rideau de soie.

— Votre Validé, nous vous devons bien du respect, mais à notre grand regret, votre place n'est pas ici, lança-t-il, plein de dédain. Le Divan est réservé aux musulmans du Conseil. Nous vous prions de vous retirer !

Habitué à claquer son fouet, le dignitaire s'attendit à voir les eunuques se prosterner devant lui et emporter leur maîtresse hors du sanctuaire. Or personne ne broncha.

— C'est un sacrilège ! tonna-t-il. Une injure à notre qualité de musulmans. Songez ! Une femme au Divan... C'est comme si le Bosphore coulait à l'envers ! Votre Validé ! auriez-vous perdu l'usage de la parole ? Puisque vous ne daignez pas nous parler, nous allons alerter le ban et l'arrière-ban de la cour afin de mieux vous confondre.

Derrière le pavillon de soie, Kossem gémissait. Sa gorge s'asséchait, ses mains devenaient moites. Chaque seconde voyait la salle s'emplir de ministres, de muftis, de courtisans. Les chambellans et les gardiens des portes soufflaient dans les trompes ou frappaient en cadence sur des tambours disposés de chaque côté de leurs jambes.

Venus d'urgence, les oulémas se firent expliquer le fin mot de l'histoire. Se seraient-ils trouvés dans une église qu'ils auraient été moins étonnés. Ils feignirent de tituber sous le poids du scandale.

— Mes frères, cria l'un d'eux, rappelez-vous la parole du calife Ali : « Gardez-vous de prendre conseil des femmes. La nation qui en mettra à la tête de ses affaires périra effroyablement. » L'attitude de la sultane mère constitue un sacrilège dont le seul remède doit être le blâme de tous les vrais croyants. Soyons en garde contre cette femme. Combattons-la afin de ramener le harem aux commandements du saint Prophète, dont nous sommes les humbles créatures.

Ce fut le mufti Yahya Effendi qui s'adressa le premier à Kossem.

— Rose sanglante, tu empoisonnes quiconque vient te respirer, la nargua-t-il. Tu nous provoques sans savoir que l'islam pourrait t'anéantir à l'instant même. Sors d'ici, malheureuse, ton cou est trop fragile pour supporter les couronnes des reines. Tu portes en toi la séduction du péché, un poison qui a troublé les sultans Ahmed, Osman et Mustafa. Mais nous saurons mettre un terme à tes extravagances. Nous obligerons ton fils, le sultan Amurat, à te corriger pour avoir tenté de lui dérober son trône. Cent mille piastres à qui fera sortir cette créature de ce sanctuaire sacré !

Cinglée par tant de haine, Kossem décida de se lever et de se montrer à visage découvert. Certes la peur s'insinuait dans ses veines. Mais il y avait l'esclavage, la prison, le mannequin en cuir sur lequel les intendantes la forçaient à simuler l'amour et les captives qui, par-delà les siècles, lui criaient en un souffle formidable : « Kossem ! Au nom de notre long martyre, nous t'en supplions, bats-toi ! Nous t'accompagnons toutes. Cette fois nous ne plierons pas ! »

Animée d'un feu sacré, elle commanda à Saut de Biche de déplacer le rideau. Elle parut aux yeux de l'assistance, tel un astre d'or sous l'éclairage du lustre de la salle.

Alentour, on ne perçut pas une respiration, pas un souffle. Sous l'effet de la surprise, l'assistance se figea en un long silence. Tous s'étaient imaginé Kossem pâle, maigre, petite. Or, sa haute taille et ses traits suggéraient la noblesse, l'autorité, la ruse, une ruse immense.

— Bouches méchantes, petits bouts de musulmans dont je suis la triste spectatrice, allez-vous donc cesser ? dit-elle de cette voix autoritaire qui les rendait fous de rage. Il y a quelques mois, vous m'avez suppliée de mettre un terme au règne du sultan Mustafa. A cette époque, vous étiez les soumis des soumis. Et toi ! Et toi !

Et elle désignait les hommes qui avaient été ses complices pour porter Amurat au pouvoir.

Le visage du dignitaire Kemankech Ali Pacha s'illumina d'un sourire qui fendit ses joues en deux.

— Femme ! rejoins l'ombre de tes appartements ou il t'en cuira ! menaça-t-il en déshabillant la validé du regard.

— Je n'en ferai rien, cria-t-elle. Et tu quitteras cette salle avant moi. Personne ne m'empêchera de sauver l'héritage de mon fils.

Le pacha espéra tourner la difficulté en demandant à parler à Amurat.

— Pourquoi caches-tu le petit sultan au harem ? L'éduquer comme une femme, est-ce là ton seul souhait ?

— Mon très cher Seigneur, lui répondit Kossem avec un calme inhabituel, j'ai toujours montré à l'égard de mon lionceau (*) beaucoup de sévérité, et l'instruction conçue pour lui a été rigoureuse. Au Vieux Sérail, où j'ai été emprisonnée pendant cinq ans, je venais chaque matin dans la salle d'études surveiller ses cahiers d'écriture. Dans le but de discipliner son esprit et son corps, je lui rasais la tête et le forçais à endosser l'uniforme des cadets turcs. Je lui ai appris la danse sacrée des derviches tourneurs, ordre auquel sont affiliés tous les sultans de la dynastie. Je lui ai enseigné le respect de lui-même et l'ai contraint à infiniment d'humilité. Les grains de son chapelet étaient de vulgaires noyaux de dattes, et ses habits, de rêches étoffes dont un mendiant d'Orta Köy n'aurait pas voulu. A l'âge de six ans, je lui fis recopier les soixante-dix-huit mille mots et les cent quatorze chapitres du Coran. Il disposait d'un oreiller en bois à l'intérieur duquel il rangeait sa trousse d'écolier, ses bâtons de craie et une pierre plate de La Mecque que mon époux ramena de la Terre sainte.

Comme elle sentait l'assistance intéressée par ses explications, elle nota chacune des réactions de ses vis-à-vis, tenta de recueillir des suggestions, de modifier ses arguments. Le moindre de ses gestes, le plus petit tressaillement, tout était calculé pour désarmer, troubler, triompher. Seul un officier, Beïram Agha, continua de l'affronter :

(*) *Arslanyn, kouzoum, elmassyn* (mon lionceau, mon agneau, mon diamant), noms donnés par les validés à leurs fils.

— Nous te le disons sans crainte d'erreur, ô ma sœur, s'exclama-t-il en la scrutant, il te faut rejoindre les profondeurs du harem, car l'Empire ne s'est jamais mieux porté !

La Grecque retint un geste d'agacement et donna à sa réponse toute la lenteur souhaitée.

— O toi pour qui rien ne semble caché ! rétorqua-t-elle, une main campée sur la hanche, ou bien nous ne lisons pas les mêmes rapports, ou alors ta bêtise est aussi grosse que *Beauté Bleue de l'Asie* qui orne ma tiare !

A ces mots, la salle entière ne put s'empêcher de rire. Ecrasé de honte, l'officier blêmit et ses jurons perdirent de leur agressivité. La crainte d'être ridiculisé davantage le fit rentrer dans le rang. Ce fut au tour des douze pachas de l'Empire de frémir, car ils redoutaient de voir Kossem retourner la situation à son avantage. Crainte bien fondée...

Etonnée elle-même d'avoir pu gagner quelques hésitants à sa cause, la sultane arpenta la salle, semblable à une démone au milieu des flammes de l'enfer.

— Jamais je ne resterai dans l'ombre du harem. Pour m'y forcer, vous devrez y porter mon cadavre. En attendant, je réclame le droit de rétablir une coutume tombée en désuétude sous le règne de ma rivale Mahfirouz. Dans deux heures, après la prière de midi, vous vous réunirez sur la grande place voisine du Divan afin de déjeuner aux frais et à la santé du sultan. Personne ne se soustraira à cet usage. Mes femmes et moi prendrons quelques renseignements sur vos préférences culinaires et préparerons les menus avec soin. Puisse l'Empire être à l'image du festin que je vous prépare : une terre de fraternité et d'abondance. Criez avec moi : Allah protège le sultan ! Grâces soient rendues à la Turquie, notre mère !

Ces mots furent dits avec tant de foi que les dignitaires eurent envie de se précipiter sur Kossem pour la porter en triomphe. Seule la bienséance musulmane les en empêcha. La sultane fut stupéfaite de cet enthousiasme. Elle entendit des officiers reprendre ses phrases en chœur, vit des chambellans lui amener un trône afin de prendre ses aises. Le rideau de soie fut rétabli. La séance reprit, dans une immense confusion. Les ministres parlèrent de tout, sauf de l'essentiel, tant leur embarras était grand. Enfin, on clôtura les débats.

Kossem profita de la dispersion de l'assemblée pour donner ses ordres aux marmitons des dix cuisines impériales. Elle composa elle-même les plats du jour, dressa les tables basses pour sept cents couverts, confectionna à cette occasion une pâte brisée enduite de sirop de prune, encore jamais vue au harem, le *Valde Bebegi*, nombril de la validé. Ses convives déjeunèrent au son des flûtes et des tambourins sur la Grande Place et dans le parc des Tulipes, où la brise était la plus douce du palais.

— *Afiyet Sekerolsum*, leur dit-elle avec ce merveilleux don de séduction qui avait fasciné trois sultans, bon appétit ! Que ce soit doux comme du sucre !

Cette stratégie de charme ne fut pas pour déplaire à certains dignitaires. La familiarité dont Kossem usait à leur égard ne les choqua pas. Au contraire, ils considéraient cette absence d'étiquette comme la marque d'une grande âme.

Une fois sortie de la salle du Divan, Kossem céda à la stupeur. Les Nubiens semblaient galvanisés par son courage. Ils l'escortèrent jusqu'au harem, courant dans son sillage.

— Place à cette noble dame ! s'exclamèrent-ils. Elle a osé traiter un soudard d'homme stupide. Fronts inclinés devant cette souveraine ! Elle commande à ceux qui commandent ! Bambou, la mère du calife Haroun al-Rachid n'est rien auprès d'elle. Même Bouche de Perles, la célèbre reine du Caire, pâlirait de jalousie !

En entendant ces louanges, Kossem se couvrit les oreilles, rabroua les eunuques et les pria de la laisser seule. Dans son boudoir, elle se dépouilla de son caftan pour le confort d'une robe de coton, se rendit ensuite au hammam et y demeura deux heures. Quand elle revint dans son alcôve, elle n'était pas encore remise de ses émotions, doutant un instant qu'elle eût jamais affronté les ministres du Conseil.

Saut de biche qui la rejoignit peu après, lui signifia que les dignitaires projetaient un coup d'Etat et juraient de réduire le harem à l'état de cimetière.

— L'attitude de ces pachas va déclencher le mécanisme fatal

de la haine et de la violence, laissa tomber Kossem. Ces gens-là éprouvent à mon égard un mépris sans nom, une sorte de répulsion comme celle de l'eau pour l'huile. Que dois-je faire ? Dissoudre le Divan ? Faire intervenir les eunuques ? Donner la chasse aux ministres ? Ne serait-ce pas rendre la situation plus compliquée ? Sans ces pachas, je ne pourrais jamais gouverner la Turquie. Pourtant, je suis avide d'apprendre, mais les affaires de l'Etat m'échappent. Mes connaissances de la politique sont réduites. D'autre part, mon passé d'esclave, mon enfermement au harem m'ont considérablement marquée. Ah ! je me maudis de n'avoir pas suffisamment étudié avec les boutiquières juives qui servaient d'institutrices à mes fils. Comment surveiller les dignitaires ? Qui me servira d'éminence ? Car, je le sens, les affaires de l'Etat ne doivent plus être menées de cette manière-là !

Machinalement, elle s'avança vers un coffret dont le fermoir consistait en deux émeraudes emboîtées et en retira une poupée de laine aux cheveux tressés. Depuis des années, cet amas de chiffon lui servait de talisman. La nuit qui avait vu l'assassinat de son père le pope, elle l'avait dissimulé dans ses dessous intimes. En regardant cette poupée inerte, elle pensa au temps où les eunuques la malmenaient et la forçaient à se prosterner. De nouveau, elle se laissa habiter par la frénésie. Elle entreprendrait tout pour ne plus connaître de telles vexations et lutterait jusqu'à la dernière goutte de sang.

— Et pourquoi ne te confierais-je pas le pouvoir ? demanda-t-elle à Saut de Biche dont elle sonda brusquement le regard.

Ces mots à peine prononcés, l'eunuque blêmit violemment.

— Ma reine, je n'ai aucune instruction, se lamenta-t-il. Personne n'acceptera le bien-fondé de mes interventions. Vous savez combien les dignitaires détestent les Africains. Au risque de vous manquer de respect, vous faites trop grand cas d'un être aussi indigne que moi !

— C'est un orgueil mal placé de croire que les favorites et les sultanes sont les maîtresses de Topkapi, car celles-ci sont souvent les esclaves de leurs esclaves. Gouverneur du harem, je trouve en toi de la délicatesse, du discernement et un formidable goût pour la politique. Au Vieux Sérail, j'ai apprécié ta compagnie. Tu as montré un caractère exceptionnel. Un autre serait mort de peur ou se serait fait lâchement oublier. Ton habileté, ta complicité, un amour de l'Empire identique au mien, nous réservent des possibilités infinies. Les pachas, quand bien même ils posséderaient l'or et le prestige, n'ont pas le dixième de ton courage et de ta logique. Aussi je te demande de ne pas protester. Tu conduiras ma politique. Je te déchargerai de la gérance du harem et des pavillons de chasse de la Couronne. Tu siégeras dans le canapé en demi-lune avec les ministres du Divan. En acceptant ma proposition, tu auras l'occasion de fermer les établissements de castration et de devenir le vice-roi africain de Topkapi. Tous deux nous voulons la liberté. Sans doute aucun d'entre nous ne l'aura, mais du moins nous arrangerons-nous pour rendre notre existence plus supportable.

Flatté de sentir sa souveraine si proche de lui, l'eunuque se prépara à se prosterner, mais cette expression d'humilité irrita la sultane.

— C'est tellement inespéré, bégaya Saut de Biche, les yeux embués de larmes.

Il se raffermit, soudain honteux de montrer son émotion.

— Donner ma vie pour une noble cause ne m'effraie pas. Je me montrerai digne de votre grandeur et mettrai à votre profit les connaissances de mes confrères eunuques.

— Désormais, tu te tiendras à ma droite, annonça solennellement Kossem. On t'appellera « le plus vieux des vieux », une fonction tenant à la fois de commandant de la Garde Voilée et de Grand maître de mon cabinet privé. Dans la salle du Divan, tu t'installeras sur un coffre plat recouvert d'une peau de martre et contenant tous mes bijoux. Tu montreras ainsi la confiance dont je t'honore. Tous deux, nous nous entendrons à merveille. Mes femmes et moi, nous disposerons du haut harem, et toi, des bas quartiers du sérail. Cette répartition nous permettra de transformer Topkapi en forteresse. Ainsi rien n'échappera à notre surveillance. Dès à présent tu vas t'employer à satisfaire ma curiosité et à combler mon ignorance. Tu me familiariseras avec les titres des officiers, leurs grades, leurs noms, les lieux stratégiques. Je veux connaître les choses les plus compliquées.

— Votre Seigneurie m'honore de son attention et je lui en sais gré, remercia Saut de Biche, mais je n'ai pas attendu cette marque de confiance pour vous servir. Afin de mieux assurer le succès du règne de votre fils, j'ai pris la peine, il y a des semaines, d'envoyer mes eunuques espionner quelques provinces de l'Empire. Les rapports des gouverneurs sont alarmants. Aux frontières, les Tartares menacent de déferler et d'assaillir Andrinople. Les arriérés d'impôts s'accumulent au Liban tandis qu'un vent de rébellion souffle sur Chypre et Damas. Il semble même que Diarbékir veuille suivre ce triste exemple. Des désordres publics sont à craindre à Istanbul. Tout cela est le résultat du règne d'Osman et de Mahfirouz. Quant aux vauriens du Divan, ils vous ont caché la gravité de la situation. Bagdad, la capitale de l'Arabie, risque de tomber d'un moment à l'autre entre les mains de nos ennemis héréditaires, les Persans. C'est pourquoi nous devons acheminer vers Bagdad les mousquets à mèche, la poudre, les sabres, les draps ainsi que les guêtres et la mousseline à turbans. Trois mille cavaliers iraniens d'une armée d'observation sous les ordres du meilleur général du chah d'Iran marchent à cette heure-ci dans les déserts d'Arabie afin de couper nos arrières.

L'eunuque attira Kossem vers une carte géographique couverte de signes indiquant la position des forces turques et iraniennes. Sur la mappemonde, l'Empire ottoman était coloré de vert, en hommage au Prophète, et faisait une immense tache auprès de laquelle les royaumes de la chrétienté et même l'empire des Habsbourg semblaient minuscules. Du doigt, Saut de Biche montra de quelle manière la Turquie serait prise en tenaille au cas où Bagdad tomberait aux mains de la Perse.

Devant une telle éventualité, la Grecque se mit à arpenter l'alcôve, à pas saccadés. L'eunuque ne se rendit pas compte de son trouble.

— Le repos des Ottomans dépend de la victoire des colonels de l'armée, insinua-t-il. Or les caisses du trésor de guerre sont vides. Bientôt les officiers ne pourront plus payer les troupes. Ils auront à faire face non seulement aux Iraniens, mais à leurs propres fantassins.

Tout en écoutant, Kossem lança à Saut de Biche un de ses sourires enchanteurs qui désarçonnaient ses ennemis eux-mêmes. Un air de triomphe la transfigura. Sans un mot elle lui fit signe de la suivre vers le sanctuaire du Manteau Sacré. Sitôt en vue du kiosque aux quatre coupoles, ils enlevèrent leurs babouches, s'agenouillèrent, puis s'avançèrent en rampant car nul pied ne devait fouler le vestibule saint.

La chambre où ils s'introduisirent embaumait le camphre. Là étaient conservés l'habit du Prophète et les reliques des premiers martyrs de l'Islam. Kossem montra à Saut de Biche une centaine de sacs entassés dans la partie la plus obscure de la pièce.

— Regarde, il y a là de quoi régaler les troupes et éviter toute révolte, affirma la sultane. Depuis des semaines, je me suis épuisée à chercher des fonds pour la solde des janissaires. J'ai procédé à une quête, mis en gage les joyaux de la couronne. Les dames des pachas m'ont imitée. Toutes ont donné au Trésor leurs bracelets et leurs perles. Ma vaisselle de vermeil, mes châles de Lahore, mes cotonnades des Indes ont été vendus. Cela n'a pas été sans un serrement au cœur, mais à Bagdad va se jouer le destin de mon fils et de l'Empire. Dès demain, ces sommes d'argent seront acheminées sur le front, et l'Iran n'aura qu'à bien se tenir !

Fort de l'appui de la validé, le Gardien des vierges jura de sauver la Turquie. Dans les semaines qui suivirent, il remplit le harem d'espions, porta à mille l'effectif des eunuques, exigea des pachas du Divan qu'ils prouvent l'origine de leurs richesses et paient l'impôt sur les grosses fortunes auquel ils s'étaient soustraits jusqu'alors.

Irrités, les dignitaires tentèrent de l'intimider.

— Est-il vrai que l'intelligence de cent nègres tient à peine dans un grain de figue ? lui demandèrent-ils au cours d'une séance.

Sans se laisser impressionner le moins du monde, l'Ethiopien leur répondit :

— L'auguste validé m'a choisi pour conduire sa politique. S'il plaît à Allah, c'est le grain de figue qui gouvernera Istanbul.

Face à la hargne de ses adversaires, il redoubla d'ardeur. Sous ses ordres, trois cents secrétaires furent chargés de la constante remise à jour de quatre mille fiches de renseignements. Ses scribes étaient payés quinze aspres à la minute. Devenu le personnage le plus puissant du sérail, il s'estima capable, grâce au formidable réseau d'informateurs qu'il avait mis en place, de déjouer les manœuvres de ses ennemis. L'eunuque était convaincu que l'aube d'un avenir nouveau allait se lever sur la Turquie, parce qu'une jeune souveraine, une souveraine venue d'ailleurs, se refusait à être complice de la résignation.

13

Une faible lumière filtra au travers des volets de l'immense chambre à coucher de Kossem. En cette matinée du 26 avril 1627, la sultane était emmitouflée dans une chemise de toile de lin et ressemblait à une paisible bourgeoise du faubourg d'Arnavout Köy. Bien que la Grande maîtresse du lever ne fût pas venue la réveiller, elle se glissa hors de son lit, s'orienta vers la salle d'eau et aperçut sur un guéridon les rapports des gouverneurs de province auxquels elle n'avait pas encore répondu. Comme elle percevait des éclats de rire, elle s'approcha des fenêtres et distingua Amurat et Tarchane qui cheminaient dans les allées du jardin des Baisers. Tous deux auraient dix-sept ans dans quelques mois. Ils passeraient de l'état d'adolescents à celui d'homme et de femme. Mise de bonne humeur par la proximité de ses deux enfants, Kossem se laissa aller à un sentiment de plénitude.

L'entrée de Saut de Biche dans sa chambre interrompit le cours de ses rêveries. Le kislar-agha était habillé d'un caftan de coupe simple qui lui donnait une élégance aristocratique. Un minuscule chien du Japon, dont les vétérinaires avaient arrêté la croissance, se cachait dans les larges manches de son habit, gémissant étrangement.

Lorsqu'il entendit sa maîtresse s'extasier sur la beauté et la jeunesse d'Amurat et de Tarchane, l'eunuque esquissa une grimace. Depuis longtemps, il s'était rendu compte de la complicité qui unissait le frère et la sœur, et soupçonnait l'existence de liens inavouables. Fallait-il pour autant prévenir Kossem ? Peut-être la validé prendrait-elle mal la chose ? Elle était si impulsive ! Elle s'en prendrait à lui, lui reprocherait de calomnier les siens. Qui sait si elle ne lui retirerait pas sa charge de Grand eunuque ?

Ce matin-là pourtant, il rassembla son courage et lui fit part de ses inquiétudes :

— Combien de fois n'ai-je pas surpris notre maître Amurat attirant sa sœur sur la plage privée de la famille osmanlie ! Un jour, je l'ai vu orner la coiffe de Tarchane d'une rose cueillie dans le jardin des Sept Heureuses. Parfois il vient la visiter aux bains. Il la masse, la caresse, lui parle avec amour comme s'il était Mejnoun, et elle Leïla (*). Quand elle boit une tasse de thé, il repère l'endroit où elle a déposé ses lèvres et y met les siennes. Bien sûr, en public tous deux se conduisent dignement, mais personne n'est dupe.

Kossem feignit d'être alarmée par les explications embarrassées de Saut de Biche.

— S'ils apprennent une telle chose, les pachas du Divan en feront leur profit. Ils sont capables de me ravir Amurat et de le manœuvrer. Ensuite ils m'enfermeront au harem et me rendront responsable de cet inceste. Peut-être Amurat et Tarchane ont-ils manqué de chaleur maternelle ? Pourtant, de l'affection, j'ai fait tout mon possible pour leur en donner. Pourquoi se manifestent-ils autant d'attachement ? J'imagine leurs deux corps comme des amandes unies dans la même coque, et cette image me saigne le cœur.

Saut de Biche tenta de se rattraper.

— Mais ce sont des adolescents. Leurs ébats doivent être encore innocents.

La sultane se mit à gémir :

— Cette abomination, je veux la voir de mes propres yeux. Quand mes enfants ont-ils l'habitude de se retrouver ?

— A la tombée de la nuit au kiosque de la Rose, déclara l'eunuque qui soudain se rendait compte des conséquences de ses révélations. Si vous le désirez, ô ma reine, je vous y conduirai en personne.

— Non, chancelier, répliqua Kossem. Je ne veux pas voir ton nom mêlé à une si sordide affaire. S'il apprenait ton intervention,

(*) Leïla et Mejnoun, fameux amants des fabliaux arabes.

Amurat aurait tôt fait de t'accuser de trahison. Il te bannirait du palais. N'aie crainte. Je me ferai escorter par mes eunuques.

Après l'appel des muezzins à la prière, Kossem demanda à ses gardes de l'accompagner. Des raccourcis connus d'elle seule lui permirent de traverser comme par magie les murs épais du harem et d'approcher le kiosque de la Rose sans attirer l'attention. Elle menaça le Grand maître du protocole de l'exterminer s'il trahissait sa présence. Celui-ci se prosterna, rampa, le nez dans les laines des tapis, et s'éclipsa.

Pendant ce temps, Amurat et Tarchane s'enlaçaient sur une ottomane, si près l'un de l'autre que l'épaisseur d'un cheveu n'aurait pu se glisser entre eux. La brutale intrusion de leur mère les pétrifia.

Passé l'effet de surprise, le jeune sultan se précipita en direction de Kossem.

— Puissiez-vous ne jamais regretter votre geste ! Cet acte constitue un affront à la couronne ! Vous venez de porter atteinte au maître du tout-puissant Empire ottoman ! C'est là une erreur que vous ne cesserez de payer. Dès aujourd'hui je restreindrai votre liberté et vous tiendrai aux arrêts !

La violence de telles paroles mit Kossem en transe.

— Comment réagirait ton père s'il t'entendait me menacer de la sorte ? Tu as oublié tes résolutions ? Tu as juré de me respecter !

— Depuis des années, je vous ai été soumis, répliqua Amurat, violemment. Vous avez voulu vous rendre seule dans la salle du Divan, j'ai accepté. La guerre sainte a été déclarée contre les pachas, je n'ai rien dit. Mais cela ne vous suffisait pas. Mes espions vous ont vue sortir du sérail pour errer en ville et épier le peuple !

— Et pourquoi n'en aurais-je pas le droit ? Comment faisaient tes aïeux ? Le sultan Sélim Yavouz errait lui aussi dans les faubourgs, habillé en cocher. Se hasarder en ville pour identifier les collecteurs d'impôts véreux ne m'impressionne guère !

— Quelle inconscience ! Que Dieu vous protège, ma mère, car vous avez l'intention de modifier les usages. Dès ma venue au pouvoir, vous avez pris l'habitude de donner audience dans la deuxième cour du sérail, installé votre trône et ouvert les portes du palais aux pauvres. Les habitants de la capitale vous consultent comme si vous étiez un mufti. Mais Topkapi n'est pas une mosquée où chacun s'apitoie sur son sort ! Vous entendez ? Je ne veux pas voir ces gueux vous violer du regard. Les dignitaires du Divan ont bien raison de vous haïr. Vous vous mêlez de tout, et bientôt, du levant au couchant, les musulmans de cet empire se mettront à prononcer votre nom !

— Je me suis conduite comme j'ai jugé nécessaire de le faire, rétorqua Kossem. Mais tu ne peux me reprocher d'avoir été indifférente à ton bonheur. Si j'avais été molle et indécise, serais-tu là aujourd'hui à me déchirer tel un loup ? Je me suis mise en avant afin de protéger ton héritage. Les dignitaires du Divan ? Ils se sont joints à moi une fois le danger écarté. Ils me méprisent parce que j'ai réduit leurs privilèges, saisi les registres de leur comptabilité, découvert leurs manigances. Ces êtres immondes falsifient leurs comptes, accablent ton peuple d'impôts et sont si avares qu'ils ne donneraient même pas leur urine. S'ils veulent voir les habitants d'Istanbul dans une position élevée, c'est toujours en haut d'une potence. Les chiens de leur chenil mangent chaque jour la ration de trois personnes et leurs femmes ont des bijoux qui auraient fait pâlir les huit cents concubines de Salomon. Parle-moi plutôt du peuple ! Lorsque j'étais déchirée par les douleurs de l'enfantement, les femmes des commerçants de la capitale espéraient et souffraient avec moi. Pendant le premier règne de ton oncle Mustafa, quand j'allais vers les faubourgs d'Orta Köy et de Péra, de pauvres hères me saluaient. La Sainte des croyants ! disaient leurs acclamations. Chacun m'attirait à lui. Si je reçois les déshérités, c'est parce qu'il n'y a plus de justice à Istanbul. Tes sujets sont malheureux. Ils ne savent ni lire ni écrire. Afin de subsister, ils se vendent comme esclaves. Pour eux ce sont les corvées, les rançons, le viol de leur femme et de leurs filles. O mon empereur, si tu pouvais voir leurs terres ! Elles sont morcelées jusqu'aux dernières limites. Parfois, un arpent appartient à des familles entières. Hier encore, des malheureux sont venus me consulter : ils possèdent un seul arbre dont ils se partagent les branches et se sont querellés pour quelques fruits tombés d'un oranger !

Elle s'interrompit, stupéfaite de montrer tant de passion.

— C'est pourquoi mon enfant, reprit-elle, je te demande de mettre un terme à ton sacrilège. D'ailleurs, je tiens à te mettre en garde contre l'état d'esprit des trois cents gracieuses vierges de ton harem. Tu ne les as pas visitées une seule fois. Tes femmes en ont assez de t'attendre et de ne jamais te voir. Je crains une révolte. Il y a une semaine, les eunuques m'ont signalé plusieurs tentatives de suicide. Comprends-moi ! L'inceste ne mène à rien. Eloigne ta sœur et marie-la à un dignitaire. Revenu dans le droit chemin, tu trouveras une épouse de ton choix pour fonder une famille et assurer la continuité de la dynastie.

Amurat ne répondit pas. Comme il avait une dague dans la main, il l'orienta lentement vers le visage de sa mère, feignant de la viser.

Devant tant de puérilité, Kossem se raidit ; qu'elle eût désiré en cet instant que son époux Ahmed fût avec elle pour mater le misérable rebelle !

— A la réflexion, je vous donne raison, admit subitement le jeune sultan. Je jure de marier Tarchane à un pacha de l'Empire, et pour vous montrer ma bonne volonté, je viendrai au harem ce soir même.

— Et comment procéderas-tu pour choisir l'élue de ton cœur ?

— Il y a au harem trente couloirs le long desquels sont réparties cent cinquante cellules individuelles. Chaque vierge se rendra dans une cellule et m'y attendra. Une fois le silence établi, je regarderai par le guichet et choisirai celle qui me conviendra. La femme de mon choix sera conduite par un eunuque dans la chambre des Plaisirs, lieu consacré aux ébats des sultans.

Stupéfaite d'un revirement aussi soudain, la mère du sultan mit fin à l'entretien et prit congé, non sans ordonner à Tarchane de la suivre dans ses appartements où elle la ferait surveiller par des matrones du sérail.

A la nuit tombée, lorsque le sultan annonça son arrivée au harem afin d'y honorer une vierge, elle décida d'en avoir le cœur net. Elle se dissimula dans les couloirs de la Porte d'Or, là où passerait son fils. L'obscurité l'empêcha d'observer avec soin Amurat qui, pour l'occasion, arborait un habit noir brodé de fils d'argent. A peine si elle put distinguer ses traits car, très bizarrement, il portait un cache-poussière qui masquait son visage. Il ouvrit les guichets, l'un après l'autre, hésita et désigna finalement une Circassienne d'une rare beauté. Sur quoi, il donna ses instructions au maître du protocole et se retira dans la chambre des Plaisirs.

Quelle ne fut pas la surprise de Kossem de le voir sortir de l'alcôve une heure plus tard, et revenir choisir une nouvelle vierge ! Ces allées et venues durèrent la nuit entière. Un moment Kossem fut ahurie des prouesses inattendues de son fils, puis de noirs soupçons s'emparèrent d'elle. Le sultan avait-il réellement rompu avec Tarchane ? S'intéressait-il tout à coup aux odalisques de son harem ? Le seul moyen de savoir s'il y avait supercherie était de voir ce qui se passait dans la chambre des Plaisirs grâce aux quatre glaces sans tain incrustées dans les parois.

La nuit suivante, lorsque l'eunuque de service signala la visite du sultan, elle s'engagea dans le couloir secret. Derrière les miroirs, elle distingua nettement la chambre d'amour. Le sultan venait justement d'entrer. Après un regard circulaire, il avança avec méfiance, souffla les cires afin de plonger l'alcôve dans la pénombre et fit signe à la jeune vierge choisie quelques minutes auparavant de s'approcher. Kossem faillit pousser un cri, car l'homme qui se trouvait dans la chambre n'était pas son fils. L'imposteur, ne se sachant pas observé, attira vers lui l'odalisque, la dénuda et l'enivra, avec une formidable maîtrise, de ses caresses. Il avait des gestes lents, sensuels, ses lèvres étaient gonflées de désir. Il ôta son cache-sexe, arborant une virilité impressionnante. Par une poussée ferme, il prit possession de la virginité de la jeune femme. Envahie de sensations qu'elle n'avait jamais connues, l'odalisque poussait des gémissements et s'agrippait à l'homme furieusement. Fascinée par cette scène, Kossem sentit sa raison l'abandonner. Elle s'étonna de sa curiosité malsaine, mais une force la contraignait à ne pas détacher son regard des deux corps qui se donnaient avec frénésie.

Lorsqu'elle s'en retourna chez elle, elle demeura bouleversée par chaque détail de l'étreinte dont elle venait d'être témoin.

De la patience, il lui en fallut, les nuits suivantes, pour percer ce secret. L'énormité de la mystification la stupéfiait. Pendant deux semaines, plus d'une cinquantaine d'inconnus se succédèrent dans la chambre des Plaisirs. Recrutés parmi les trois cents pages et favoris du sultan, ils lui ressemblaient par la taille, la corpulence et la couleur des yeux. Grâce à la règle de silence imposée aux odalisques, le dialogue entre les favoris et les femmes se réduisait à sa plus simple expression et empêchait tout éclaircissement.

En lâchant ses éphèbes sur le harem impérial, Amurat pouvait continuer de fréquenter Tarchane sans être importuné et calmait la fièvre des femmes de son palais.

Kossem s'en voulait d'avoir été aussi naïve. Cependant un désir trop longtemps refoulé montait en elle. De se rappeler les accouplements auxquels elle avait assisté la remplit de trouble. Qu'elle eût aimé être à la place de l'une de ces odalisques et sentir le sexe d'un éphèbe contre elle ! Elle eut beau se dire qu'à l'âge de trente-huit ans une femme se doit de maîtriser pareil désir, sa nature réclamait de nouvelles sensations. Fortune, palais, domestiques, tout lui appartenait, mais ces richesses, le pouvoir même, valaient-ils la jeunesse et l'amour ? Après avoir vécu dix ans de bonheur conjugal, ne vivrait-elle plus jamais l'ivresse d'une passion partagée ? Une idée folle germa alors en elle. Pourquoi ne se ferait-elle pas passer pour une simple femme du harem ? Pourquoi ne se glisserait-elle pas dans une cellule afin d'être choisie par quelque favori ?

Son alcôve étant trop étouffante pour espérer y trouver le sommeil, elle ouvrit les fenêtres, les referma aussitôt parce que les allées et venues de la Garde Voilée accentuaient sa nervosité.

Quand elle appela le surveillant des Femmes parfaites, un castrat qui s'occupait d'acheminer les vierges dans leurs cellules, elle était animée d'une froide résolution. Le Nubien pourrait-il lui servir de guide cette nuit, et lui permettre de se glisser parmi les jeunes vierges du palais ? Trois joyaux d'une valeur inestimable, la gérance d'un établissement de bains à Istanbul et une rente à vie de quelques dizaines de milliers d'aspres représenteraient le prix de son silence. L'homme sut tout de suite où était son intérêt. Avec une bienveillance exagérée, il s'empressa d'offrir à la sultane ses étranges services.

La sultane se retrancha derrière un paravent, se dépouilla de son caftan et enduisit ses parties intimes d'un astringent tiré d'un fruit de Zanzibar qui lui redonnerait sa virginité perdue. Elle endossa une gorgière et un jupon de crêpe noir. Enfin elle absorba une liqueur à base d'eau de jasmin et d'opium qui ferait palpiter les veines de ses poignets et chasserait son inquiétude.

Muni d'une lanterne de papier violet, le Nubien lui fit emprunter des passages secrets où ils ne rencontreraient personne. Par une galerie aérienne tout en vitres épaisses surplombant les annexes du palais, ils arrivèrent dans le Chemin Brumeux, un endroit où seuls les gardes voilés avaient le droit de circuler. Peu après, le Nubien indiqua à Kossem la cellule des Imparfaites, lui demanda d'en pousser la porte et d'entrer.

De se retrouver dans cette cellule effraya la sultane. Ah ! comme elle était honteuse de céder aux élans troubles de sa sensualité ! Quand elle s'assit sur un sofa aux broderies élimées, elle eut envie de pleurer. Ne méritait-elle pas qu'on la méprise ? « Pécheresse ! » s'insulta-t-elle. Elle voulut crier : « Eunuque ! Ouvre, par pitié, laisse-moi revenir dans mes appartements ! » Mais ses lèvres refusèrent d'obéir. Ses yeux ne quittèrent plus le guichet qui, tout à l'heure, s'entrouvrirait sur le visage d'un favori.

Au moment où elle s'y attendait le moins, elle perçut le grincement de la lucarne, et une voix dire à l'eunuque en faction :

— Je veux cette odalisque ! Amène-la-moi !

Le Nubien semblait ne pas en revenir. Il fit pivoter la porte de la cellule sur ses gonds, invita Kossem à le suivre, et amortissant le bruit de son trousseau de clefs, l'accompagna à la chambre des Plaisirs.

Sur le seuil de l'alcôve, la Grecque se raidit. Selon l'usage, elle devait se prosterner devant l'homme censé être le sultan et baisser les yeux, mais elle ne fit rien de tel. Le favori qu'elle se permit de dévisager était étendu sur le sofa, vêtu d'un justaucorps de velours vert. Ses traits étaient d'une beauté sculpturale, ses lèvres charnues, ses aisselles sentaient la myrrhe et l'aloès. Devinant la fierté ombrageuse de Kossem, il lui adressa un regard effronté. Comme elle ne s'inclinait pas, il s'empara d'elle.

— Ton désir est semblable au mien, dit-il en rompant malgré lui la loi du silence. Tu seras mienne. Je me livrerai avec toi à des jeux que personne ne t'a jamais montrés. Je t'arracherai des râles de volupté et tu me supplieras de te prendre.

Les cils baignés de larmes, elle tenta de fuir, mais il la retint par le poignet. En une détente il la souleva du sol, la fit allonger sur le divan, la serra dans ses bras avec une fièvre telle qu'elle succomba. La passion de l'homme était si violente qu'il dévorait ses lèvres, pétrissait ses seins. Dès qu'il la sentit prête, il la posséda avec une folle vigueur.

L'étreinte achevée, il pesa lourd sur elle et, de sa voix encore chargée de désir, l'empêcha de s'éloigner. Kossem ne lui répondit pas. Pour ne pas gémir, elle mordillait son drap trempé de sueur. A présent, elle le devinait, sa volonté n'aurait plus de prise sur elle. Elle ferma les yeux pour ne plus penser à cette dépendance sacrilège et sombra dans la douleur jusqu'à ce que l'aube eût pitié d'elle.

Durant des mois, Kossem se livra à la luxure. Le bruit de ses combats fut les soupirs et les râles de ses éphèbes. Au matin, elle reniait ses amants et s'amusait à orner ses délicates chevilles d'anneaux d'ivoire qui représentaient le nombre de ses accouplements. Ces trophées étant trop lourds à porter, elle les fit figurer dans un collier dont les maillons se multipliaient au gré des nuits d'orgie. « Comme le plaisir est peu de chose ! » constatait-elle en soupesant le collier.

Afin de prévenir toute indiscrétion sur ses débauches, elle renforça le cérémonial du harem. A la moindre sortie, les maîtresses de cérémonie l'escortaient, témoignant ainsi de son honnêteté. Un immense pectoral d'or défendait l'accès de ses seins et des voiles d'une farouche épaisseur cachaient sa chevelure comme il sied à une honnête musulmane.

Cependant, un besoin impérieux de se disculper et l'urgence de sauver l'Empire commencèrent à l'obséder. Pour être informée du déroulement des événements de Bagdad, elle organisa un réseau de postes et créa jusqu'aux confins de l'Irak une route militaire où aucun civil n'avait le droit de circuler. Munis d'un sceau sur lequel était inscrit : « Sous la sauvegarde de la Validé », ses messagers pouvaient ainsi trouver des chevaux frais dans chaque province qu'ils traversaient.

Les rapports, les lettres et les bilans des gouverneurs s'entassèrent par dizaines dans le cabinet de travail de l'impératrice. La moindre pièce de monnaie fut comptée, les factures payées, les charges vendues au plus méritant. Aucun retard dans le versement du tribut annuel ne fut toléré.

Aux premiers jours de l'été 1627, Kossem reçut enfin la récompense de son mérite, car un messager venu de Bagdad lui annonça la victoire des troupes turques et l'anéantissement de trois mille fantassins appartenant à la garde privée du chah d'Iran. En parcourant le bulletin, la sultane se mit à frémir. Alors que les ministres avaient échoué depuis des mois, elle, une malheureuse musulmane, avait réussi ! Ce triomphe lui fit oublier les épreuves qu'elle avait subies, même ses étreintes à la chambre des Plaisirs ne furent plus qu'un murmure du passé. Attablée à son pupitre, elle déroula un parchemin orné d'enluminures, trempa sa plume d'oie dans son encrier de jade et écrivit :

Du palais de Topkapi le bien gardé,
ce 27 juillet.
La Petite Mère des Croyants,
Maîtresse du Harem parfumé

aux Colonels de l'Armée,
Splendeurs et Boucliers
de l'Empire.

Notre cœur se remplit de joie. Enfin le soleil est revenu dans le ciel d'Istanbul ! Puissiez-vous, ô mes frères, vous asseoir au paradis à la table de nos aïeux. Vous avez aplani la montagne avec le sabot de votre cheval et gardé à notre sabre ce qui lui appartenait. Votre héroïsme relève notre renommée. Nous vous félicitons. Notre faveur est avec vous !

Pour célébrer sa victoire, elle décida de se rendre à la Mosquée Bleue et de se recueillir sur la tombe d'Ahmed. Cent chameaux et une armée d'eunuques lui furent nécessaires pour porter ses bagages. Elle harnacha ensuite un éléphant d'Asie et prit place dans un palanquin à cinq balcons qui lui permettait de regarder dans toutes les directions les festivités s'offrant à elle. En compagnie d'Amurat, elle passa en revue les fantassins des garnisons d'Istanbul. Une pompe superbe fut déployée le long du parcours. Lorsqu'ils la virent passer devant eux, acclamée comme si elle était une reine de la chrétienté, les pachas du Divan eurent envie de se cogner la tête contre les pavés du sol. De savoir leur rivale triomphante leur restait en travers de la gorge. Bien décidés à lui nuire un jour ou l'autre, ils se gardèrent néanmoins de manifester la moindre haine et se prosternèrent avec soumission. Du haut de son observatoire ambulant qui lui donnait l'impression de flotter dans les airs, Kossem les distingua et demanda à son fils de se méfier d'eux.

— Ces gredins rêvent de te déchiqueter. Aussi prends garde, mon guépard. Ce ne sera pas assez de ta bravoure pour les empêcher de saper ton prestige !

— N'ayez crainte, répondit le jeune sultan, la vengeance s'ajourne, mais ne vieillit pas. Vous savez combien j'aime la Turquie. Je prendrai aux riches pour donner aux pauvres. J'épurerai les corps d'Etat, les nettoierai de toute corruption. L'enjeu de mon combat sera la grandeur de l'Empire.

Ces propos, au lieu de la satisfaire, effrayèrent considérablement Kossem. Il y avait en Amurat un désir sauvage de défier la terre entière, et elle se demandait si un jour il ne contesterait pas son autorité. Mais elle veillerait à être indispensable, montrerait originalité et ruse, de sorte qu'il ne pourrait se passer d'elle ni se priver de son concours. Jamais elle ne céderait le pouvoir à quiconque. A son fils moins qu'à un autre. Et la Turquie ne s'en porterait que mieux !

14

En ce 17 mai 1631, Kossem aperçut Amurat qui, derrière la fenêtre de la chambre de la Purification, adressait un signe de la main au bourreau du sérail. L'homme des basses œuvres, qui se trouvait dans la cour voisine, s'arma alors d'une hache, et de la lame faucha la nuque des pachas condamnés à mort par le sultan. Sans marquer la moindre émotion, il prit les têtes par le toupet, les montra au souverain et cria : « Ainsi passe la justice de Sa Majesté. L'Orient lui appartient. Malheur à celui qui n'est pas de cet avis ! »

Horrifiée par tant de sang, Kossem rabattit les tentures pour mieux jeter un regard furieux à son fils qui, avide de sensations fortes, persistait à observer la besogne de ses séides. Pendant un long moment, elle se tint immobile, les lèvres closes.

Enervé par l'attitude scandalisée de sa mère, le jeune homme eut une exclamation semblable à celle qu'il lançait pour dompter les juments sauvages de ses écuries.

— Cet empire a la gangrène. Il faut sans cesse arracher un œil à l'un, une oreille à l'autre. En jetant des pétales de rose à nos ennemis, nous ne pourrons jamais rétablir l'ordre. Avouez-le ! Les choses se sont considérablement gâtées. Jaloux de votre victoire, les pachas du Conseil ont trahi la Turquie. Pour mieux vous nuire, ils ont contacté secrètement notre ennemi le chah d'Iran et ouvert les portes de Bagdad afin de permettre aux Iraniens de s'y introduire sans effusion de sang. Jour noir pour l'Islam !

Malgré la véracité de ces propos, Kossem ne put s'empêcher de montrer son effroi.

— Les ministres commencent à te craindre et à porter leur

testament dans leur poche, lui dit-elle avec fermeté. Une fois sortis vivants de la salle du Conseil, ils se croient ressuscités. La fonction de vizir est considérée comme périlleuse et un Turc voulant souhaiter malheur à un autre lui déclare pour toute malédiction : « Puisses-tu être ministre d'Amurat ! » Il ne te suffit plus de mortifier les dignitaires, tu désires également les asservir. Le matin, à la cérémonie du lever, ils chantent tes louanges et te servent de valets, oubliant de s'occuper pendant ce temps de l'administration de leur province !

— N'avez-vous pas compris mon intention de créer une cour impériale ? l'agressa-t-il. Je veux m'éloigner des eunuques et m'entourer de nobles. Or je vous sais l'ennemie du cérémonial. Pourquoi ne surveillez-vous pas mieux votre comportement ? Ne pouvez-vous pas être moins spontanée ? Les louanges et les compliments vous mettent dans la gêne et quand on célèbre vos mérites, vous détournez l'attention sur une autre personne. Vous devez à votre rang de validé de vous intéresser aux dentelles et aux colifichets. Les domestiques sont là pour satisfaire le moindre de vos désirs et vous empêcher de vous servir de vos dix doigts !

— Je n'attends rien de ta politique de grandeur, rétorqua Kossem. Tes courtisans, des gens inutiles à ta gloire, perçoivent des traitements dignes des pachas, et te harcèlent de réclamations. Pour des milliers de tes sujets, un seul de tes déjeuners constituerait un festin d'une année ! Tu es dépensier, mon fils. Tes amusements reviennent cher à l'Empire. Cependant les factures, les devis et les reconnaissances de dettes s'accumulent. Avec un tel train de vie, comment régleras-tu la solde de tes janissaires ? Les jeux perfides de la grande politique exigent de nous bien des sacrifices. Le manque d'or retardera l'expédition contre le chah d'Iran. Si nous ne pouvons remettre cette perle de Bagdad dans le collier turc, nous subirons un grave discrédit. Dois-je te rappeler que le mot *Ispahan* signifie *Les Armées* ? De tout temps la capitale du chah a constitué une redoutable concentration militaire. Le mal viendra de là. Il s'agit de l'enrayer sans délai.

A ces mots, Amurat prit un air farouche.

— Est-ce ma faute si le harem me coûte autant ? Le nombre

des vierges ne cesse d'augmenter d'année en année, car les gouverneurs, les Barbaresques et les ambassadeurs m'en offrent chaque mois. En un semestre, ces quatre cents femmes consomment un quintal de cire, d'ambre gris, de bois d'aloès et des tonnes de victuailles. Elles représentent les trois quarts des charges du palais. Vous me reprochez un peu de bon temps. N'ai-je pas le droit de m'octroyer quelques distractions ? N'ai-je pas suffisamment de problèmes avec l'armée ? Les janissaires me créent des soucis. Ils se plaignent de leur chasteté et leur exigence les poussera un jour à la révolte. J'ai bien pensé à rompre la loi du célibat et à les autoriser à se marier, mais les lois de l'Empire sont immuables. Aucun sultan ne peut modifier ces lois sans craindre un soulèvement général. Tous invoqueront la raison d'Etat. En prenant une épouse, les janissaires ne se consacreront plus autant à la Turquie. Ils ramolliront, auront peur de mourir, de laisser une veuve et des orphelins. Et qu'en résultera-t-il ? Nous aurons sur les bras ces veuves et ces orphelins. Il nous faudra les gaver de pensions. L'armée turque est unique au monde parce qu'elle a renoncé aux joies de l'amour pour nous servir, moi et la nation.

Inquiète du tour que prenait cette conversation, Kossem se mit à réfléchir, chercha un signe de connivence dans le regard d'Amurat, et dit d'un ton déroutant :

— Depuis ton avènement, j'ai fermé les kiosques des Fleurs d'Eté, les maisons de tolérance organisées par Mahfirouz à Istanbul, et je me demande si j'ai bien fait. Pourquoi ne pas réaménager ces établissements et y admettre les janissaires ? Dans ces lieux de distraction, les militaires y noueront des liaisons qui les détourneront des complots et deviendront ainsi moins dangereux. Nous rendrons un service de salut public car les habitants de la ville se plaignent des vulgarités des soldats des garnisons. Songe aux revenus de ces établissements. Implantés dans les provinces militaires de l'Empire et gérés par des administratrices de notre choix, ils permettront de remplir les caisses de l'Etat et de réunir la plus formidable armée jamais mise au monde, pour la reconquête de Bagdad. Ces maisons ne te coûteront pas un aspre. Pourquoi les femmes de ton harem ne nous serviraient-elles pas de tenancières ? Chaque semaine, elles nous rendraient compte de tout et nous serions sûrs de ne pas être volés. S'il le faut, en contrepartie, je fermerai les yeux sur ta liaison avec Tarchane.

Amurat suffoqua de surprise. Utiliser les odalisques de son palais, les faire sortir de Topkapi et les prier de servir de directrices de maisons de tolérance, quelle folie ! Il se prit à rire tant cette idée lui parut distrayante. Or Kossem ne plaisantait pas et montra même qu'elle était plus que jamais déterminée à mettre son plan à exécution. Après avoir réussi à entraîner Mustafa dans sa vengeance contre les muftis, pourquoi ne convaincrait-elle pas son fils d'accepter cette singulière proposition ?

De fait, Amurat renonça à considérer le caractère abject d'un tel projet et se rallia à l'entreprise maternelle avec une facilité déconcertante. Au moment de prendre congé, il adressa à Kossem le plus grand compliment qu'un sultan puisse faire à sa mère.

— O tête astucieuse et superbe, déclara-t-il à la validé en effleurant son bonnet endiamanté, tu ne serais pas sur ces épaules aujourd'hui si, autrefois, tu n'avais montré tant de ruse !

Mettre sur pied ce plan insensé demanda à la sultane des mois entiers.

Une nuit, elle réunit dans une salle du harem les vierges les plus révoltées du sérail et leur dit :

— Le célibat et l'enfermement vous sont intolérables. Vous venez de dépasser la trentaine ; à cet âge, vous n'intéressez plus personne. Beaucoup d'entre vous s'aigrissent, meurent dans la détresse ou la folie. Or je suis en mesure de vous libérer. Je vais ouvrir à Istanbul, puis dans tout l'Empire, des maisons de tolérance. Pour cela, je désire être secondée par des dames discrètes telles que vous. Je vous propose de devenir Grandes trésorières de ces Maisons des fleurs, secrétaires, scribes et comptables. Si vous acceptez, je promets de vous affranchir après un service de cinq ans. Je vous marierai aux musulmans les plus brillants de la Turquie, prendrai en charge l'éducation de vos enfants et paierai votre pèlerinage à La Mecque.

— Votre Validé sait très bien qu'aucune d'entre nous ne

sortira du palais sans une autorisation spéciale des médecins, émit l'une d'elles.

— Précisément. Les médecins vous ausculteront demain, au cours de l'habituelle inspection médicale. En ce cas je vous conseille de vous déclarer malades. Mes eunuques, qui s'aventurent parfois dans les prisons pour soulager la détresse des reclus, m'ont ramené des mouchoirs ayant appartenu à des gens malades du poumon. Au moment où les hommes de science arriveront, vous tousserez fortement et porterez à vos lèvres ces étoffes maculées afin de faire croire que vous êtes contaminées. A aucun prix je ne veux que mon nom soit prononcé. Seuls les médecins seront responsables de votre éloignement du palais. Ainsi plus tard, personne ne m'accusera d'avoir trempé dans une pareille affaire.

Tout se déroula ainsi. Persuadés que les vierges auscultées étaient contagieuses et craignant une épidémie, les médecins les bannirent du palais et les firent entasser dans des litières afin de les acheminer dans des maisons de repos où elles seraient mises en quarantaine et enfermées à vie. Au cours du trajet, les complices de la sultane les dévièrent de leur destination et les conduisirent secrètement à Eminonou et à Péra, dans les Sept Demeures de Thé, aux noms évocateurs : le Palais de la Lune, les Pâles Orchidées, le Jade Libre, le Séjour des Lutins, la Résidence des Glycines, le Domaine des Vents et l'Horreur des Chastes.

A travers l'Empire les administratrices s'avérèrent très efficaces et se mirent à compter les sommes de leurs recettes à l'aide de perles blanches enfilées sur des tiges métalliques. Les effets d'une telle opération ne tardèrent pas à se manifester. Des dizaines de millions d'aspres enrichirent le trésor de Topkapi. Entourée de ses scribes et de ses secrétaires aux écritures, Kossem tint à jour son journal des « Comptes et Dépenses » dont ses détracteurs découvriront plus tard, avec stupéfaction et horreur, les pages jaunissantes truffées de secrets inavouables :

Mai 1632	Je donne à ma porteuse de coran, Sia-Goul (Rose Noire)	*500 aspres*

Pour s'abstenir de signaler deux absences illégales.
Je finance les frais de la Résidence des Glycines de Hass Köy. Il faut y aménager d'urgence un bain persan, une salle de tatouage, une fumerie d'opium. Faire passer les frais dans les écritures comptables du secrétaire d'Etat aux Finances.

Juin 1633 Je reçois les factures de Maître Haci Osa. Ses devis sont trop exorbitants. Il faut essayer de le rendre moins gourmand.
Je lui dois . . . . *400 bourses*
La Grande crieuse de la prière a remarqué l'absence de 50 vierges du harem. Je la soudoie avec . . . . *35 coupons de soie*
Pour l'empêcher de parler, je lui paie son pèlerinage à La Mecque, en espérant que les sables l'engloutiront.

Juillet 1634 J'adresse une lettre au pacha de Smyrne et le remercie de l'envoi de 30 vierges géorgiennes et circassiennes.
Kara Saoud (le portier de Karanlouk Kapou, enceinte occidentale de Topkapi) ne m'a rien demandé, mais je lui dois . . . . *300 aspres*
Je reconnais une pension annuelle à la garde-babouches Safidil et à la semeuse d'encens du Harem, Nouket-Cheza . . . . *10 bourses chacune*
Je prends le vigile Chekerab (Eau Sucrée) sous ma protection car il a bien mérité du harem . . . . *4 bourses*

Février 1635 Je reçois l'accord de Sa Majesté pour installer 800 kiosques de Fleurs d'Eté dans les provinces militaires de l'Empire. Prélèvement de 25 % sur la cassette de Sa Majesté, et de 15 % sur le traitement des pachas du Divan.

Mars 1635 Il n'est plus souhaitable d'avoir pignon sur rue, car les inspecteurs des Finances sont indiscrets et cupides. Afin de leur échapper, j'organise des maisons flottantes. Les caïques seront bâchés, remplis de filles de joie, et tout se passera en haute mer, loin du regard des gens des impôts. Les tenanciers feront croire à des promenades maritimes, payantes, qui seront légalement déclarées au fisc. Lorsque les bateaux se rencontreront, tous les clients se rendront dans la soute de l'autre galère transformée en salle d'amour. Là ils choisiront les femmes qui leur conviendront. Mettre sur place un système de code à distance. Des drapeaux hissés en haut des mâts feront merveille.

Septembre 1635 Je confie à ma directrice des Dépenses un établissement de charité à Bébek. Je donne un pourboire à la préfète du sérail, Nerminé Hanoum, afin de la rendre plus aveugle qu'elle n'est. . . . . *5 châles de Lahore et 12 bourses*

Sortie de nuit de 8 nouvelles venues. Il faut les répartir dans les maisons d'Hass Köy et de Péra. Il s'agit de Pertévalé, Sabane, Noulifer, Goulbehar, Sindibal, Ulviyé, Naz, et Sédérabane. Je favorise les rencontres amoureuses de la Gardienne des heures Goul Chegyane et lui permet de voir mon parfumeur Soumboulou. La gardienne me sera utile le mois prochain pour acheminer « les fleurs » au faubourg d'Eminonou.

Forte du succès des huit cents maisons de tolérance qu'elle avait installées dans les points clés de l'Empire, Kossem décida de reprendre l'avantage sur les Persans et d'anéantir le chah. Elle réunit les fonds et manœuvra adroitement pour attirer l'attention de son fils sur le danger iranien.

Amurat trouvait sa mère agaçante avec cette éternelle guerre sainte, mais convenait cependant que le chah représentait un élément de trouble qu'il fallait éliminer au plus vite.

Pour sa première expédition, il projeta d'arracher des mains ennemies les deux villes d'Erivan et de Tabriz, qui ouvriraient aux troupes la route de Bagdad. Dans l'organisation et l'armement de son armée, il montra un sens de la minutie exceptionnel et s'entoura des meilleurs stratèges.

Le 11 mars 1635, Kossem le vit s'éloigner à la tête de ses bataillons. Sanglé dans un uniforme de parade, il chevauchait à la manière mongole, tirant et relâchant les rênes pour mettre en relief l'encolure de sa jument Promesse de l'Islam. Le casque à couvre-nuque et à nasal lui mangeait les joues et son drapeau était écarlate comme s'il venait de tomber dans une flaque de sang. De minuscules lettres blanches proclamaient la grandeur d'Allah et la mission du Prophète, mais depuis le pavillon des cérémonies où elle était installée, la sultane crut lire :

Il n'y a pas d'autre validé que Kossem, et Amurat est son lieutenant.

15

Le portail de la salle du Divan était fermé et les gardes choisis pour leur taille colossale se tenaient au garde-à-vous, bras tendus, paumes des mains appuyées sur un énorme yatagan. Habillés de caftans de damas à pivoines d'or, les douze pachas de l'Empire, assis autour de la validé, tentaient de montrer de l'aisance sans vraiment y parvenir. Une fois de plus, ils s'effrayèrent de la volonté de leur maîtresse et comprirent comment elle avait réussi à conserver sa place à la cour et obtenu, malgré les interdits religieux, le titre de régente. Rien ne se faisait plus sans elle et les ministres avaient l'habitude de dire : « Grattez le sultan Amurat IV, vous trouverez la validé. »

En cette fin de matinée du 28 août 1638, elle s'était vêtue de blanc pour symboliser une pureté à laquelle d'ailleurs personne ne croyait plus. Aujourd'hui elle représentait Amurat, encore en campagne, et traitait les Affaires étrangères et l'Administration des biens de la couronne. Ce fut le secrétaire d'Etat chargé de la Correspondance diplomatique qui amorça les débats, car il montra un document relevant de la haute sécurité de l'Empire. Après une profonde révérence, il indiqua avoir reçu, quelques instants auparavant, l'envoyé du pacha d'Alger.

— La flotte barbaresque a été prise à partie par l'escadre vénitienne de l'amiral Capello, mentionna-t-il en égrenant son chapelet de prière. Mises en échec, les 27 galiotes d'Alger ont fui Corfou et se sont réfugiées dans le port turc de Savlona, sur la rive orientale d'Otrante, à l'entrée de l'Adriatique. Or, au lieu de recevoir de l'aide, les Algériens ont été bombardés. L'officier de la garnison turque leur a même dit avoir reçu des ordres du harem impérial. Une telle trahison est-elle possible ? Qui a donné l'ordre de s'en prendre aux Algériens et d'épargner les Vénitiens ?

— C'est la mère du sultan ! intervint Kossem de cette voix à la fois douce et ferme dont elle connaissait le pouvoir. Et elle a même recommandé aux officiers de la garnison de Savlona de ne pas se heurter à la Sérénissime République de Venise.

— C'est une lâcheté dont nous ne nous remettrons jamais ! déclara le secrétaire d'Etat qui donnait tous les signes d'une vive émotion. Si nous n'envoyons pas de secours, la flotte barbaresque sera coulée sous nos yeux !

— Les gens d'Alger sont des forbans de la pire espèce, capables de s'emparer de leurs propres parents si d'aventure ils les rencontraient en mer, l'interrompit Kossem. De tout temps ils ont été rebelles à notre autorité. Je préfère encore les Persans. Au moins, eux sont des faucons qui chassent et se battent tandis que les pirates de Barbarie sont des vautours, ayant pour seule pâture des cadavres. Devrais-je vous montrer les lettres des ambassadeurs chrétiens qui se plaignent de leurs méfaits ? Il y a des années, des eunuques que j'ai dépêchés à Alger sont revenus affreusement mutilés. Je vous le répète : les habitants de Barbarie sont des épines sous la plante de nos pieds. Tous les Maghrébins se tournent vers Alger comme vers le soleil levant. Un jour, un corsaire formera un empire qui sera notre rival, et la Méditerranée nous échappera.

Elle perçut la respiration sifflante de son entourage mais feignit de ne pas entendre les murmures grondeurs.

— Jusqu'à présent nous avons montré à l'égard de ces corsaires beaucoup de laisser-aller, ajouta-t-elle. De toute manière, Alger est perdue pour l'Empire. Il y a quelques semaines, je me suis même demandé s'il n'était pas préférable de vendre cette province aux Français.

A ces mots, tous eurent une expression horrifiée dont Kossem ne tint aucun compte.

— Je devine votre trouble, commenta-t-elle. Vous devez vous dire que la mère du sultan trahit la cause musulmane. Je défends précisément l'Islam et l'intégrité de l'Empire. Il est grand temps de remodeler la Turquie et de la rendre plus apte à la défense. Comment y parvenir si ce n'est en abandonnant les plus mauvais territoires ? Alger est la plus lointaine de nos provinces, mais elle n'en est que plus dangereuse. L'échec de la flotte barbaresque rendra les Algériens moins arrogants à notre égard et cette catastrophe sera suffisante pour qu'ils ne soient plus les maîtres de la Méditerranée. Pendant ce temps, nous dialoguerons avec la France et conclurons avec elle une alliance solide !

Les dignitaires se raidirent ; leurs yeux étaient comme des fioles de poison prêtes à se déverser sur Kossem.

— Ces paroles élevées conviennent à merveille à votre splendide personne et vos lèvres font pleuvoir des perles, émit l'un d'eux, mais le sultan admettra-t-il le bien-fondé de votre logique ? Sans doute ouvrira-t-il les portes de son harem plutôt que de traiter avec le roi de France ! Avez-vous vu comment l'ambassadeur français, Achille de Sancy-Harlay, se comporte à Istanbul ? Cet homme prétentieux refuse de se dépouiller de ses habits d'infidèle et de se vêtir à la façon ottomane. A la moindre audience, il se présente avec son épée et exige d'avoir son tabouret à la même hauteur que le siège du vizir. Par beau temps, il se promène sur le Bosphore dans une galère qui ressemble à celle de notre maître. Il agace notre peuple avec ses grandes manières et ses plumes de polichinelle. Nos aïeux ont eu raison de détester les Francs, et s'il n'en tenait qu'à nous, nous aurions fermé les frontières de l'Empire à ces mécréants !

— L'Empire ne connaît que ses intérêts, rétorqua Kossem sans s'émouvoir. Rappelez-vous la parole de la favorite Roxelane à Soliman le Magnifique : « Majesté, faites-vous frère du diable pour passer le pont. » Je partage votre ressentiment à l'égard des Français. Nous n'avons jamais pu compter sur leur loyauté, car ils ont toujours eu, à notre égard, une politique tortueuse. En attendant, la France nous est nécessaire. Nous demeurons trop isolés, sans appuis dans la chrétienté. Si nous ne disposons pas d'alliés occidentaux nous ne mettrons jamais les Persans en échec. Comment le chah d'Iran est-il devenu puissant, sinon en obtenant de ses alliés anglais, uniformes, canons, munitions, instructeurs et aide financière ! Mon fils s'est emparé des deux villes d'Erivan et de Tabriz. A cette heure-ci il assiège Bagdad. Or si j'aide les Algériens, Venise me déclarera la guerre à un moment où je n'en ai pas besoin. Selon mes maîtres espions, la

Sérénissime République méditait même de s'allier secrètement au chah d'Iran. J'ai alors couvert les ambassadeurs vénitiens d'or et leur ai demandé de tout entreprendre pour empêcher cette alliance Venise-Perse, si préjudiciable à nos intérêts. Je vous le dis, vous n'avez aucune raison de vous inquiéter. Sa Majesté sera contente de vous. Je prends la responsabilité de cette affaire. Par ailleurs, le sultan m'a recommandé de donner beaucoup de fêtes afin de bien montrer notre foi en sa prochaine victoire. Demain, des acrobates, des chanteurs et des ménageries de fauves afflueront vers le palais. Partout les canons gronderont et Istanbul ne sera plus que réjouissances et folie. Ordonnez d'allumer les douze mille lampions de la Mosquée Bleue et de décorer les balcons de tapis et d'oriflammes. Après la prière du soir, je me rendrai moi-même aux Eaux Douces d'Asie où je vous convie. La flotille d'agrément du sultan est à votre disposition, et aucune dérobade ne sera tolérée. Mes amis, à moins d'une erreur grossière à Bagdad, je vois dans tout ceci une réussite éclatante. Bientôt Constantinople sera la capitale du monde !

Lorsque les dos des douze pachas se furent courbés devant elle, Kossem quitta la salle d'audience. Elle rejoignit ses appartements par le passage de la Soie, une galerie où les eunuques entreposaient le butin des Barbaresques et les cadeaux destinés aux favorites des sultans. Dans sa chambre, le séjour de la Tranquillité, où elle demeura le reste de la journée, elle s'entoura de ses secrétaires aux écritures, archiva des rouleaux de parchemin et scella des lettres à la cire en y appliquant l'empreinte de sa bague.

L'après-midi s'était assombri, annonçant l'imminence d'un orage effroyable. Malgré tout, Kossem décida de ne rien décommander et se mit à sa toilette, aidée par ses caméristes dont le bavardage l'irrita.

Revêtue d'un caftan de satin veiné d'or, elle se fit précéder des Maîtresses des usages, franchit les portes tournées vers l'Orient et, près du débarcadère, évita de justesse le dos d'un domestique prosterné, sur qui elle devait poser le pied afin de prendre place à bord du caïque impérial. Après avoir rabroué le malheureux pour cet excès de servilité, elle s'installa sous un tendelet de soie écarlate et donna le signal du départ. Sa galère s'orienta lentement au travers de deux rangées de galiotes qui lui rendirent les honneurs, et les trois cents canons de Topkapi tonnèrent de toute la puissance de leurs feux.

Il faisait déjà nuit lorsque la flottille apparut à quelques encâblures des Eaux Douces d'Asie. Le vent venu de la mer Noire, le sinistre *poïraz* bien connu des pêcheurs du littoral, amena vers le Bosphore son cortège de nuages et tout tourna à la tempête. Soudain, à l'entrée du chenal des jardins de Fondoucli, près de l'Anse des Deux Rivages d'Asie — le passage le plus délicat à franchir en raison de la violence des courants — des gerbes d'écume prirent possession de la galère impériale, menaçant de la faire sombrer. Au moment où le rideau de son dais se déchirait, Kossem eut un mouvement de recul. Son sursaut la fit se cogner contre la rambarde et elle bascula par-dessus bord. De la main, elle tenta de résister à la pression des flots dont la force la poussait vers l'abîme. Tantôt prise dans les remous, tantôt ramenée, dans un halètement de souffrance, vers la coque du bateau contre laquelle elle s'arc-boutait désespérément, elle fut avalée par la houle. On entendit des cris, des râles, des appels.

— Au secours ! hurlèrent les dignitaires du Conseil. La mère du padichah se noie !

A la proue des caïques, des courtisans se démenaient et poussaient les gardes du corps à se jeter à l'eau, en vain.

C'est alors qu'un officier d'un régiment d'Istanbul, apercevant le corps de la validé aller à la dérive, se jeta à l'eau d'une détente vigoureuse. Il réussit à presser Kossem contre lui et à la haler vers le rivage.

Un instant, il la crut morte. Pour entendre les battements de son cœur, il s'approcha de sa poitrine. Comme il venait de remarquer quelques écorchures aux jambes de l'inconnue, il arracha la manche de sa propre chemise et l'utilisa pour confectionner un bandage. La validé était dans un piteux état. Son visage avait la pâleur d'une fleur de magnolia. Sa rose d'or qui faisait office de sceptre avait disparu dans les flots. Sa guêpière était déchirée, son pantalon bouffant dépourvu de ses cordons de soie.

Lorsqu'elle revint à elle, elle fit un prodigieux effort pour ne pas céder à l'effroi. Prise d'une douleur aux tempes, elle laissa retomber sa tête sur le sable et scruta son sauveur, qui s'affairait autour d'elle. Le militaire n'était pas de ceux qu'elle aurait pu croiser sans le remarquer. Avec sa haute taille, son crâne rasé d'où s'échappait une mèche de Tartare, il ressemblait à Ahmed Ier. Ses yeux d'un éclat très bleu, presque minéral, semblaient trop fiers pour se baisser. Entre les plis de son caftan de Salonique se profilait un torse de centaure.

Au moment où il ramenait des brindilles pour allumer un feu de campement, Kossem l'arrêta d'un geste et lui demanda s'il tenait tellement à se créer des ennuis.

— La loi interdit à quiconque de voir ou de toucher la validé. Aussi garde-toi de répondre aux appels des gens de la flotte impériale, car ils te condamneraient à mort sans te permettre de t'expliquer. Méfie-toi de ta langue et de tes gestes. Mesure dès cet instant chacun de tes propos !

Un éclair de panique effleura le visage de l'étranger. A trois reprises, il heurta violemment son front contre le sable afin d'effectuer les salutations d'usage dues aux seuls sultans et à leur famille.

— Sur ma part de paradis, bafouilla-t-il, je me rends compte de mon sacrilège. Je vous ai pressée contre moi, moi le misérable esclave indigne de baiser la poussière de vos nobles pieds. Je vous supplie de me pardonner.

Bien que soucieuse de son honneur, Kossem fut étonnée de tant d'humilité. Elle n'en força pas moins l'étranger à décliner son identité et son grade.

— Je m'appelle Begtache Agha, 4e lieutenant-général de l'ordre des janissaires, dit-il de cette voix d'homme qui n'a jamais adressé la parole à une femme. J'appartiens au Bataillon Invincible de la 63e Orta et accompagnais les pachas aux Eaux Douces d'Asie.

Il n'eut pas le temps d'en ajouter davantage car des appels se firent entendre. L'intervention des eunuques du palais n'était pas exactement ce que Kossem rêvait, mais elle supplia son sauveur de se retirer. Quelques instants, son regard s'attarda sur Begtache, plus longtemps que la bienséance ne le permettait. Elle le vit s'éloigner, le cœur serré. Soudain, les Gardiens de la flamme surgirent de l'ombre, armés de torches et de lampions.

— Qui vive ? hurlèrent-ils dès qu'ils distinguèrent Kossem accroupie sur le sol.

— Turquie ! leur répondit la validé.

En un bond, ils s'approchèrent d'elle. Selon la mode de la cour, ils portaient un habit de fer spécialement conçu pour eux, dont la teinte sombre les rendait peu visibles. La plupart appartenaient aux « Narines Percées » et aux « Nuques Droites », sections d'eunuques chargées des basses besognes, qui devaient défendre la mère du sultan, au besoin contre elle-même. Au cas où elle aurait commis une infraction à l'étiquette, ils avaient la possibilité de malmener Kossem et de la ramener de force au palais.

Après s'être inclinés devant leur souveraine, ils furetèrent dans les massifs voisins, voulant s'assurer par eux-mêmes que la mère de l'Ombre d'Allah n'avait pas été souillée par le regard d'un mortel.

La Grecque les observa avec effroi, maudissant la rapidité avec laquelle ils l'avaient trouvée. Sans dire un mot, ses cerbères lui présentèrent une fourrure de loup, des escarpins et la transportèrent vers le fourgon grillagé qui les attendait non loin de là. A l'intérieur de la litière, elle réchauffa ses mains bleuies de froid. Des plaies qu'elle n'avait pas senties au moment du naufrage se rappelèrent à elle. Dans son vertige, il lui semblait que tout redeviendrait comme avant : cent yeux l'espionneraient, cent mains la ramèneraient avec une perfide douceur au palais d'où elle ne sortirait que dans un cercueil.

Dès son retour à Topkapi, elle veilla à ne trahir aucun sentiment et se montra évasive à propos de son naufrage. Dans sa chambre, elle souhaita dormir, mais en vain. Le matin la surprit dans un grand énervement.

Le prétexte dont elle usa pour obtenir des renseignements sur Begtache était puéril, mais Saut de Biche à qui elle eut recours, feignit de s'en contenter. La Grecque désira tout savoir : comment Begtache avait été nommé officier et pour quelles raisons il n'avait pas suivi le sultan à Bagdad.

Depuis sa nomination au poste de conseiller privé, l'eunuque s'était fait beaucoup d'ennemis. Pour les identifier, il s'était constitué des archives sur les officiers et les dignitaires les plus en vue, au point de posséder près de trois mille fiches. Avec une perverse complaisance, il s'employa à satisfaire la curiosité de sa maîtresse et reconstitua sans peine la carrière de l'inconnu.

— Begtache Agha est né de père grec et de mère vénitienne, dans le quartier pauvre de Tatavla, déclara-t-il. Il s'appelle en réalité Dimitrios Kâlos, fils de plongeurs d'éponges de Kourouchechmé, sur la rive européenne du Bosphore. En vertu de la loi selon laquelle toute famille chrétienne cède à l'Islam un enfant mâle sur trois, il a été enrôlé de force dans l'ordre des janissaires à l'âge de treize ans. Remarqué par le sultan à Erivan et à Tabrīz, il est devenu l'informateur de Sa Majesté auprès des dignitaires du Divan. Son intelligence, sa force herculéenne, ses prouesses à la lutte turque font de lui un être à part. Il ne semble pas gourmand de privilèges, mais aucun doute n'est possible au sujet de son appartenance à la coterie grecque de l'armée qui rêve de voir les communautés chrétiennes d'Istanbul retrouver leur honneur et leur liberté. Sa caserne Mouradiyé se situe à cinq portées de javelot du Vieux Sérail. Il en est le commandant en second et y recrute des archers et des pages pour l'agrément du sultan.

Kossem se garda de montrer le moindre sentiment ni de trahir le rapide calcul auquel elle se livrait. Ainsi, le même sang coulait dans les veines de Begtache ! La façon dont leur rencontre s'était effectuée n'était-elle pas un signe du destin ? Kossem était bien trop fine pour ne pas avoir décelé une étincelle de désir au fond des prunelles de ce militaire frustré. Ces yeux-là lui avaient révélé le trouble que seul un amant peut exprimer. Ce sauveur miraculeux pourrait peut-être devenir un comparse, capable de mener à bien les desseins qui l'animaient.

De par ses fonctions, Begtache jouissait d'un statut particulier qui lui permettait de se rendre chaque matin de la caserne Mouradiyé à celle de Bayezid. D'ordinaire, il ne s'attardait pas dans les rues car il y avait une foule considérable à travers laquelle il était difficile de se frayer un passage. En ce jour du mois de novembre 1638, il ne sut quelle curiosité lui fit longer l'enceinte du Vieux Sérail. Les portes étaient grandes ouvertes et un immense drapeau violet flottait au mât, pour indiquer la présence de la validé à l'intérieur de la place. Après s'être retourné pour voir si personne ne l'épiait, l'officier s'avança dans la cour principale. Des femmes voilées attendaient d'être présentées à la mère du sultan. Quelques-unes brandissaient des oies et des poules aux ailes nerveuses. Tous les sans-le-sou, les laissés pour compte et les endettés étaient là. Parfois les quémandeurs forçaient le cordon d'ordre afin de toucher les vêtements de celle qu'ils croyaient être une sainte.

Assise sur un divan, le Siège de Salomon, Kossem était entourée de ses Nubiens, et son rang se reconnaissait à la splendeur du parasol sous lequel elle s'abritait. Pour rendre la justice au nom d'Allah, elle avait disposé sur un lutrin un coran embaumé, qu'un *cadi* feuilletait d'un air grave. De temps à autre, elle hochait la tête pour encourager les gens à ne pas avoir peur d'elle. Bien plus, elle faisait s'asseoir les plaideurs à sa hauteur, faveur qu'aucune validé n'aurait dû accorder.

Un flot impossible à contenir se pressait vers elle. L'officier dut se cramponner aux bras de quelques quémandeurs pour ne pas tomber. Il avait seulement quelques pas à franchir pour rejoindre Kossem, mais il hésitait, comme si la cour était remplie de pièges. Et puis, les Nubiens aux regards soupçonneux ne l'incitaient pas trop à s'attarder dans les parages.

Se sentant observée, Kossem détourna la tête et distingua Begtache, qui se faufilait dans la foule. Dans la crainte qu'il ne s'éloigne, elle se retira un court instant et lui fit adresser, par un eunuque de confiance, un *sélam,* une boîte nacrée qui, par la qualité des fleurs séchées, indiquait son désespoir. Elle y joignit un papier écrit à la hâte :

Fils de l'Oncle ! Enfin te voilà. Ne redoute rien car le commandant de la place est mon confident. C'est manquer à toutes les règles de prudence que de te remettre cet humble présent. Mais la peur du trépas ne m'empêchera pas de t'accorder une parole amie. Tu peux me retrouver après la dernière relève de la Garde, à condition de lire les instructions que je fais figurer en bas de ce feuillet. Un bâtonnet de couleur te permettra d'inscrire ta réponse.

Begtache eut du mal à déchiffrer ce message, mais les mots qu'il lut exercèrent sur lui une trouble fascination. Impressionné par la passion de la sultane, il prit le crayon de couleur et écrivit sur un papier :

Je reçois le gage précieux de vos pensées. Quelle que soit votre amitié, soyez persuadée qu'elle n'égale pas celle de Begtache Agha. Je serai ce soir près de vous et tenterai l'impossible.

De la tête, l'officier salua la souveraine et n'eut pas besoin de se retourner pour être certain d'être observé par elle. La porte franchie, il se demanda s'il n'avait pas rêvé. A près de 40 ans, il connaissait peu le caractère féminin. Depuis des années, sa vie avait été une succession de gestes chastes d'où le visage des femmes était banni. La nuit, ses supérieurs le forçaient à enfiler autour de son membre viril un anneau mû par un mécanisme. Au moindre flux de sang, le métal frôlait la base de sa verge, et provoquait un frottement insupportable qui lui faisait renoncer à tout plaisir solitaire. Par chance, l'avènement du sultan Amurat avait aboli l'usage de l'anneau de chasteté et remis à la mode les maisons de tolérance où les janissaires pouvaient se rendre chaque semaine.

Habitué à une vie de spartiate, Begtache se demanda s'il était seulement capable d'émotions vraies. Avait-il raison de se fier à Kossem ? Il prévoyait aisément la réaction de la validé au cas où il ne viendrait pas à son rendez-vous. Au comble de la rage, elle l'accuserait de l'avoir compromise. Elle lâcherait sur lui ses cerbères et il ne trouverait pas à Istanbul un seul endroit où se cacher.

Les vexations auxquelles étaient soumis ses parents lui revinrent tout à coup à l'esprit. De quel droit osait-il se plaindre alors que sa famille vivait misérablement ? En devenant le protégé de la validé, il pourrait toujours sauver les siens de l'opprobre et permettre à sa communauté de retrouver sa dignité.

Les heures lui parurent défiler à une rapidité effrayante, le rapprochant de l'irréparable. Begtache arpentait nerveusement sa chambre. Par moments, il regardait sur son matelas de crin le message de Kossem, hésitant encore à le lire en entier.

Une main, il n'avait qu'une main à tendre pour saisir le billet de Kossem, le lire et mettre à exécution les instructions de la validé. « Je vais le brûler », pensa-t-il. Mais ce fut plus fort que tout. En frémissant, il déplia la lettre et la parcourut :

Pour pénétrer au Vieux Sérail où je passerai la nuit, tu longeras la salle d'armes de ta caserne et tu descendras à la cave. Personne, parmi les tiens, ne soupçonne l'existence de ce souterrain qui relie ton logement à la prison des femmes. Je l'ai construit au lendemain de ma libération, afin de communiquer au-dehors au cas où je serais de nouveau enfermée. Une fois le soupirail franchi, il te faudra t'engager dans un boyau de pierre, hélas inondé par les eaux. Des marches de fer scellées dans la paroi te permettront d'accéder à mon alcôve par une trappe. Je t'attendrai. Quelle que soit ta décision, elle conviendra à ta très haute personne.

Agité de tremblements nerveux, Begtache s'empara d'une torche dont il alluma la résine. Rien ne le tenta aussi peu que de franchir les chambrées de ses compagnons de lit. Au sous-sol, il leva le heurtoir, déplaça la dalle, et découvrit les égouts, souterrains immondes où les eaux noires montaient jusqu'à mi-cuisse. Il s'enfonça dans les galeries visqueuses, impressionné par le brouillard qui rampait autour de lui. L'eau bruissait sinistrement à son passage, s'infiltrait dans ses bottes, trempait ses pantalons bouffants, ralentissait sa marche. Un instant, il perdit tout sens de l'orientation. Il lui semblait que les parois s'approchaient pour mieux l'étouffer. « Non ! tout ceci est un cauchemar ! », se répétait-il, essayant vainement de ne pas s'affoler. Il hésita encore, prêt à rebrousser chemin, mais une force irrésistible le poussa à aller de l'avant. Encore quelques pas, puis d'autres. Au détour d'une voûte herbue, il gravit des marches d'escalier, tendit ses muscles, souleva le battant de la trappe. Titubant, il regarda craintivement la pièce dans laquelle il venait de surgir. Le silence qui y régnait l'oppressa. Pourtant un charme infini se dégageait de chaque objet éclairé par quelques cires. Cousus dans les plis des tentures, des sachets de soie emperlée exhalaient leurs essences rares. Près d'un siège drapé d'une peau de tigre, trônait une baignoire d'ivoire remplie d'eau parfumée. A côté, étaient posés des aiguières, des savons en forme de fleur et des parfums d'aloès.

Ses vêtements étant maculés et nauséabonds, l'officier se déshabilla et plongea avec délice dans le bain chaud. Ensuite, il revêtit un caftan qui avait été déposé à son intention et demeura un moment à l'affût du moindre bruit, attendant on ne sait quel danger. Peut-être la sultane lui tendait-elle un piège ? Il la voyait déjà introduire dans la pièce des séides qui le mettraient à mort.

Soudain, une porte à laquelle il n'avait pas prêté attention s'ouvrit, livrant passage à Kossem. La validé était si bouleversée qu'il lui fut impossible de penser d'une façon cohérente. Prise d'un remords tardif, elle supplia le militaire de partir au plus vite et d'oublier sa faiblesse de femme.

— Songe à ton existence, Agha, gémit-elle. Je ne peux t'offrir que l'ombre. Pour me voir, tu devras te soumettre à des épreuves effroyables. Or je ne veux rien de tel. Si des ennemis apprenaient ta présence ici, ils te précipiteraient dans la mort ! Fuis, je t'en supplie ! Fuis !

Se rappelant sa frayeur dans les souterrains, l'officier reçut mal ces propos.

— Folie que de vous avoir crue ! lui lança-t-il avec un regard haineux. Vos adversaires ont raison : vous n'êtes qu'une fourbe, une tentatrice qui fait perdre la tête aux hommes. Et moi, Begtache, moi l'insensé, je me suis laissé prendre à votre charme perfide. Mais tout cela est terminé. Je vous quitte. Jamais je ne vous reverrai ! Il fit mine de se retirer pour soulever la trappe.

Kossem eut un sursaut en le voyant s'éloigner. Elle se précipita, s'accrocha à sa main.

— Ne dis pas cela, Agha, implora-t-elle. Combien d'hommes auraient risqué leur vie pour me rejoindre ? Je te sais gré de ce que tu viens d'accomplir. Toute la faute m'incombe.

Elle parlait d'une voix saccadée, comme si les minutes lui étaient comptées, et le désir battait dans son sang, trop puissant pour que Begtache ne le remarquât pas. Alors, incapable de se contrôler, il la saisit par le poignet, et dans une étreinte farouche, la força à rencontrer ses lèvres.

Cette frénésie troubla Kossem. Elle imagina l'officier devenir brutal, l'écrasant, la pénétrant à coups violents. L'homme ne la lâcha que pour se dévêtir, et apparaître nu, magnifique de virilité, si beau qu'il aurait troublé la plus froide des femmes.

La sultane oublia tout ce qui n'était pas son plaisir. Elle se pressa contre le torse velu de son compagnon et sentit contre elle, son sexe impressionnant. Au moment où il la comblait, elle poussa des râles de plaisir, submergée par les sensations extraordinaires que l'homme provoquait en elle et qu'elle eût souhaité revivre indéfiniment. Elle reconnaissait avoir connu bien des hommes dans son existence, mais à côté des éphèbes qu'elle fréquentait dans la nuit du harem, que ce soldat était différent ! En une seule étreinte il lui redonnait le goût d'une passion partagée qu'elle avait oubliée depuis longtemps. Il lui semblait déjà que chaque fibre de son corps vibrait de vie. Si l'officier voulait bien d'elle, elle se promettait d'abandonner ses habituelles débauches. Plus question pour elle d'être à la merci des mignons du sérail ou d'une dénonciation qui saperait son prestige.

Jamais l'officier ne lui parut plus digne d'attention que les nuits suivantes pendant lesquelles il la retrouvait dans la chambre. D'abord attirée par son corps d'athlète, sa virilité arrogante, elle l'avait cru frustre et sauvage. Or elle découvrait un compagnon tendre, fier et passionné. Il avait une adorable façon de la consoler, de la distraire de ses déboires de souveraine. En sa présence, la sultane était à son aise, comme elle ne l'était avec personne d'autre. Elle pensa avoir réellement trouvé son égal.

Mis en confiance, l'officier lui dévoila ses idées politiques et lui fit partager ses craintes au sujet du génocide dont les musulmans menaçaient les Grecs de l'Empire. Impressionnée par ces révélations, Kossem ne tarda pas à s'alarmer au point de concevoir une machination insensée.

— Voici ce que nous allons entreprendre, dit-elle à son amant.

Elle se pencha vers lui, expliqua son plan, et le secret de ses propos se dilua dans la nuit de l'alcôve...

16

D'un geste agacé, Kossem souleva à demi le rideau de la Fenêtre mystérieuse, et ajusta l'« oreille vénitienne », un cornet acoustique qui lui permettait d'entendre les dignitaires venus porter plainte contre elle. Malgré la douceur de ce mois d'avril 1639, il faisait chaud dans la loge. Sous l'effet de cette atmosphère moite, elle eut la sensation d'avoir la poitrine comprimée par les mains d'un géant. La présence des pachas dans la salle du Divan l'inquiétait. Les dignitaires l'avaient-ils surprise avec Begtache ? Ne serait-elle jamais débarrassée des mouchards de Topkapi ? Malgré la peur, elle se sentait sereine, persuadée qu'il lui était impossible d'être plus heureuse. Elle appartenait à Begtache, telle une esclave à son maître, et défendrait sa passion au péril de sa vie.

Dans la salle du Divan, les courtisans étaient alignés sur deux rangs. Selon l'usage, ils se prosternèrent devant le sultan et effleurèrent de leurs lèvres son caftan de velours noir.

A peine si Amurat leur accorda un regard. Assis sur une banquette d'ivoire, il impressionnait son entourage par sa prestance et sa haute taille. Peu de choses échappaient à son regard, d'un bleu minéral. Seulement âgé de vingt-sept ans, il avait mobilisé un million de guerriers, repris Bagdad, imposé sa loi au chah d'Iran et terrifié les foules au même titre que Tamerlan. Jamais il n'avait eu à se plaindre de sa mère, dont la régence avait assuré le calme à Istanbul. Depuis longtemps, il lui laissait prendre toutes les décisions concernant la sécurité de la Turquie, et ne l'appelait jamais autrement que « Votre Solidité » ou « Lieux Saints ».

Après avoir éloigné les bouffons, il invita ses interlocuteurs à formuler l'objet de leur requête. Les pachas n'avaient nullement l'intention de s'en prendre à la vie privée de la validé. Ils signifièrent à Amurat que la sultane avait bafoué la raison d'Etat et favorisé la communauté grecque d'Istanbul sans prévoir les conséquences de ses actes.

— Tout a commencé sous le second règne de votre oncle Mustafa. Votre mère visitait les pauvres des rues. C'était un jour orageux. Pour ne pas être éclaboussée par la boue et la pluie, la validé s'abrita sous une poterne. Prise d'un malaise, elle pria le prêtre d'une chapelle voisine de lui venir en aide. Un moment plus tard elle fut conduite dans une église. Mise en confiance et impressionnée par les cires allumées, elle confia au religieux que son père avait été pope dans un village d'Athènes, et se promit de lui accorder quelques subsides. Par la suite, la sultane régla plusieurs litiges religieux et se préoccupa du sort de l'orthodoxie en terre d'islam. Au lendemain de votre victoire de Bagdad, elle libéra quarante mille galériens grecs enfermés dans les prisons d'Istanbul, les entassa dans les galiotes qui partaient pour les îles mortes des Cyclades, à charge pour eux de faire fructifier ces terres et d'en tirer le plus de récoltes possible. Sans se rendre compte de la gravité d'une telle générosité, l'impératrice mère donna à ces gueux l'occasion de montrer leur arrogance et de nous haïr davantage.

Amurat avait trop envie de croire à l'innocence de sa mère pour prêter l'oreille à de tels propos.

— Les bagnes de Baba Djafar et la forteresse de l'Arsenal où croupissaient les galériens grecs représentaient une lourde charge pour les caisses du Trésor, vociféra-t-il. La validé a bien agi en libérant les prisons de ces pensionnaires qui nous revenaient trop cher. Quant aux îles mortes des Cyclades, personne n'a jamais pu leur redonner vie. Les vents et les ténèbres sont les maîtres de ces régions qui ont été dépeuplées par les épidémies et les razzias des pirates barbaresques.

— Majesté, pardonnez-nous d'insister, mais les îles mortes ont été transformées en véritable paradis sur terre, révélèrent les dignitaires. Commencée depuis l'année 1635, la mise en valeur de ces régions s'est prolongée jusqu'à aujourd'hui. Cela n'a pas été trop des quarante mille galériens pour nettoyer les rivières, créer des digues, tracer des sillons et détourner les cours d'eau de leur voie naturelle. Les pionniers grecs ont montré une énergie débordante au point que la validé leur a promis l'exonération de tout impôt. L'orge et le blé ont été semés, les troupeaux se sont multipliés, des cultures du ver à soie n'ont pas tardé à voir le jour. Dans ces villages repeuplés, les cultivateurs en sont même venus à se suffire à eux-mêmes. Le Grand vizir a été si impressionné par l'importance de ces îles qu'il a nommé Begtache Agha gouverneur des Cyclades pour une durée de trois ans. Or ce même Begtache prétend ne pas dépendre de notre juridiction. Il refuse d'être inscrit sur les rôles du fisc et de payer l'impôt, sous prétexte que les îles dont il a la charge sont d'une grande pauvreté. Les propriétaires fonciers et les commerçants d'Istanbul nous ont affirmé que des produits maraîchers provenant de ces îles sont vendus sur le marché de la capitale à des prix défiant toute concurrence. C'est pourquoi nous supplions Votre Majesté d'y envoyer une commission d'enquête afin d'établir la vérité.

Le sultan fut stupéfait de savoir Begtache aux Cyclades ; il connaissait cet officier pour s'être mesuré avec lui à la lutte turque sur la place de l'Ok-Meïdan. Le militaire avait été acclamé par une foule en délire tant pour la virtuosité de son jeu que pour la splendeur de ses muscles d'athlète. Pourquoi un tel homme avait-il été nommé par le Grand vizir ? Intrigué par ces révélations, Amurat décida d'en avoir le cœur net et trouva une solution immédiate :

— Nos personnes, la mienne et celle de la validé, sont au-dessus de vos pauvres jugements, déclara-t-il aux pachas. Mais votre méfiance irrite la majesté de notre trône. Ce n'est pas une commission d'enquête qui se rendra sur place, mais moi-même et ma mère. Vous ferez également partie du voyage. Malheur à vous si vous avez calomnié la validé, car la bastonnade et le pal seront vos récompenses.

Derrière la Fenêtre mystérieuse, Kossem se demandait comment les dignitaires avaient pu deviner ses sentiments à l'égard de ses compatriotes grecs. Secouée d'une obscure terreur, elle rejoignit ses appartements, bien résolue à ne pas laisser s'écouler cette journée sans recourir à un plan de sauvegarde. L'attitude de son fils la surprenait. Pourquoi Amurat ne l'avait-il pas mieux défendue ? Le sultan aurait dû savoir que les dignitaires mentaient effrontément. Ignorait-il la façon dont les minorités chrétiennes étaient traitées dans l'Empire ?

En songeant aux vexations dont ses compatriotes étaient les victimes, elle se sentit moins inquiète. Quand bien même Amurat la démasquerait, elle en supporterait les risques. D'ailleurs rien n'était joué. A condition de montrer sang-froid et prudence, elle pourrait encore se tirer d'embarras. Aussi s'empressa-t-elle d'adresser à Begtache un message où elle exposait les mesures radicales à prendre.

Au Gouverneur des îles de Paras, Milo, Syro, Santorin et Antiaparos.

Des ennemis jaloux de votre prospérité vous disent en mesure de payer quatre-vingt mille ducats, soit l'équivalent du tribut annuel de l'île de Chypre ; auquel cas une commission d'enquête menée par Sa Majesté le sultan Amurat IV estimera si vous êtes en mesure de vous acquitter de vos redevances. C'est pourquoi je vous ordonne de suspendre les travaux d'aménagement et d'entreprendre l'exécution du plan dont nous étions convenus. Quand bien même l'herbe de ces îles a plus de valeur que l'or, veillez à détruire toute végétation. Infestez l'air, abandonnez les moissons. Livrez au feu les trois premières îles et ne tenez aucun compte du fruit de votre labeur. Il vous faut aussi dissimuler les cinq bouches à feu, le plomb, la poudre et les chariots d'intendance prélevés frauduleusement sur les garnisons d'Istanbul. Le pire des enfers ne doit être rien en comparaison de ces îles vouées à l'effroi et à l'oubli !

En dictant de tels ordres, Kossem éprouva un profond découragement. Elle mesurait la folie de cette destruction, mais les dangers dont les Grecs étaient menacés et la répression à laquelle on les soumettrait s'ils étaient pris en flagrant délit effacèrent de son esprit tout scrupule.

Pour retarder son départ et celui de la commission, elle usa de plusieurs prétextes : une migraine inattendue, la prophétie de son astrologue opposé au voyage, la préparation de sa robe de cérémonie qui demanderait au moins deux semaines à ses couturières. Au bout du compte, elle fit en sorte d'y parvenir à la saison des pluies afin de permettre à Begtache d'appliquer ses mesures dans toute leur rigueur. Lorsqu'elle reçut un pli secret de son amant, la prévenant que le nécessaire avait été accompli, elle hâta les préparatifs.

Pour donner à sa visite aux Cyclades toute la solennité souhaitable, elle emmena avec elle une suite de dames de qualité.

Avec une gravité de circonstance, elle franchit le portail occidental du harem au milieu de cinq cents porte-bannière et s'approcha du débarcadère. Contrairement aux usages, elle monta avec son fils à bord de la *Capoutana,* le vaisseau amiral de la flotte impériale, et prit place sous un tendelet de soie décoré de mille petites clochettes. Au moment où le navire traçait son sillage dans le bleu éblouissant de la Corne d'Or, les trois cents canons de Topkapi tonnèrent de toute la puissance de leur feu.

— En joue pour Leurs Majestés ! entendit-on sur le pont de la *Capoutana.* Il n'est point de terre qui ne leur appartienne ! Les rois sont leurs esclaves !

Kossem avait choisi de s'asseoir près du sultan, charmée par la musique de l'orchestre féminin et agréablement éventée par les chasse-mouches sénégalais. Parfois, elle sentait le regard d'Amurat posé sur elle, comme si son fils lui reprochait de lui avoir menti ; mais formée à l'école du harem, selon laquelle le regard doit être impénétrable, elle demeura maîtresse de ses expressions.

La traversée s'accomplit sans incident et fut très agréable.

Dès que la galère impériale accosta Milo, quartier général du gouverneur et première des douze îles, des eunuques aidèrent Kossem à fouler le débarcadère et l'accompagnèrent jusqu'à la calèche qui l'attendait sur une esplanade. Venu présenter ses devoirs, Begtache simula la surprise. Un turban, dépouillé de tout insigne, indiquait à peine son rang d'officier. Il laissa le sultan prendre place aux côtés de la validé, puis, montant à cheval, le pria de le suivre jusqu'à la citadelle du gouverneur où un logement avait été préparé.

Familier des lieux, il amena le cortège impérial là où il le désirait. Il avait rendu certaines routes impraticables et provoqué des éboulements afin qu'Amurat n'aperçoive pas les champs de blé qu'il n'avait pas eu le courage de brûler entièrement.

Tout au long du trajet, Kossem mania son éventail avec nervosité. Elle suait de honte à l'idée d'avoir défiguré ces îles dont elle espérait faire une vallée heureuse. Autour d'elle, le paysage n'était que désolation et misère. La validé eut longtemps à souffrir avant de parvenir à la citadelle, un ancien relais à chevaux. D'un mouvement énergique, elle descendit de la litière, se fit précéder du sultan et s'engagea dans la cour principale où les branches des figuiers servaient de perchoir à des dizaines de corbeaux.

Horrifié par un tel spectacle, le sultan injuria les dignitaires qui venaient d'arriver dans leurs attelages.

— Où diable est ce prétendu paradis dont vous m'avez rebattu les oreilles ? En fait de verger rempli de fruits, cette terre est un enfer. Aucune route, tout juste des pistes. Je vous le demande, qui peut avoir envie de vivre sur cette terre aux cultures pitoyables ? Tout cela me confirme dans la pensée que vous avez menti et calomnié la validé... Du sang, il y aura du sang dès mon retour à Istanbul ! Je vous arracherai la langue, vous empalerai, vous...

S'étranglant de fureur, il les congédia sans ménagement, puis entra dans la chambre d'honneur, grossièrement meublée et dégageant une odeur nauséabonde.

A la nuit tombante, quand Begtache lui confia les rapports concernant l'état des îles, Amurat l'interrompit, repoussa son cahier des charges et entama de grandes discussions sur le lancer du javelot et la lutte à main plate, dont il savait l'officier friand. C'est à peine s'il se rappela, quelques heures plus tard, le motif de sa visite.

Begtache se sentait mal à l'aise. Combien il aurait aimé serrer dans ses bras Kossem, qui logeait à quelques pas de là ! Mais sous l'œil inquisiteur du sultan, il n'osa rien de tel. Pas une fois il n'adressa la parole à la validé.

Le lendemain, il craignit que le sultan ne poursuive son enquête, car, contrairement aux instructions de Kossem, il avait épargné les autres îles, de peur que les Grecs ne lui reprochent de saccager le fruit de leur labeur. Il crut mourir lorsque les pachas et les propriétaires d'Istanbul insistèrent pour visiter les domaines voisins. Par chance, le sultan ne les écouta pas une seconde et leva son yatagan sur eux, prêt à les décapiter s'ils osaient ajouter une seule parole. Coupant court à toute protestation, il décida de quitter l'île sur l'heure afin de retrouver le luxueux confort de Topkapi, avant que la mer, agitée en cette période de l'année, ne l'en empêche.

— Ta place n'est pas ici, déclara-t-il à Begtache. Je t'emmène à Istanbul. Là, mieux qu'aux Cyclades, tu pourras montrer ta véritable valeur. Que dirais-tu si tu devenais mon premier fauconnier ?

— Je remercie Votre Majesté d'une si grande attention, répondit l'officier, mais qui s'occupera de mes îles ?

— Choisis ton remplaçant. Je te fais entièrement confiance pour sa nomination. Qui sera en mesure de te succéder ?

Begtache réfléchit rapidement et finit par désigner son propre lieutenant, un homme sûr, qui, à son exemple, luttait pour la délivrance des Grecs. Heureux de s'en être sorti à si bon compte, il suivit le sultan et, continuant d'être discret, détourna le regard quand la validé passa devant lui pour franchir le débarcadère et monter à bord du vaisseau amiral.

Sur le pont du navire, Kossem éprouva une impression bizarre et ne sut s'il s'agissait d'un sentiment de satisfaction ou de rage. Telle une bonne paysanne, elle avait semé le grain pour voir le blé se lever. Or la récolte n'avait pas mûri et tout était à refaire. Cette haine qui opposait les musulmans aux Grecs la terrifiait et la remplissait de sombres pressentiments. Quelle chance avait-elle de sauver les siens du génocide dont ils étaient menacés ? Certes, la venue du sultan aux Cyclades s'était effectuée au mieux de ses intérêts. Maintenant, les Grecs des îles allaient rebâtir ce qu'ils avaient détruit, sans être gênés par les pachas d'Istanbul. Et puis, elle aurait la satisfaction de voir Begtache à Topkapi, entouré de la sollicitude d'Amurat. Néanmoins, son instinct ne la laissait pas en paix. Elle pressentait qu'à cause de l'intolérance quelque chose d'effrayant se préparait contre les Grecs, mais elle ne savait pas de quelle façon l'incendie s'allumerait.

17

Il ne s'était pas écoulé un an depuis la visite aux Cyclades et pourtant, durant ces mois, bien des choses avaient changé pour Kossem. La sultane se demandait, effarée, comment ses relations avec Amurat avaient pu se détériorer. Depuis quand datait sa brouille avec son fils ? Elle n'en savait trop rien. En tout cas, Amurat la négligeait et la visitait de moins en moins. Victime des tares de la famille osmanlie, il s'adonnait à la boisson au point de frôler les crises d'épilepsie à chaque beuverie. Ses jambes s'enflaient de goutte, sa peau se vérolait ; une fâcheuse sciatique l'obligeait à garder le lit. Quelques jours plus tôt, il avait abusé de liqueurs fermentées et sa prostration effraya tant les chambellans que la prière des mourants fut prononcée. Sans doute sa maladie troublait-elle ses facultés mentales, car il venait de prendre une décision incroyable : déshériter son frère cadet Ibrahim et nommer pour successeur le chah d'Iran.

Il n'était pas facile d'impressionner Kossem, mais cette nouvelle inattendue l'horrifia. Accompagnée des eunuques, elle franchit l'armoire tournante qui la séparait des appartements du sérail et força la porte de la chambre impériale.

Elle trouva Amurat engoncé dans un lit en bois de rose ramené de Bagdad, la tête enfouie dans des oreillers de soie. Le sultan avait considérablement changé. A l'âge de vingt-huit ans, il en paraissait le double.

Dès qu'il aperçut sa mère, il se tint prêt à l'affronter.

— Ne m'accablez pas, lui dit-il, moqueur. J'ai déshérité mon frère cadet Ibrahim et nommé pour successeur le chah d'Iran. Au cas où il m'adviendrait malheur, vous seriez déchue de vos droits. Faute de descendant, je lègue l'Empire à mon ancien ennemi iranien. Il l'unifiera, régnera à Istanbul et mettra ainsi fin à la guerre qui oppose nos deux pays. Quant à Ibrahim, il demeurera prisonnier à vie. Jamais il ne gouvernera la Turquie ! N'insistez pas ! J'ai déjà annoncé ma décision aux pachas de l'Empire. De gré ou de force, mes sujets se prosterneront devant le chah !

— Tes actes sont monstrueux, cria Kossem. En un instant, tu réduis à néant les efforts de dix-sept années !

— Par la main blanche du Prophète, ne vous inquiétez pas ainsi ! Vous n'aurez qu'à vous placer sous la protection du chah d'Iran. S'il veut bien de vous, épousez-le ! Mais tout peut être modifié si vous permettez la mort de mon frère !

— Tu me donnes à choisir entre le harem du chah et la lâcheté d'abandonner Ibrahim au lacet des bourreaux ? C'est donc là ma seule récompense ? Pour conserver ton estime, je me suis familiarisée, il y a quinze ans, à l'idée horrible de sacrifier Ibrahim à la raison d'Etat. Je n'ai pas protesté lorsque tu l'as enfermé dans la Cage. Je pensais cette solution acceptable, car tu ne supportais pas de savoir Ibrahim dans mes appartements. Comme s'il n'y avait pas assez de place au palais ; mais tu connais le proverbe : *douze mendiants peuvent dormir dans un lit, jamais deux sultans dans un Empire*. Chaque matin je craignais que tu ne deviennes son bourreau. Malgré moi, je repense aux moyens déployés pour sauver Ibrahim de tes griffes de fauve. Après l'avoir logé dans la Cage, j'ai installé dans le mur de sa geôle des tuyaux acoustiques. J'ai même conçu un système d'alarme : des clochettes reliées à un fil dissimulé sous le tapis de la porte d'entrée, qui s'agitaient dès l'arrivée d'un intrus. Mais cela ne suffisait pas. J'ai confectionné un caftan particulier ; à l'endroit du cœur, ont été cousus cinq boutons de fer capables de tordre la lame d'un poignard et d'amortir la poudre d'une arme à feu. C'est pourquoi je ne faillirai plus à mes devoirs de mère. Je défendrai Ibrahim jusqu'à la dernière goutte de sang. J'ai protégé cet enfant depuis le Vieux Sérail, et il n'est pas question de le renier !

— Tôt ou tard, ce frère dénaturé constituera un danger pour la sécurité de l'Empire. Si vous persistez à lui donner la couronne, le pire est à venir. Dans la Cage où je l'ai enfermé, il se complaît avec ses mignons. C'est une sangsue qui léchera le sang de vos veines. Il vous fera du mal. Ecartez-le. Il en est encore temps.

— Tes jugements ne me feront pas changer d'avis, l'interrompit Kossem. S'il le faut, je t'empêcherai d'entraîner l'Empire dans la mort. Au jour dernier, je viendrai moi-même te condamner !

Voyant sur les lèvres de son fils un peu de cette mousse blanche qui annonçait de terribles crises d'épilepsie, elle se radoucit :

— Les médecins t'ont conseillé la diète, un régime alimentaire strict. Ils t'ont mis en garde contre le moindre excès. Or hier, au cours du banquet donné en l'honneur du dix-septième anniversaire de ton règne, tu n'as cessé de manger et de boire !

— Ne me parlez pas de ces médecins ! gronda-t-il. D'après eux, la cause de mon mal serait due au panaris d'un de mes cuisiniers. Mon repas aurait été infecté ! Je sais une seule chose : c'est qu'Allah m'a puni. Bientôt je serai précipité dans l'horreur du néant.

Prise de compassion, Kossem humecta ses lèvres et l'accabla de sa tendresse. Au moment où elle lui serrait les mains, il la repoussa un peu. Il n'avait jamais aimé ses manifestations. Il trouvait sa mère exubérante. Quand comprendrait-elle qu'il appréciait la distance et la froideur ?

Devinant son état d'esprit, Kossem recula, aéra la chambre, souleva les draperies pour permettre à la lumière de cet après-midi d'entrer à flots. Du doigt, elle montra à son fils les arbustes de Jaipur dont les branchages gémissaient en douces plaintes et, plus loin, la Corne d'Or tranquille comme un lac.

Dans la soirée, l'état de son fils s'étant aggravé, elle décida de faire venir les médecins, mais Amurat, agité de spasmes effrayants, l'en empêcha.

— C'est fini ! cria-t-il en s'emparant des mains de sa mère. Jurez-moi, ô la plus aimée des sultanes ! de protéger Tarchane. Gardez-la au palais... Sur ma barbe, vous ne méritiez pas un fils incestueux. Pardonnez-moi ! Je demande à Allah de vous protéger, car vous avez été bonne comme le cœur de Dieu lui-même...

Mais je dois vous le dire, dès la proclamation de ma mort, la Garde du palais a ordre de tuer mon frère. Vous voyez ! Vous ne pouvez plus braver mes dernières volontés !

Des minutes s'écoulèrent encore, au cours desquelles il délira, hanté par les fantômes de milliers de personnes qui avaient péri sous la hache de ses bourreaux. Puis il rendit son âme à Allah.

Prise de vomissements, Kossem s'affala au pied du lit et se tordit de douleur. L'espace d'une seconde, elle craignit de redevenir esclave et se mura dans ce silence des vaincus qui voient leur univers s'effondrer. La succession de l'Empire était compromise. Si elle n'agissait pas sur l'heure, tous ses efforts auraient été vains. Alors elle ne pleura plus, étouffa sa souffrance et réfléchit aux moyens de tirer parti de la situation.

Quand elle introduisit Saut de Biche dans la chambre mortuaire, elle savait déjà quel affreux stratagème il lui faudrait employer pour écarter le chah d'Iran et hisser Ibrahim au pouvoir. L'eunuque, qui venait de surgir, avait un visage inquiet. Il était habillé d'une houppelande blanche et s'appuyait sur une canne. Kossem le laissa se prosterner devant la dépouille impériale, puis lui demanda de tenir secrète la mort du sultan.

— Depuis quelque temps, l'esprit d'Amurat était dans le désordre le plus complet, expliqua-t-elle. A la faveur d'une de ses crises d'épilepsie, des courtisans peu scrupuleux lui ont suggéré de livrer l'Empire aux Iraniens. Amurat a déposé dans un coffre du Trésor un testament cacheté. Il y a nommé, comme héritier, le chah d'Iran, destitué Ibrahim et exigé sa mise à mort. C'est pourquoi, Gardien de la porte de la Félicité, nous devons agir comme si le sultan était vivant. As-tu déjà vu des automates de Venise ? Pourquoi n'en ferions-nous pas autant pour Amurat ? Grâce à un jeu de poulies et de cordes à arc attachées à ses poignets, nous pourrions l'animer de vie. Il suffirait de disposer ce mécanisme derrière le baldaquin du lit. Qu'en penses-tu ?

Bras entrecroisés, paumes des mains sous les aisselles, l'eunuque adopta l'air d'un conspirateur prêt à partager un secret de plus avec sa maîtresse.

— Votre proposition est impossible, répondit-il. La chaleur est trop grande. Dans quelques heures, le lit deviendra un enfer de pestilence. Quand bien même votre projet réussirait, comment entendra-t-on la voix du sultan ?

— Tu es ventriloque, répondit-elle, sûre de son plan. Imiter la voix du défunt n'est pas au-dessus de tes prouesses. Tu te dissimuleras derrière le baldaquin, dans les doubles rideaux du sofa. Par ailleurs, il y a parmi tes eunuques les meilleurs embaumeurs de l'Orient. Ils m'aideront à conserver la dépouille de mon fils en usant de benjoin, de myrrhe et d'aloès. Je convoquerai ensuite les dignitaires et les oulémas. Tous entendront de leurs propres oreilles les dernières dispositions du sultan. Te faisant passer pour le maître de la Turquie, tu liras un texte où il sera question d'annuler les anciennes décisions impériales. Ce nouveau testament, dont la lecture sera rendue publique, suffira à empêcher le trouble à Istanbul, et interdira aux Persans de déferler sur le territoire turc. Il faut éviter, coûte que coûte, le conflit avec les Iraniens. De plus, les eunuques de la Garde Voilée, en faction devant la Cage, ont reçu l'ordre d'assassiner Ibrahim, dès l'annonce de la mort d'Amurat... Voilà, magnifique ami. Tu es le seul à connaître la vérité. Je me suis toujours conduite avec toi en sœur. Ne refuse pas de m'aider, car tes nouveaux maîtres n'auront aucune indulgence. Ils te maltraiteront et te feront abjurer ta foi, pour mieux te maintenir dans l'esclavage. Aujourd'hui, je te donne l'occasion de t'élever au-dessus de ta condition et de réaliser tes rêves les plus fous. Dès à présent, je m'engage à réduire le temps de travail de tes gens. Au moment de leur vieillesse, je paierai les frais de leur pèlerinage à La Mecque et leur permettrai d'adopter des enfants.

L'émotion de la sultane gagna bientôt Saut de Biche. Non seulement l'eunuque se sentit prêt à tout entreprendre pour sa souveraine, mais il retrouva ce goût pour le danger qu'il avait connu vingt-deux ans auparavant.

Forte de sa complicité, Kossem lui demanda d'exécuter son plan dans toute sa rigueur. Quant aux domestiques, ils continueraient d'assurer leur service, comme d'habitude ; ils apporteraient dans la chambre les plateaux et les mets, les baquets d'eau chaude et les serviettes emperlées.

— Occupe-toi de la surveillance de l'alcôve, dit-elle à l'eunuque sur un ton lourd de sous-entendus. N'y laisse entrer personne sans ta permission. Le mieux serait de contacter les embaumeurs sur-le-champ. Une mission redoutable les attend.

Une fois seule, Kossem fut accablée de ne plus entendre la voix d'Amurat. Son fils gisait sur ce lit irakien qui avait appartenu à Haroun al Rachid et dans lequel les califes d'Arabie avaient étreint la plupart de leurs concubines. De la paume des mains, la validé s'assura qu'il était bien mort ; elle détailla son front, et ses lèvres qui, par-delà la mort, semblaient lui dire : « Encore une de vos ruses, ma mère ? Et je devine que ce ne sera pas la dernière ! Seriez-vous donc incorrigible ? »

Il y avait dans l'air une saveur douceâtre. Heureusement, les embaumeurs venaient de se glisser dans la chambre. Après avoir dépouillé le corps impérial de sa chemise de Gênes et de ses pantalons bouffants, ils le lavèrent et l'imprégnèrent d'onguents. Cela fait, ils étalèrent du vermillon sur les joues, enduisirent les lèvres de cire vierge, et pour désenfler les doigts, frottèrent les mains de sciure et de farine de maïs. Grâce à des pastilles minuscules achetées à Kapali Bazar, ils maintinrent les paupières ouvertes et balayèrent les cils d'une aspersion d'eau de rose. Dans ce silence où rien ne respirait, Kossem leur remit des vêtements somptueux dont ils habillèrent le mort.

Appelés en renfort, les eunuques réussirent à suspendre les poulies en haut du baldaquin. Ils enroulèrent des cordelettes qu'ils raccordèrent aux poignets d'Amurat, et, afin de faire bouger son visage, introduisirent des fils de soie dans ses oreilles percées. Le résultat final fut d'un effet saisissant. C'était comme si les ficelles avaient remplacé Allah dans l'œuvre de la création. On pouvait mettre Sa Majesté à l'équerre ou la faire se coucher à volonté, et permettre à ses lèvres de s'ouvrir et de se refermer.

Honteuse d'avoir profané la dépouille de son fils, Kossem eut beaucoup de mal à s'arracher à ce spectacle macabre. Après s'être confondue en remerciements, elle laissa Saut de Biche s'introduire derrière les tentures du lit impérial. Celui qui avait été le majordome de la Turquie depuis tant d'années prit tout de suite son rôle au sérieux. Il commença par rabrouer les domestiques d'une voix forte :

— Incapables ! tonna-t-il pour se faire entendre des mouchards du palais. Laissez-moi tranquille ou un gourdin vous caressera le dos. Non ! ne partez pas encore ! Amenez-moi du vin. Du ciriqui et du chypre, de préférence.

— Mais, Votre Majesté, les médecins vous l'ont formellement interdit, lui répondirent les valets soudoyés.

— Prétendez-vous me dicter ma conduite ? répliqua le faux sultan. Misérables ! Dépêchez-vous ! Et ne laissez pas venir ces insensés de docteurs, autrement la hache du bourreau sera leur récompense !

Les marmitons et les gâte-sauce créèrent une agitation inouïe. Ils allaient et venaient, chargés de plats fumants, de carafes de vin et d'essuie-mains. Lorsqu'ils rencontraient les pachas en faction dans l'antichambre, ils leur avouaient ne plus supporter leur maître.

Kossem profita de cet interlude culinaire pour s'entourer d'une nuée de gardes du corps et se glisser chez le cadi du palais où elle savait pouvoir trouver le testament de son fils. Mille complicités lui furent nécessaires pour subtiliser le document. La lecture du pli justifia ses craintes : Amurat avait bel et bien déshérité son frère Ibrahim et désigné pour héritier le chah d'Iran. Ordre était signifié au successeur persan d'assassiner Ibrahim, de s'unir à Kossem et de mettre fin à la haine religieuse opposant les Persans et les Turcs.

De sa poche, la validé sortit une lettre où l'écriture d'Amurat était habilement contrefaite, et la déposa dans le coffre du cadi à la place du véritable testament. Il s'écoula une heure avant qu'elle ne jugeât opportun de passer à la dernière phase du plan : annoncer la mort imminente d'Amurat et convoquer la cour, les dignitaires d'Etat et les magistrats religieux d'Istanbul.

A l'annonce de cette nouvelle affligeante, l'intendant du palais, le Maître des cérémonies, les Gentilshommes Blancs et les pages de la maison du sultan accoururent dans les galeries voisines. Ils jetèrent leur bonnet, retournèrent les tapis, enlevèrent tout objet de couleur, et se prirent à sangloter.

De tous les rampants de Topkapi, les secrétaires d'Etat et les gouverneurs militaires de la capitale, les « Seigneurs de la Sublime Porte », étaient les plus sournois. Beaucoup d'entre eux avaient prêté allégeance à leur nouveau maître, le chah d'Iran, et même trahi la Turquie lorsque Bagdad était tombée aux mains iraniennes. Aussi entendaient-ils être remerciés pour leurs services et mettre fin à la dictature de la famille grecque. Ils se réunirent dans leurs palais d'été, s'armèrent de dagues, et ne tardèrent pas à arriver à Topkapi. Le portail de l'entrée franchi, ils s'avancèrent dans la première cour du sérail pavée de dalles rousses et furent stupéfaits d'y trouver des canons qu'on avait fait venir des forts d'Eyoub. Ils longèrent l'endroit appelé Pierre de l'Exemple où les bourreaux décapitaient les condamnés à mort. Dans un vestibule attenant aux appartements impériaux, ils mirent une dernière touche à leur plan. Il s'agissait de donner le temps au chah d'Iran d'arriver à Istanbul à la tête de ses troupes, d'investir Topkapi et de prendre la validé et Ibrahim en otages, avant de les décapiter dans la prison des Sept Tours.

La chambre dans laquelle le sultan était censé rendre l'âme ressemblait à une morgue. L'assistance y était compacte, entassée jusqu'à l'étouffement. Accroupis dans l'obscurité, près d'un coran de la taille d'un homme, des psalmodieurs lisaient des versets choisis du Livre saint. La rumeur des tambours, le bourdonnement des prières et l'ombre habilement ménagée, tout cela ne manqua pas d'impressionner les partisans du chah. Après s'être regardés avec effroi, ils scrutèrent le lit impérial défendu comme une citadelle. Des eunuques herculéens étaient là, jambes écartées, épaule contre épaule. Des gaines contenant des poignards étaient attachées à leur avant-bras et à leur mollet.

Assise à la droite d'Amurat, dans une banquette byzantine incrustée de lapis-lazuli, la validé se tenait droite, emmitouflée dans ses cinq voiles sombres. Derrière les tentures, Saut de Biche s'efforçait de rester calme. Nullement incommodé par la fade senteur qui s'exhalait de la dépouille impériale, il s'empara du tuyau acoustique et pria le ciel pour que personne ne remarquât la supercherie.

— Fidèles sujets, Allah va bientôt m'appeler à lui, annonça-t-il avec fermeté. Avant ce grand voyage, je vous fais part de mes dernières volontés. En considération de ses mérites acquis auprès de notre maison, je laisse mon trône à ma mère la validé Mahpeïker, perle et nacre du califat. Elle sera régente de l'Empire et mon frère cadet, le prince Ibrahim, gouvernera le jour où elle le décidera. Mon testament se trouve dans un coffre confié au cadi du palais. A mon dernier souffle, vous le décachetterez et vous respecterez mes volontés. Toutes mes décisions prises avant ce jour sont annulées.

En entendant de telles paroles, les dignitaires faillirent chanceler. Ils s'avancèrent d'un pas en direction du lit, se nommèrent l'un après l'autre, et demandèrent au sultan de bien vouloir relever ses rideaux. Prise de court, Kossem enjoignit aux eunuques d'actionner les poulies, et, d'un regard, pria les psalmodieurs d'entonner plus fort les versets coraniques afin de couvrir le bruit des rouages. Les Seigneurs de la Sublime Porte se laissèrent gagner par la peur. Ils aperçurent le regard glacé du sultan, ses mains menaçantes et ses lèvres qui disaient :

— Insolents ! Prosternez-vous et craignez ma colère ! Vous attendiez la mort du lion de l'Islam, mais je suis encore de ce monde ! Chaouchs ! saisissez-vous de ces traîtres, ils seront jugés par un tribunal d'exception. A présent, retirez-vous et laissez-moi avec la validé !

A ces mots, les partisans persans émirent un ricanement. D'un hurlement de rage, ils se précipitèrent vers Kossem et pointèrent le sabre sur elle.

— Arrière, tous ! vociférèrent-ils. Nous tuerons la mère du padichah si vous ne nous laissez pas approcher du lit.

Par chance les eunuques réussirent à contourner les traîtres et à leur faire lâcher prise. Kossem tomba de tout son poids, tête en avant. On la releva avec peine. Les Seigneurs de la Sublime Porte n'eurent le temps ni de démasquer Saut de Biche ni de fuir. Ils furent arrêtés dans les couloirs voisins, ligotés en un tour de main et conduits à la citadelle des Sept Tours où ils trouvèrent une prompte mort.

Dès le départ des courtisans, la validé se détourna de l'automate impérial et décida les inspecteurs généraux du sérail à se rendre avec elle dans la Cage où Ibrahim était enfermé. Les corridors qui y menaient étaient d'une étroitesse incroyable et tous durent marcher en file pour pouvoir s'y engager.

Armée de haches, l'escorte de Kossem arriva sur les cinquante gardiens qui surveillaient la prison d'Ibrahim et, au cours d'un affrontement brutal, les mit hors d'état de nuire. La voie libre, Kossem et les siens parvinrent devant la prison d'Ibrahim. En entendant ce brouhaha, Ibrahim fut pris de peur et se demanda quel cataclysme s'abattait sur lui. Comme il imaginait Amurat encore en vie et redoutait une ruse de sa part, il s'empressa de verrouiller la porte de sa cellule et se mit à jouer la scène de la folie.

— Je suis l'esclave du sultan ! clama-t-il. Puisse le règne de Sa Hautesse être prospère !

A travers l'huis, Kossem s'empressa de le rassurer :

— Ibrahim, mon second fils et perle de mon œil, écoute ta mère Kossem. Ton frère, ce tyran sanguinaire, vient de rendre l'âme. Il t'a nommé son héritier. Grâce à moi, tu es sultan. O toi l'enfant de mes reins, daigne nous éclairer de ta lumière !

Mis en confiance par les propos de sa mère, Ibrahim apparut dans l'embrasure de la porte. Il s'élança sur la validé, et se laissa envelopper par elle d'une tunique d'or doublée d'une fourrure de renard argenté. Malgré tant de sollicitude, il ne cessait de s'inquiéter, et ses traits crispés trahissaient un malaise croissant.

— Où m'emmenez-vous ? demanda-t-il à la sultane qui l'éventait de son chasse-mouches.

— Mon fils, répondit la Grecque avec son habituelle désinvolture, je te conduis vers la Turquie et ses six cent millions d'aspres. Puisse ton humble mère écarter le malheur de ton impériale tête ! Les vizirs t'attendent dans la salle du trône pour la séance du baisemain. Savonne-toi de frais, endosse le caftan de cérémonie et permets aux tapis de se dérouler devant tes sublimes babouches. Sois fort, mon sultan, et remercie les pachas qui ont été tes soutiens les plus fidèles.

Les ministres s'étaient rassemblés dans la salle dite de la Présence Impériale et accueillirent Ibrahim sans condition. Au moment où le nouveau sultan promettait de doubler la solde des janissaires, la validé lui donna l'accolade, geste très maternel pour qui n'avait pas vu les ongles de la Grecque s'enfoncer dans le dos de son fils.

— Es-tu devenu fou ? lui murmura-t-elle au creux de l'oreille. Nous ne sommes pas riches. Aussi, ne prends pas d'engagement à la hâte et familiarise-toi avec ta nouvelle fonction avant de prendre de pareilles décisions.

Après discussion, on aboutit à un compromis : un quart supplémentaire de solde serait versé aux troupiers, et les festivités publiques en l'honneur de l'avènement d'Ibrahim furent déclarées ouvertes pour une durée d'une semaine.

Kossem ressentit fortement le vide laissé par la mort d'Amurat. Et, en ces moments éprouvants, une autre absence se fit cruellement sentir : celle de Tarchane. Renseignements pris, sa fille adoptive, suivant les usages imposés aux concubines et veuves des sultans, s'apprêtait à quitter Topkapi pour rejoindre le Vieux Sérail, étape finale de sa destinée. Par la galerie des Abricotiers en Fleur, Kossem l'aperçut, entourée de femmes encapuchonnées.

— Arrêtez-la ! cria-t-elle aux portiers soudanais. Fermez les guichets et empêchez la kadine Tarchane de sortir !

Dans un élan surprenant pour une femme de son âge, elle dévala les marches du deuxième étage de la Daïré Valdessi, foula le sable rose de trois cours, aperçut à peine les parterres d'oiseaux qui s'envolaient sur son passage. Prise de palpitations, elle s'accouda à une balustrade au point que Tarchane dut accourir à sa rencontre.

— Malheureuse ! s'indigna la validé. Tu allais quitter Topkapi sans même me dire au revoir !

— Je me plie aux traditions ! rétorqua sa fille. Les lois de la dynastie interdisent au nouveau sultan de connaître les esclaves ayant appartenu au harem de son prédécesseur. Je dois me retrancher du monde des vivants, ne plus parler à personne et apprendre l'oubli dans la citadelle des sultanes déchues. Cependant il vous faut savoir une chose : j'attends un enfant d'Amurat. Je tenais à avorter, mais au dernier moment j'ai refusé.

Bouleversée par cette révélation, Kossem ne dit mot. Souhaitant prolonger l'entretien, elle entraîna Tarchane vers les rampes qui donnaient sur la plage.

— Le bonheur appartient aux rusées et aux audacieuses, lui dit-elle en cours de chemin. Je dois mon rang à ma ténacité et à mon absence de scrupules. Si j'avais accepté la résignation et l'islam, je serais déjà morte et vouée aux ténèbres. Au lieu de cela, j'ai un empire qui ferait rêver plus d'une reine de la chrétienté. Je suis la potière et Ibrahim mon argile. Un autre règne commence dont j'espère beaucoup. Bientôt, je serai encore plus puissante. Pendant dix-sept ans j'ai servi d'éminence grise à Amurat, plié l'Orient à mes caprices, lancé un défi aux musulmans, arrêté la Perse, rendu l'armée plus docile et obtenu la paix aux frontières tartares. Je n'ai pas peur de l'avouer : mes actions ont empêché l'effondrement de l'Empire et triplé les revenus des caisses du Trésor. Je suis Kossem la Magnifique. Et si aujourd'hui je te déclare cela, ce n'est pas pour me vanter, mais pour t'encourager à lutter. Tu ne connais pas le Vieux Sérail. Cet univers sent le poignard, l'eau des mosquées, le Coran mal compris, la stérilité. Aucune voix amie n'animera le silence de ton existence. Tu ne tarderas pas à sombrer dans le néant. Cependant il me vient une idée ! Ta grossesse n'est pas encore visible. Et je me demande si tu ne ferais pas bien de cacher ton état !

— Et pourquoi devrais-je agir ainsi ? s'enquit Tarchane qui se dressait de toute sa petite taille. J'ai été la favorite attitrée d'Amurat et n'en éprouve aucune honte.

— Amurat t'a toujours aimée. Sur son lit de souffrance, il m'a suppliée de te protéger. Serait-il satisfait de voir sa concubine et son enfant échouer dans la prison des sultanes oubliées ? Pourquoi ne deviendrais-tu pas la compagne, et peut-être l'épouse, d'Ibrahim ? Il te sera facile de duper mon second fils car il est ignorant des choses de la femme. Tu pourrais te faire passer pour vierge et présenter l'enfant d'Amurat comme étant le sien.

— Même si j'acceptais, j'aurais à craindre des indiscrétions. Beaucoup de femmes m'ont vue avec Amurat. Elles s'empresseraient de tout dévoiler à Ibrahim. En ce cas, nous courrions toutes deux un grave danger. Ce serait la honte, l'exil, la mort. Tant pis, j'accoucherai au Vieux Sérail !

— Insensée ! Aucun accouchement n'est toléré au Vieux Sérail. Les eunuques ont ordre d'y étouffer tout enfant princier. Pour empêcher les concubines des sultans défunts de trancher le cordon ombilical à coups de dents ou de pied, ils les attachent sur des tables au moyen de sangles et les malheureuses agonisent dans les pires supplices. Par ailleurs si Ibrahim apprenait la naissance d'un fils d'Amurat, il craindrait pour son trône, lui qui n'a pas encore de descendance. Il s'en prendrait à toi et les jours de ton enfant seraient en danger. Songe à ton destin. Tu seras sultane et un jour validé. La liberté, les honneurs ne te tentent-ils donc pas ? Tu redoutes la dénonciation des intendantes et des servantes, mais toutes vont s'ensevelir au Vieux Sérail. Lorsque la domesticité de Topkapi sera renouvelée sur mes ordres, qu'auras-tu à craindre ?

— Pendant des années, vous avez tout entrepris pour me séparer d'Amurat. A cause de vous, nous avons vécu notre amour dans l'ombre. Et c'est vous aujourd'hui qui me conseillez de commettre un second inceste ?

A ces mots, une pâleur coupable se répandit sur le visage de Kossem, comme si un affreux cauchemar ranimait tout à coup un passé endormi.

— Tu n'es ni la sœur d'Amurat ni celle d'Ibrahim, confessa-t-elle d'une voix imperceptible. Ton véritable nom est Katharina Alexowitch, et ta mère une humble nourrice d'Ukraine. J'ai en ma possession le certificat de vente du chef de la corporation des marchands d'esclaves consignant le nom, l'âge, la provenance et le signalement de ta mère, qui m'a été vendue pour la rondeur de ses seins, son haleine parfaite et la qualité de son lait. Mes droits de propriété sur ta mère et toi sont inscrits en bas d'un document que je te montrerai. Je vous ai achetées pour la vile somme de cinq cents aspres. En ces temps, j'étais favorite attitrée d'Ahmed Ier. N'ayant eu que des fils, je souhaitais ardemment une fille. Lorsque j'accouchai au mois de septembre 1614 d'une mort-née, Ahmed craignit mon désespoir. T'ayant avisée, il t'arracha des bras de ta mère et te présenta à moi comme mon propre enfant. Par la suite, il me révéla tout et l'adoption demeura secrète.

Tarchane était devenue blême. Au comble de la confusion, elle scrutait sa mère adoptive dans l'attente d'un démenti, parce que cette naissance, cette adoption étaient impossibles, hallucinantes ! Malgré son ingéniosité diabolique et son cynisme habituel, Kossem ne pouvait avoir menti pendant tant d'années et s'être montrée aussi implacable. Ainsi Amurat était mort en état de péché. Son salut éternel compromis, sans que la validé eût tenté de soulager sa conscience...

— Jamais mon fils n'a soupçonné la vérité, poursuivit la Grecque. J'ai cru pouvoir tout lui dire, mais j'ai craint de le perdre ou de le voir changer d'opinion à mon sujet.

Tarchane n'écoutait plus. Kossem ne lui aurait pas fait plus mal en lui enfonçant un poignard dans la poitrine. C'était elle la coupable, elle qui avait compromis son bonheur, elle encore, qui l'avait abandonnée dans la pension des Réprouvées de Yédi-koulé. Cette révélation l'horrifia au point de la faire vaciller. Elle s'assit à même le sable, tandis qu'une haine profonde surgissait en elle avec la force d'un brasier.

— Je te sauverai ! déclara Kossem qui attirait ses poings dans le sillon de ses seins. Je me mortifierai, paierai ma faute, mais tu vivras, tu vivras.

La Grecque eut beau s'attirer les remarques cinglantes de Tarchane, ses sursauts et ses mouvements de répulsion, rien n'y fit. Aveuglée par les larmes, Tarchane releva la tête et fut subjuguée par la ténacité de la validé. Un instant elle effleura son ventre et se demanda si elle avait le droit de mettre en danger les jours de son bébé. Devait-elle encore hésiter ? Tant pis si Kossem l'avait honteusement trompée. Puisque sa naissance la faisait Russe, elle demeurerait à Topkapi comme dans une isba lui appartenant, et plus personne ne l'en délogerait. Plus tard la rancune ! Plus tard la vengeance ! Forte de cette résolution, elle se releva de son linceul de sable et se sentit calme, comme après un repos réparateur. Bien que la validé lui causât une répugnance indicible, elle l'enlaça et s'imprégna de la chaleur de son corps. De longtemps les deux femmes n'avaient ressenti une telle émotion. Quand elles revinrent au palais dans la lumière de l'aube, elles eurent un regard extasié. Sans doute se croyaient-elles à l'abri des tourments. De ce jour, allait pourtant commencer la période la plus éprouvante de leur vie.

18

Quand il fut seul dans la salle du trône, en cet après-midi du 13 février 1640, Ibrahim se répéta : « Sultan ! Je suis sultan ! » D'un geste brusque, il enleva les crêpes noirs qui recouvraient le mobilier et recommanda à ses chambellans de ne plus prononcer le nom d'Amurat sous peine de sanctions graves.

« Amurat est mort, songeait-il, et personne ne sait que je l'ai empoisonné. Grâce au cuisinier impérial, j'ai pu infecter son repas ! Cela n'a pas été facile d'organiser un tel assassinat du fond de ma cellule du harem, mais mes domestiques de la Cage, qui ont toute liberté pour circuler dans le palais, m'ont considérablement aidé. Il leur a suffi de verser dans les plats du service impérial des poudres et des sels de plomb pour que je sois à jamais délivré de mon frère et bourreau. Aujourd'hui, tout le monde me croit diminué par tant d'années de prison, mais mes ennemis ne tarderont pas à comprendre leur méprise. Si je continue d'être une marionnette docile, ce ne sera que pour mieux berner ma mère. Il me faut encore la ménager : elle représente la clef d'un monde où je suis pour l'instant incapable d'entrer seul. Au moment propice, je la bannirai de mon existence et de la cour. »

En voyant Kossem s'introduire brusquement dans la salle, il adopta l'attitude d'un homme surpris à écouter aux portes. Pourtant, il connaissait sa mère mieux que quiconque. A la minute où il la croyait à l'autre bout du sérail, elle surgissait dans son dos, abritant tous les mystères de l'Orient derrière ses voiles sombres. En guise de deuil, elle arborait un caftan en moire bleu de nuit, et une épingle ronde ornait ses narines.

La validé s'inclina à peine devant son fils. En l'observant, elle se demanda comment elle avait pu donner le jour à ce rouquin, au visage rose et à la taille corpulente. Réussirait-elle seulement à le berner ? De quelle façon pourrait-elle lui présenter Tarchane sans qu'il se doute de rien ? Elle se rappela que Tarchane et Ibrahim avaient été séparés depuis l'enfance et que l'un ne connaissait pas le visage de l'autre. Après un bref moment de réflexion, elle décida de modifier légèrement le prénom de sa fille et de l'appeler désormais Tourhane, empêchant ainsi Ibrahim d'établir un rapprochement avec sa sœur adoptive.

— O Ombre d'Allah ! le chah d'Iran répand de nombreuses calomnies à ton sujet, lui dit-elle. Notre ennemi accrédite le bruit selon lequel tu préfères jeter ton mouchoir à tes mignons plutôt qu'aux femmes du harem. Selon lui, l'Empire lui reviendrait de droit, car il t'estime incapable de contenter une femme et d'assurer la continuité de la dynastie. Il te faut donc mettre un terme à ces rumeurs. Tu dois venir au harem afin de choisir l'élue de ta vie. J'ai porté mon attention sur une jeune vierge russe qui se prénomme Tourhane.

A ce nom, Ibrahim se retourna vers sa mère, détaillant son port de tête et sa taille affinée qui ne cessaient de l'étonner.

— Où avez-vous acheté cette esclave ? demanda-t-il, le regard inquisiteur.

— Un pacha me l'a offerte il y a quelques semaines, mentit-elle avec aplomb. Cette fille te conviendra à merveille. Les empereurs moghols donneraient leur main droite en échange d'un seul de ses cheveux d'or.

Le sultan s'immobilisa devant un lutrin à coran. De la main il effleura quelques pages, puis pirouetta sur ses talons, l'air faussement soumis.

— Bénie soit chaque mèche de votre chevelure, mère, car vous pensez à tout. Puisque vous y tenez, vous me présenterez cette vierge ce soir. Mon chambellan viendra la chercher après la dernière prière. Etes-vous satisfaite ?

La validé esquissa un sourire et ajusta son châle de Pékin.

— Contente cette esclave, insista-t-elle tandis que sa main s'abattait sur celle de son fils aussi froidement qu'un yatagan. Grâce à elle, tu obtiendras une descendance, et tes nuits auront la douceur des sorbets à la rose.

Lorsqu'il entendit les pas de sa mère décroître dans les couloirs, Ibrahim céda à une frénésie redoutable. Il congédia ses domestiques, et se mit à jeter, de rage, tous les objets qui se trouvaient à sa portée. Grâce aux domestiques de la Cage, il avait depuis longtemps découvert la vérité au sujet de la prétendue Tourhane. Il savait qu'il s'agissait de Tarchane, sa sœur, favorite d'Amurat et enceinte de ses bons offices. Allait-il ordonner des mesures contre elle ? Allah l'en préservait ! Après tout, s'approprier l'épouse de son frère ne lui déplaisait pas. Cependant cette concubine ne devait pas s'en tirer à si bon compte. Le plan qu'il projeta le fit sourire. Il s'approcha d'un casier où son apothicaire consignait ses médecines et brandit une fiole dans laquelle reposait une potion assoupissante composée de bromure. Tout à la joie de confondre Tarchane et, encore plus, la validé, il s'exclama à haute voix :

— Peu avant l'arrivée de Tarchane dans la chambre nuptiale, j'en absorberai le contenu et demeurerai ainsi insensible à ses charmes.

Déjà, il imaginait l'épouvante de la Russe. Constatant l'inutilité de ses caresses, Tarchane craindrait que sa grossesse ne soit visible et serait contrainte de révéler qui en était l'auteur. Le regard brillant d'une grande satisfaction, le sultan lutta contre une furieuse envie de rire, dissimula le flacon dans son secrétaire et se promit de revenir dans une heure.

Dès son départ, les rideaux de l'alcôve se soulevèrent et une ombre en surgit. En femme qui aime prendre ses précautions et à laquelle rien n'échappe, Kossem s'était embusquée dans la chambre afin de mieux épier son fils et de percer ses véritables intentions. La main sur la poitrine, comme pour comprimer les battements de cœur, elle s'approcha du petit secrétaire en acajou, souleva le battant et ne tarda pas à découvrir la fiole. Si le sultan absorbait ce liquide assoupissant, Tarchane courrait à la catastrophe et il lui faudrait redouter le pire. Prendre Ibrahim à son propre jeu sembla à Kossem la meilleure solution à adopter.

Il y avait dans le secrétaire, à côté du flacon de bromure, d'autres fioles étiquetées. L'une d'elles contenait un puissant aphrodisiaque à base de gentiane et de mandragore. Avec sûreté, Kossem changea les étiquettes, faisant ainsi passer la liqueur d'amour pour une potion assoupissante. Après quoi, elle remit tout en place et quitta précipitamment la chambre sans laisser la moindre trace de son passage.

Minuit était passé depuis longtemps lorsque Ibrahim revint dans ses appartements. Il absorba le breuvage qu'il croyait être du bromure et finit par s'étendre sur une banquette. Là, il se demanda si la potion n'était pas la cause de son malaise, car une chaleur étrange l'envahissait et troublait ses pensées. Tarchane, qu'un chambellan venait d'introduire dans la chambre, lui apparut comme enveloppée de brouillard. Au lieu de la mépriser comme il en avait l'intention, il la considéra avec convoitise, s'approcha d'elle et se surprit à la dénuder. Les baisers de la jeune femme éveillèrent bientôt ses ardeurs. Rien ne compta plus pour lui que sa virilité palpitante et le corps de la jeune favorite qui répondait merveilleusement à ses désirs. Dès qu'il s'épancha en elle, il poussa un douloureux cri d'abandon et constata que ses forces renaissaient plus rapidement que cela ne s'était jamais produit.

Devant cette passion inattendue, Tarchane aurait dû être comblée. Or, elle eut l'impression d'avoir vécu des moments sinistres. L'excitation sans cesse renouvelée que le souverain manifestait envers elle la déconcerta. Afin de voir de quoi il retournait, elle se permit une remarque d'une incroyable familiarité :

— Seigneur, je croyais que les femmes ne vous intéressaient pas, dit-elle d'une voix enjouée. Pourtant aucune musulmane sensée ne vous échangerait contre cent habitants de la capitale. Vos ennemis ont donc menti en parlant de vos égarements. Ils prétendaient connaître votre nature intime et vous disaient très épris de vos mignons. De toute façon, vous n'avez aucune indiscrétion à craindre de moi. Jamais je ne révélerai à quiconque l'orientation de votre sensualité. Pour preuve de ma bonne foi, je vous aiderai à faire taire les calomnies et constituerai un rempart contre vos détracteurs.

— Quelle femme es-tu donc ? l'interrompit Ibrahim qui reprenait peu à peu ses esprits. Tu te préoccupes de ton avenir, mais as-tu éprouvé de la pitié lorsque j'étais enfermé dans la

Cage ? Je sais tout de toi ! Tu es ma sœur adoptive et favorite de ce fourbe d'Amurat. Pendant des années, tu as œuvré pour toi-même et pour l'enfant mâle que tu espérais obtenir de mon frère. N'as-tu pas conseillé à Amurat de me pervertir afin de m'empêcher de procréer ? Tu voulais m'éloigner des femmes. Avec l'accord d'Amurat, tu as affecté au service de la Cage des pages et des domestiques connus pour leurs goûts masculins. D'évidence tu espérais que je forniquerais avec ces mignons. J'ai feint de m'accommoder de ces hommes. Discrètement, je réussis à me soustraire à leurs assiduités amoureuses et à les utiliser comme indicateurs. Grâce à eux, je fus tenu au courant de la vie des locataires de Topkapi. Du fond de ma cellule, je connaissais le moindre de tes faits et gestes. J'ignore par quel moyen tu as envoûté mes sens, mais cette rencontre sera la dernière. Je ne te reverrai plus !

Ces propos furent une réelle déconvenue pour Tarchane. En proie à la plus vive émotion, elle chercha avidement un signe de clémence sur le visage d'Ibrahim, mais n'y surprit que haine et mépris.

— Vous me croyez ambitieuse, dissimulée et cruelle. Or je ne suis rien de tout cela. Votre mère n'est pas étrangère aux tourments qui vous ont accablé. C'est elle qui m'a forcée à assouvir les besoins bestiaux de votre frère... Je ne me soustrairai pas à votre punition. Seulement je désire un père pour mon enfant. Soyez-en le protecteur et je vous serai éternellement reconnaissante. Je vous en supplie ! Ne me chassez pas. Je suis en mesure d'effacer mes fautes. Peut-être pourrai-je m'occuper de vos plaisirs ? Je donnerai de l'entrain à ce palais. J'enchanterai votre vie de fêtes et de danses. Bientôt votre emprisonnement ne sera plus qu'un murmure du passé.

A ces mots, Ibrahim scruta Tarchane d'un regard lourd de reproches.

— Tu n'as jamais été victime de la validé, répliqua-t-il avec une ardeur redoublée. Pendant des années, tu as été l'inspiratrice secrète du règne d'Amurat. Le seul tort de ma mère a été de t'adopter et de ne pas avoir révélé à mon frère l'entière vérité. Il n'empêche que la validé s'est jouée de moi. De peur de me voir assassiné, elle a permis à Amurat de m'enfermer. Loin de la remercier pour ses efforts, je n'éprouve que de la répulsion pour elle. C'est pourquoi je ne prendrai aucun repos avant de ruiner ses plans et d'affaiblir son autorité. Dans cette lutte, tu seras mon alliée, mon espionne, et pourquoi pas, la surintendante de mes plaisirs. Cependant tu dois mériter ma clémence. Tu veilleras à m'apporter des sensations nouvelles et à me procurer des vierges bien en chair pour lesquelles j'ai toujours eu une préférence. Tu auras toute liberté pour tes ébats et il en sera de même pour moi. Mais nous donnerons à la validé l'image d'un couple uni et amoureux.

Tarchane chercha à se convaincre qu'elle n'avait plus rien à redouter, mais elle n'y parvint pas. Que cachait le revirement d'Ibrahim ? Etait-il possible que le sultan lui eût pardonné ses accointances avec Amurat ? Toute joie se retira de son cœur à l'idée qu'elle pouvait être manipulée. Embarrassée et inquiète, elle se garda néanmoins de montrer ses doutes et balbutia des remerciements interminables.

— Je n'en attendais pas moins de Votre Majesté, dit-elle. Au harem, je serai vos yeux et vos mains. Pas un événement ne vous échappera. Puisse Allah être remercié, car notre passé est mort à jamais.

Bien loin de penser à tout ce qui allait leur arriver, « la vierge » et « le mignon » se donnèrent l'accolade.

Les jours suivants, ils ne se quittèrent pas une seconde. Ils paressaient au lit, se réveillaient à midi, feignaient d'être si amoureux que les dames de la cour crurent à leur harmonie conjugale.

Ibrahim, pour qui cette union fut d'abord une parodie grotesque, s'attacha peu à peu à Tarchane dont la complaisance et la fierté ombrageuse l'intriguaient. Le 7 septembre, il assista en personne à l'accouchement de la favorite et la félicita lorsqu'elle mit au monde un gros et vigoureux garçon. Pour sauver les apparences et dissiper les doutes quant à sa paternité, il porta la naissance à une date ultérieure et la fit enregistrer officiellement un an plus tard. Il prêta une attention particulière au nourrisson qu'il surnomma Mahomet en hommage au Prophète.

Ayant réglé ce problème au mieux de ses intérêts, il chercha comment il pourrait contrecarrer la politique de sa mère. Il savait la validé désireuse de détruire la puissance du chah d'Iran. Pour l'empêcher de réaliser cet objectif, il prit une décision sans appel : il déclara la guerre à Venise. Pas une fois il n'avait lu les rapports de son état-major, opposé à une telle expédition. D'après leurs comptes rendus, l'armée n'était pas prête. Mais il ne s'en soucia pas. Jaloux des succès militaires d'Amurat, il crut bon de jouer au général et se mêla d'affaires pour lesquelles il n'avait aucun talent.

Le 24 février 1645, une flotte turque de trois cent quarante-huit voiles assiégea l'île de Crète, qui appartenait à la Sérénissime République. C'était le commencement d'une guerre interminable qui allait mettre l'Empire en danger et réduire à néant les efforts de Kossem.

19

Quand un huissier placarda sur les murs du harem impérial la liste des militaires morts en Crète, Kossem eut le cœur serré d'un effroyable pressentiment. Elle descendit de sa chambre, parcourut l'affiche, et poussa un soupir de soulagement de ne pas y trouver le nom de Begtache.

— La guerre contre Venise se révèle désastreuse, lui expliqua l'huissier. Nos colonels se couvrent de honte, incapables de s'emparer de cette petite île ! Les soldats ont même failli se révolter. Sous prétexte qu'on enterre les morts tombés au champ d'honneur dans une île chrétienne et impie, ils ont obligé leurs supérieurs à entasser les dépouilles de leurs compagnons d'armes dans la soute des galères, et à les ramener à Istanbul pour y recevoir une sépulture musulmane. Depuis ce jour, les officiers alignent les leurs sur la place aux Chevaux, près de la Mosquée Bleue, où ils recevront une dernière fois l'hommage de la population.

Sitôt remontée dans ses appartements, la validé devint folle d'anxiété. Inéluctablement, ses pas la conduisaient vers les fenêtres grillagées d'où elle découvrait la fameuse place. Qui sait si son amant n'y était pas étendu, privé de vie ? N'y tenant plus, elle décida de se rendre à l'esplanade pour bien s'assurer que Begtache ne figurait pas parmi les morts. Elle échangea ses atours contre un tchador de femme du peuple, et quitta le palais.

Ce ne fut pas sans une intense émotion qu'elle atteignit la place, quelques minutes plus tard. Son attention se porta sur les centaines de dépouilles enveloppées dans des linges blancs, et alignées les unes à côté des autres. Tout autour, des religieux psalmodiaient, insultaient les chrétiens, leur promettaient une prompte vengeance qui verrait l'Islam déferler sur l'Occident. Près d'eux, des pleureuses balançaient leur tête en mouvements convulsifs et agitaient des braseros d'encens dont les odeurs prenaient à la gorge.

Avec une raideur qui trahissait son âge, Kossem s'agenouilla devant chaque cadavre, à la recherche de ce corps tant aimé qui lui avait fait connaître le bonheur. Parfois elle enlevait les bandages et les draps afin de mieux discerner les traits. Les visages décomposés se succédèrent devant elle à une cadence hallucinante.

A la tombée de la nuit, épuisée et au bord de la nausée, elle regagna le sérail, où de sombres pensées l'agitèrent. De n'avoir pas trouvé Begtache parmi les morts la rassurait à peine. L'angoisse de le savoir promis, un jour ou l'autre, à un destin funeste, la priva d'appétit et de sommeil. Tout était embrouillé dans son esprit lorsqu'elle fit appeler Saut de Biche dans sa chambre à coucher. Jamais l'eunuque n'avait vu sa maîtresse aussi tendue.

— Je t'avais demandé de t'occuper personnellement de Begtache Agha, s'emporta-t-elle, sur un ton qui frisait l'exaspération. A cause de ton incapacité, il a été appelé à se battre en Crète. Or je t'avais supplié de le retenir à tout prix à Istanbul. Tu sais fort bien quelle place Begtache occupe dans mon cœur, mais chaque fois que je rencontre un peu de bonheur, tu t'acharnes à le détruire. Pourquoi détestes-tu cet homme à ce point ?

— Je n'ai aucune raison de le haïr, ni d'ailleurs de l'aimer, répondit Saut de Biche. Comme vous m'en avez prié, j'ai soudoyé les colonels de l'armée de Crète afin qu'ils tiennent Begtache en réserve et le mettent à l'abri. L'officier croit à une trahison de la part de ses supérieurs. Il les accuse d'être jaloux de sa bravoure, et il entreprendra tout pour obtenir la permission de participer au siège. L'officier a juré fidélité à l'armée, et aucune musulmane, fût-elle impératrice, ne pourrait le délier de son pacte. Je vous l'assure, Begtache est un guerrier imprévisible, sur lequel il ne faut pas compter. Il est à l'image de ses babouches ferrées à l'envers, qui lui permettent, pendant la bataille, de tromper ses poursuivants sur la direction prise et de leur échapper. Au fond il n'aspire qu'à une fin héroïque. Avant les combats, ne va-t-il pas jusqu'à orner les plis de son turban de pétales de soucis, emblèmes de la mort ? Je le répète à Votre Hautesse, ce militaire me semble indigne de votre intérêt. La seule chose qui le rende remarquable est sa discrétion à votre égard, car pour le reste, je l'estime incapable d'un talent quelconque... Depuis des mois, la présence de cet homme à vos côtés a faussé votre jugement et amoindri votre lucidité. Or votre devoir est d'être une mère pour votre peuple. Il vous faut marcher vers votre but sans vous laisser distraire par rien, détacher votre esprit de la chair et l'élever vers l'infini. Jamais sultane n'eut un génie d'une aussi grande étendue dans le gouvernement d'un empire que vous, et pourtant, je vous sens prête à tout sacrifier. A quoi vous exposeriez-vous si vos ennemis découvraient votre liaison ? Non seulement vous mettriez votre vie en danger, mais également celle de Begtache. Ses supérieurs ne lui pardonneraient jamais d'avoir rompu la loi de chasteté de l'ordre des janissaires, et vous regretteriez alors de ne pas m'avoir écouté.

Incapable de se contenir, Kossem alla s'asseoir dans son *pitambaki,* sorte de lit serti d'une myriade de perles lactées et sur le rebord duquel était posé le sceau des validés, une main noire en plomb fondu que deux eunuques devaient soulever pour sceller les papiers de l'Etat.

— Ta langue trop bien pendue te fera perdre la vie, Kislar, dit-elle, le visage assombri. Tu te trompes au sujet de Begtache. Il y a en lui quelque chose de net et d'incorruptible. De ma vie je n'ai vu d'homme aussi franc, dégageant une telle puissance, une pareille intégrité. Il est la seule personne qui me rattache à ce monde. Son odeur, son corps musclé, ses tatouages en demi-lunes, même la fossette qu'il a au menton, sont inscrits dans mes sens. Tu ne peux pas comprendre, Saut de Biche, je n'ai vraiment existé qu'avec lui. Son sang est le mien, et l'éternité ne suffirait pas à assouvir notre passion.

— S'il est aussi honnête que vous le décrivez, pourquoi brigue-t-il le commandement suprême de l'armée ? demanda l'autre avec une douceur trompeuse. Grâce à votre appui, il espère devenir chef d'état-major, et même *seraskier* (généralissime), afin de mieux protéger ses compatriotes grecs.

— Peu m'importe ! Je le veux en vie, et auprès de moi à Istanbul ! Nous devons entrer dans son jeu, faciliter son avancement. Elevé à un rang prometteur, cantonné dans le quartier des officiers supérieurs, il sera à l'abri des boulets et des dangers de la guerre !

— Pour cela, il faudrait que son supérieur, le vieux pacha Mourad, disparaisse ou soit relevé de ses fonctions.

Intéressée par ce détail, l'impératrice feignit de solliciter l'avis de Saut de Biche sur la conduite à tenir.

— Ne pourrait-on rien entreprendre en ce sens ? interrogea-t-elle avec une légèreté bien peu en rapport avec ses véritables pensées. Le pacha Mourad, me dis-tu, se fait vieux. En ce cas, offre-lui la perspective de terminer une vie bien remplie dans un palais d'été du Bosphore. Soudoie-le par quelque bakchich. Prélève sur ma cassette personnelle tout ce dont tu as besoin. Mes coffres te sont ouverts, mes bijoux t'appartiennent, et si l'assassinat du pacha s'avère inévitable, n'hésite pas. Fais-le tomber dans une embuscade dont il sera aisé d'accuser les chrétiens de Crète. Tu m'entends ! Aucune vie humaine ne doit avoir de prix quand il s'agit du sort de mon bien-aimé. Effendi et Grand Commis de l'Etat, mon ami, il te faut obéir aveuglément et ne pas chercher à te dérober. Tu sais combien je prends soin de ceux qui me servent avec dévouement. Si tu réussis, ma reconnaissance n'aura pas de limites.

A ces mots, l'eunuque se raidit et ses paupières battirent d'effroi. Il aurait voulu tout dévoiler de son animosité à l'égard de Begtache, mais il ne laissa paraître aucun sentiment, se taisant chaque fois que la discussion prenait une tournure dangereuse. Convaincu de ne pouvoir fléchir la validé, il lui adressa un regard destiné à lui faire comprendre qu'il capitulait sans conditions ; il lui promit de la tenir informée, s'inclina cérémonieusement, la main droite pressée sur le cœur, et prit congé.

Chemin faisant, il se demanda comment diable la validé avait constaté son animosité à l'encontre de Begtache. Ah ! comme il haïssait cet officier arriviste et médiocre ! A cause de lui, la Grecque s'amollissait dans la volupté et renonçait à ses devoirs de souveraine. La malheureuse pensait avoir suscité un amour fou et désintéressé. Ne voyait-elle pas que son amant se servait d'elle pour libérer les siens et obtenir le grade le plus élevé de l'armée ? Mais, lui, l'eunuque, se jurait de faire retrouver à sa maîtresse la voie de la raison.

Au lieu de corrompre le vieux pacha Mourad, il exigerait des colonels qu'ils ne ménagent pas Begtache et l'exposent à une mort certaine. Alors la validé, libre de toute idylle, redeviendrait un sanctuaire sacré, à l'abri des intrigues et des indiscrétions. Cette décision, à peine formulée dans son esprit, remplit l'eunuque d'un trouble difficilement supportable. Eliminer Begtache ? Mais autant tuer Kossem ! Non, à son avis, le meurtre ne représentait pas une solution idéale, car il avait conscience que la souveraine, privée de son amant, commencerait à descendre la pente et ne la remonterait plus. Il lui fallait donc retarder cet assassinat, réfléchir sur le sort à donner à l'officier. Avec le temps, il obtiendrait plus que par l'usage du poignard et du poison. Peut-être la fascination que Kossem ressentait à l'égard de Begtache changerait-elle, mais de cela il n'était pas très sûr, car la validé nourrissait pour son compagnon un véritable culte. Il n'y avait rien d'étonnant à cela. Même au sein de l'armée, l'officier comptait bien des admirateurs. On évoquait son indéniable beauté, son corps d'athlète, ses luttes à main plate et les bracelets de ses poignets où des entailles indiquaient des dizaines d'ennemis tués au combat. D'autres plus informés le surnommaient *soudkeur,* outil viril, car le médecin militaire qui avait circoncis Begtache à l'âge de quinze ans, ne manqua pas de s'extasier sur les dimensions déjà prodigieuses de son anatomie. En songeant à tout cela, l'eunuque se demanda s'il n'éprouvait pas quelque sentiment de jalousie. Lui était austère, dépourvu de tout ce qui fait un homme, et il enviait l'officier d'être en mesure de susciter la passion d'une aussi grande souveraine que Kossem.

Livré à ses réflexions, il ne s'aperçut pas qu'il venait d'arriver dans ses appartements. Rien ni personne ne l'y attendaient, et le silence qui régnait partout lui fit éprouver un affreux sentiment de solitude. Il se vit couché sur son petit lit de fer, sans une main de femme pour le caresser, sans une voix amie capable de le réconforter. Bien sûr, une demoiselle d'honneur de Tarchane, répondant au nom de Pertévalé, avait retenu son attention, mais la jeune coquette le traitait avec une froide civilité et ne lui accordait même pas une inclinaison de la tête.

Soudain des éclats de rire le firent bondir à sa fenêtre. Derrière les moucharabiehs, il distingua Pertévalé qui se promenait dans les jardins du Merle et de la Cerise, suivie de ses compagnes et de ses guépards, qu'elle nourrissait de morceaux de gazelle imprégnés d'opium. Ses cils emperlés et ses joues adoucies à la pâte d'amande le troublèrent une fois de plus, et l'envie de s'approcher d'elle le saisit.

Quand l'odalisque l'invita à se joindre à elles, il fut incapable de résister à cette invitation inattendue et la retrouva peu après, dans la cour des Favorites, non loin des célèbres fontaines à Thé.

Là, Pertévalé se montra familière, enjouée, se tenant si près de lui qu'il sentit sur ses joues son haleine parfumée à la noix d'arec. Non seulement elle le persuada qu'elle était consentante à ses avances, mais elle le pria de la visiter dans sa chambre, à la nuit tombante.

La prière du soir achevée, l'eunuque s'engagea dans le quartier des Fauvettes, principal dortoir des vierges, et concevant à peine le risque qu'il prenait, s'introduisit dans l'alcôve de la belle. Les cires en étaient éteintes, les rideaux tirés, le plafond si bas qu'il lui fallut presque plier les genoux.

Un moment s'écoula avant que Pertévalé n'apparaisse à son regard. Le cœur serré d'émotion, il s'approcha d'elle et s'apprêta à lui murmurer des mots doux. Mais au moment où il se montrait entreprenant, les compagnes de Pertévalé, qui s'étaient dissimulées jusque-là dans les armoires et sous le sofa, sortirent précipitamment de leur cache, encerclèrent l'eunuque, l'abreuvèrent de moqueries obscènes, le tournèrent en dérision pour avoir osé porter le regard sur l'une d'elles.

Horrifié d'avoir été trompé de la sorte, le Gardien des vierges s'éloigna à toutes jambes, les yeux brûlants de larmes, bredouillant d'incohérentes phrases de douleur, plein d'une humiliation qu'il n'avait pas ressentie depuis bien longtemps.

Le lendemain, Pertévalé prit conscience des conséquences possibles de sa mystification ; elle savait les eunuques rancuniers et cruels lorsqu'on portait atteinte à leur orgueil. Par crainte de représailles, elle supplia Saut de Biche de l'écouter, lui jura que ses camarades, jalouses de son affection, avaient décidé de la ridiculiser et de nuire à leur amour. Néanmoins elle se faisait fort d'effacer le désagrément de la nuit précédente, à condition que l'eunuque oublie sa rancœur et la rejoigne dans sa chambre, après la relève de la Garde Voilée.

Au lieu de la rabrouer comme il en avait la ferme intention, Saut de Biche se força à lui sourire, ravala les répliques cinglantes qui lui venaient aux lèvres et feignit d'acquiescer à la demande de la jeune femme. Plutôt que de bannir la coupable, il opta pour une solution plus brutale. Afin de mieux l'humilier, il lui déroberait son bien le plus précieux : sa virginité. Si lui ne pouvait la déflorer, un *spadone*, autrement dit un Africain incomplètement émasculé, s'en chargerait. Il connaissait un certain Goutte de Musc qui, affecté aux appartements du sultan, aurait tôt fait de s'introduire chez les femmes et d'en contenter une. C'était un homme de haute taille, à l'apparence puissante et brutale. L'opération de castration partielle dont il avait été victime dans son enfance, avait monstrueusement développé ses attributs virils.

Saut de Biche mit son plan à exécution. A l'insu des gardes, il introduisit Goutte de Musc dans le harem et lui indiqua comment il prendrait sa place et séduirait Pertévalé.

Privé d'étreintes depuis longtemps, le spadone fondit sur sa proie avec une violence inouïe, la renversa sur le sofa, lui arracha ses vêtements et éclata de rire lorsqu'elle tenta de se débattre. De son sexe turgescent qu'on aurait dit appartenir à un géant, il la déflora et lui fit l'amour sauvagement.

Les compagnes de Pertévalé, qui, une fois de plus, s'étaient dissimulées dans la chambre, en sortirent épouvantées. Craignant que le spadone ne s'en prît à elles, elles crièrent à la garde et alertèrent Tarchane, dont elles étaient les demoiselles d'honneur.

La fille de Kossem surgit à la tête de ses cerbères armés de sabres à trois tranchants, et surprit Pertévalé perdant le souffle sous les coups de boutoir que lui infligeait le spadone.

Loin de s'alarmer, Goutte de Musc adopta devant la nouvelle venue une attitude provocante, la déshabillant des yeux, les coins de la bouche relevés en un rictus inquiétant.

Emmitouflée dans un châle blanc ayant appartenu à Fatima, la fille du Prophète, la favorite serrait dans son poing un fouet en cuir de Cordoue. Derrière elle, se tenaient ses *dilssiss* ou Avale-Parole, qui émettaient des sons atrophiés. Formant un croissant avec le pouce et l'index, les muets lui demandèrent s'ils devaient mettre à mort le coupable en l'étranglant de leur lacet enduit de savon de foulon. Contre toute attente, Tarchane leva les paumes des mains en signe de clémence et les pria de se retirer. Une fois seule, elle se sentit incapable de résister à la sensualité animale qui émanait du spadone. Son torse noir zébré de sueur et son pagne, qui mettait en relief des contours éléphantesques, l'impressionnèrent. Sans chercher à déguiser sa convoitise, elle lui enjoignit de se rhabiller et lui fit observer qu'il gagnerait à la suivre dans ses appartements.

Ce dont elle se souvint, ce fut la rapidité avec laquelle elle le mena dans sa cité appelée *le domaine où personne ne peut se rendre*. Rien n'était plus ambigu que les alcôves dans lesquelles elle entra. Bien que le coran fût le seul livre autorisé au harem, elle avait disposé sur des banquettes des livres gênois obscènes. Les murs, qu'elle prit à peine le temps de regarder, étaient couverts de graffiti érotiques. Devant elle s'élevait un lit à trois étages entouré de rideaux, où elle disposait les hommes et les femmes selon leurs capacités sensuelles. Les parois du baldaquin étaient en mélasse de sucre de Candie. Une température constante les empêchait de devenir visqueuses de sorte que, si elle était poussée par la gourmandise, Tarchane pouvait les laper de la langue à toute heure de la journée et se passer des services des domestiques. Alentour, les murs étaient construits en briques translucides ajustées les unes aux autres par des liants d'argile claire, ce qui conférait à l'ensemble de son boudoir l'image d'un véritable palais de glace.

Ses suivantes l'ayant dévêtue, Tarchane entraîna le spadone par la main, souleva le rideau de son sofa et s'enfonça dans une multitude de coussins satinés où l'attendaient des dames d'âge mûr et des eunuques déguisés en femmes. Des matrones la massèrent, écartèrent ses jambes, enduisirent son hymen de hachisch, puis, dans un détachement absolu, la retournèrent sur le ventre, dilatèrent son séant en y introduisant de la crème de

Gênes. D'une pression sur l'épaule, elles ordonnèrent au spadone de chevaucher la favorite dans la position « nac-nac », pourtant interdite par la bienséance musulmane, et de la contenter par la « deuxième porte de l'amour ». Au préalable, elles imprégnèrent son membre prodigieux d'huile de castor et l'enveloppèrent d'une membrane en boyau de mouton aminci. Tout en lui faisant mâcher des écorces aphrodisiaques de Java, elles disposèrent autour de lui des braseros d'opium dont l'inhalation l'étourdit. Elles le prévinrent que l'étreinte ne devait pas durer moins de trois heures, vingt minutes, dix secondes, conformément aux traditions du harem.

Dès que le colossal spadone la recouvrit de son fléau et de ses bras immenses, Tarchane eut la sensation qu'un feu brûlant entrait avec lui. Ressentant douloureusement les étapes de la pénétration du barbare noir, elle rejeta sa tête en arrière en un spasme impressionnant, se cambrant, cherchant son souffle. Quelques heures plus tard, quand elle eut été possédée par les deux portes de l'amour, le *kouss* et le *tobol*, elle parvint à peine à se relever tant son corps n'était que souffrance, mais elle éprouva de la joie à l'idée d'avoir découvert un partenaire aussi prometteur. Peut-être même pourrait-elle introduire dans sa chambre les compagnons du spadone qui, jusque-là affectés aux appartements de son triste époux Ibrahim, lui serviraient de gardes du corps et la contenteraient chaque fois qu'elle le souhaiterait ? Pour cela, elle décida de s'adjoindre le concours de Saut de Biche, et au besoin d'user de chantage.

Au matin, lorsqu'elle fit mander le Gardien des vierges, elle passa sans transition de l'état de courtisane à celui d'une dame irréprochable, virginale dans ses voiles blancs, allongée sur une ottomane, derrière un paravent japonais qui filtrait les rayons du soleil. Avec ce manque de tact qu'elle prenait pour de la distinction, elle menaça tout d'abord l'eunuque de le dénoncer à la validé, puis lui accorda son pardon, à la condition qu'il permette aux quatre-vingts compagnons de Goutte de Musc, des spadones eux aussi, de passer du quartier du sultan au sien.

Désireux de ne pas s'attirer les foudres de Kossem, Saut de Biche perdit son sang-froid et accepta tout ce que Tarchane exigeait de lui.

Dès lors, une centaine de spadones au pagne généreux, aux muscles déliés, s'infiltrèrent clandestinement dans le harem. Là ils semèrent le désordre, séduisirent les vierges et les empoisonnèrent dès qu'elles cessèrent de leur plaire.

Pendant des jours, Saut de Biche se sentit le plus désespéré des esclaves et traversa une période de crainte indescriptible. Le fait d'avoir favorisé l'entrée de tels paillards le submergeait d'un terrible sentiment de culpabilité. Peu à peu, il s'enfonça dans un engourdissement dont rien ne l'arracha. Jusqu'alors l'espoir et les rêves l'avaient soutenu dans ses épreuves. A présent le monde n'avait plus d'intérêt pour lui. A peine s'il prêta attention au traité de paix qu'Ibrahim venait de signer inconsidérément avec le chah d'Iran.

Les jours, puis les semaines s'écoulèrent sans que rien ne survînt. Au moment où le harem donnait une fête, en l'honneur de la réconciliation de l'Iran et de la Turquie, Saut de Biche s'arma de courage et se rendit chez Tarchane, avec la ferme intention de ne plus lui obéir et de chasser les spadones du palais.

Arrivé dans les appartements de la favorite, il surprit Tarchane recevant furtivement l'ambassadeur d'Iran et lui remettant un pli. Ce qui ne manqua pas de le surprendre, ce fut la manière dont elle jetait des regards inquiets autour d'elle, comme si elle craignait d'être découverte. S'étant dissimulé, l'eunuque chercha par quel moyen il pourrait satisfaire sa curiosité et prendre connaissance de la missive. La peur le pénétrant jusqu'à la moelle, il suivit le plénipotentiaire persan qui s'apprêtait à quitter Topkapi, le rejoignit et le retint, à force d'amabilités, dans les jardins où avait lieu un somptueux feu d'artifice. Au cours de la collation, il soudoya un valet qui, avec une habileté exceptionnelle, déroba la lettre et la lui remit quelques instants plus tard.

Ce qu'il lut effraya Saut de Biche, car le pli tenu entre ses mains n'était autre qu'un message écrit par Tarchane à l'attention du chah d'Iran en personne.

De la part de Tarchane, kadine-ul-mestourat (princesse des Têtes Voilées), au Chah, roi des rois, dont le ciel augmente la gloire.

Les souhaits de bons et parfaits sentiments dans lesquels vous me témoignez d'être par votre auguste lettre de ce mois, me comblent de ravissement. Votre humble servante vient de réparer le mal que ma mère vous a causé depuis tant d'années. Bien qu'elle ait supplié son fils, le sultan Ibrahim, de se mettre à la tête de l'armée et de marcher sur votre capitale, la validé n'a pu empêcher le traité de paix de voir le jour entre nos deux états. Le sultan, que j'ai envoûté de mes charmes, est mon otage. Je l'ai convaincu de contrarier les plans de la validé, de se réconcilier avec Votre Haute personne et de continuer la guerre contre les chrétiens de Crète — puisse Allah les confondre et les plonger dans le néant d'où ils n'auraient jamais dû sortir !

Le sultan Ibrahim, mon époux, ne voit que par moi. Chaque nuit, je dissimule un coussin d'opium dans le lit impérial afin qu'il en respire les effluves pendant son sommeil. L'air saturé de hachisch et de suc de pavot l'endort et le met à ma merci. Pour mieux le soustraire aux conseils de la validé, je lui offre toutes sortes de distractions et rend l'ambiance de ses kiosques étourdissante de gaieté. Ne lui ai-je pas suggéré de construire, sur la rive européenne du Bosphore, la Cité des Hommes où aucune femme, excepté mon humble personne, n'aura ses entrées ? De même lui ai-je demandé d'abandonner Topkapi, d'habiter la Cité des Hommes, d'y donner ses audiences et d'y regrouper les services gouvernementaux. En procédant ainsi, je rends la sultane Mahpeïker moins influente sur le Divan et incapable de s'occuper des affaires de l'Etat.

Sans que la validé s'en doute, j'ai déménagé une partie du mobilier de Topkapi. Même le trône de nacre rosée, ramené de Bagdad, a été déposé dans la cour d'apparat de la Cité des Hommes. Bientôt Topkapi ne sera habité que par des femmes, et fatalement voué à l'oubli.

Votre Majesté trouvera ci-jointes l'évaluation des forces militaires turques et la situation financière de l'Empire rédigées de mes modestes mains.

Je prie Dieu pour qu'il vous aït en sainte garde et vous invite à acheminer vers mon humble demeure la récompense promise de cent mille aspres d'or, des chapelets d'opale d'Ormuz, des essences de Kachane, du musc d'Ispahan, toutes choses dont votre royaume est si merveilleusement apanagé.

Quoique stupéfait par ces lignes, l'eunuque comprit aussitôt le parti qu'il pouvait tirer de ce message. Maintenant qu'il détenait une preuve accablante, il préférait manger des navets à Lesbos, île de l'exil, ou être jeté dans la Citerne de l'Oubli, plutôt que de se taire. La validé, quand elle apprendrait sa machination, le maudirait forcément, mais le bien qui résulterait de sa confession lui éviterait le pire.

La route de Jade, plantée d'arbustes d'Alep, lui permit de s'engager dans le sanctuaire des validés. Sans rendre les saluts qu'on lui adressait en cours de chemin, il s'introduisit dans la chambre de l'impératrice, et se prosterna aux pieds de sa maîtresse, les paumes des mains tendues vers elle, en guise de pénitence. Les joues enflammées, le cœur serré d'émotion, il narra, à phrases saccadées, l'introduction des spadones, la part qu'il y avait prise, et comment Tarchane faisait pression sur lui.

Kossem fut effarée de le savoir mêlé à une affaire aussi sordide. Oublieuse des bienfaits qu'il lui avait prodigués autrefois, elle le fixa haineusement.

— Tu n'es plus digne de mon estime, Kislar. Tu t'es servi de mon amitié pour commettre ton forfait. Je te retire ma confiance.

Elle se rappela soudain sa réticence à sauver la vie de Begtache et se demanda s'il ne s'apprêtait pas à commettre quelque mauvaise action à l'encontre de son amant.

— Me fier à toi est un luxe que je peux difficilement me permettre, ajouta-t-elle. Peut-être m'as-tu trompée au sujet de Begtache ? Ne t'avais-je pas demandé, il y a quelque temps, de lui faire quitter la Crète dans les plus brefs délais ? S'il lui arrivait malheur, je te briserais, je t'exilerais dans la province la plus éloignée de l'Empire. Abandonne ton projet de l'exposer aux dangers de la guerre. Tes relations au sein de l'armée te permettront de te procurer des laissez-passer et un ordre de mission enjoignant à Begtache de rallier la capitale et de retrouver la caserne Mouradiyé. Veille à ce que l'officier ne se doute de rien. Il doit ignorer mon intervention. Mon pardon est à ce prix.

— C'est ainsi que vous me traitez ? rétorqua Saut de Biche désespéré. Pendant vingt ans, vous m'avez utilisé sans pitié pour l'accomplissement de vos folles ambitions. Aucun eunuque n'a souffert autant que moi, et cela par votre faute. Ai-je parlé lorsque je me suis substitué à mon cousin, le gouverneur du Vieux Sérail ? Ai-je dit un mot quand vous vous glissiez dans la chambre des Plaisirs ? Savez-vous seulement que j'ai favorisé vos escapades nocturnes, éliminant les favoris qui auraient pu vous trahir, étouffant toute indiscrétion ? Vous blâmez ma quête d'amour, mais je vous ai constamment sauvée de la servitude. Et aujourd'hui, vous êtes prête à m'éliminer sans remords.

Excédée, elle le gratifia d'un demi-sourire moqueur et, cruelle, lui fit clairement comprendre que ses plaintes ne la concernaient pas.

— Exécute mes instructions à la lettre, poursuivit-elle, et ne reviens pas ici avant d'en avoir reçu l'ordre.

Comme il ne reculait pas d'un pouce, elle s'irrita.

— Te retireras-tu à la fin ? lui demanda-t-elle en lui lançant un regard féroce.

Pour toute réponse, il sortit de la poche de son caftan la lettre de Tarchane adressée au chah, et la lui remit.

Kossem, intriguée, la lut avec fébrilité. Un instant, elle demeura sans force ; elle serra ses mains, s'efforça d'en contrôler le tremblement, et sa gorge se refusa à laisser passer le moindre son. Puis, dans un accès de colère, elle jeta à terre tous les objets qui étaient à sa portée, en traitant sa fille de tous les noms. Aveuglée par la rage, elle n'aperçut pas Saut de Biche qui ramassait la lettre et la dissimulait dans sa poche.

— Que le démon emporte cette Tarchane pour laquelle je me suis tant dévouée ! vociféra-t-elle. Pourquoi ne l'ai-je pas laissée s'ensevelir au Vieux Sérail ? Au lieu de cela, ne lui ai-je pas permis d'accoucher à Topkapi d'un bel enfant ? Et comment me remercie-t-elle ? En contactant le chah, le pire ennemi de la Turquie, afin de lui proposer ses bons offices !

Autrefois, la validé n'aurait jamais condamné Tarchane avant de l'avoir interrogée, mais aujourd'hui, une telle considération ne la préoccupait plus. Elle scruta Saut de Biche, refusa d'écouter les excuses qu'il s'apprêtait encore à formuler, et lui signifia son intention de bannir sa fille de Topkapi et de l'exiler à Rhodes à la fin du mois.

— O Renarde ! s'exclama-t-elle comme si Tarchane se trouvait devant elle, tu voulais me voler, mais qui, de nous deux, sera trompée davantage ?

Pas un instant Kossem n'aurait imaginé que Tarchane entendait sa conversation grâce à un long tuyau acoustique placé à l'intérieur du placard voisin. Assise sur une ottomane, la jeune favorite tremblait, effrayée par la décision de sa mère adoptive. Près de la validé, elle se sentait comme un enfant coupable face à un juge impitoyable. Pourquoi Kossem ne s'apercevait-elle jamais de ses mérites et ne remarquait-elle que ses fautes ? La validé ne se rendait pas compte que c'était sa sévérité qui provoquait ses maladresses et sa hargne. Tarchane se ressaisit. Par tous les moyens, elle demeurerait à Topkapi. Personne ne l'en délogerait.

Deux semaines après avoir entendu Kossem décider son bannissement à vie, elle décida de recevoir au harem les quatre ennemis jurés de la validé, à savoir le juge de Médine, le Premier lecteur du Livre Sacré, le Grand censeur d'Istanbul et le Deuxième recteur du Caire, rendus célèbres pour leurs dix pèlerinages à La Mecque. Son objectif ? Obtenir de ces oulémas une autorisation musulmane (*fetwa*) qui permettrait d'assassiner Ibrahim pour crimes contre nature, de reléguer Kossem dans les ténèbres d'une prison et de hisser son fils Mahomet au pouvoir.

Bien décidée à se montrer sous son côté le plus pieux, elle se dépouilla de ses colifichets, enveloppa sa petite taille dans un manteau en poil de chameau, dissimula ses cheveux blonds et atténua l'éclat de ses yeux bleus.

Les quatre oulémas lui rappelèrent les vieilles gouvernantes de la pension Yédikoulé. Un immense couvre-chef coiffait leur tête rasée, et leurs gestes étaient lents, onctueux, en accord avec leur rang de pairs de l'islam.

De la main, la favorite les pria de s'asseoir sur une banquette placée à une distance respectueuse, puis dirigea la conversation comme elle l'entendit.

— Vous avez devant vous une femme bafouée et trompée, dit-elle en crispant ses lèvres qui ne souriaient jamais. Depuis des mois, le sultan Ibrahim ne daigne pas m'honorer de sa présence. Il demeure la nuit avec des hommes repoussants et satisfait leurs moindres caprices. Au harem, des entremetteuses lui fournissent des éphèbes et de grosses femmes pour qui il a une prédilection, compromettant ainsi la majesté du trône. La validé, ma triste mère, entend m'exiler à Rhodes et me déclarer incapable d'élever décemment mon fils, le prince Mahomet. Elle prétend m'avoir adoptée alors que j'étais en bas âge et désire résilier cette adoption pour me priver de mes droits. Pour mieux s'emparer du pouvoir, cette créature pousse son fils à la débauche et excuse ses excentricités les plus folles. A cause d'elle, l'esclave méprise le maître, l'épouse le mari, le chrétien le musulman. Après avoir bâti sa vie sur le mensonge, les vices et la supercherie, elle fait divorcer les femmes maltraitées par leurs époux, se substitue aux cadis, permet aux eunuques d'adorer leur dieu africain Yavroubé, et offre huit mâles robustes à des vieilles qui l'ont autrefois nourrie et secourue au Vieux Sérail. Ses péchés sont si nombreux qu'il faudrait une année pour en faire le tour.

— C'est la vérité qui parle par votre sublime bouche, l'interrompirent les oulémas. A nos yeux, la validé a commis des crimes sans précédent. Néanmoins nous la savons capable de faire front à n'importe quelle situation. Elle dispose d'appuis considérables parmi le peuple et les gouverneurs des provinces. S'en prendre à elle, c'est s'attaquer à la Turquie !

— Les propos que vous tenez ne sont pas dignes de vous, protesta Tarchane. La validé est diabolique, certes, mais elle le sera davantage si vous n'y mettez pas un terme. Allez-vous épargner cette femme qui s'est permis d'introduire le scandale et les spadones au harem impérial ? Pairs de l'islam, vous avez en elle la pire de vos ennemies ! N'a-t-elle pas juré de confisquer vos biens au profit de la couronne, et de séparer la religion musulmane de l'Etat ?

— Nous partageons votre ressentiment, mais la situation n'est pas mûre, s'obstinèrent les muftis. Avant de lancer notre offensive, nous devons enquêter sur la validé et rédiger des rapports défavorables, susceptibles de la discréditer auprès de ses partisans. Alors, nous interviendrons pour chasser cette sultane chrétienne de la capitale.

A ces mots, Tarchane adopta l'expression déterminée d'une femme qui ne se satisfait pas de vagues promesses.

— En tant que défenseurs de la foi, il vous faut préserver l'islam de toute souillure, insinua-t-elle. Laisser agir Ibrahim, ce vaurien perclus de vices et d'infamie, est inacceptable. Si vous l'écartez, mon fils deviendra votre sultan. Je rétablirai la religion musulmane dans sa pureté. Les mignons et les sodomites, les entremetteuses et les favorites seront chassés et voués à l'enfer. Je vous donnerai mon or. Vos pauvres seront les miens. Je suivrai scrupuleusement vos conseils, rétablirai vos droits, rehausserai votre prestige. Vos mosquées compteront parmi les plus grandes merveilles de l'Orient. Prenez votre décision maintenant ou jamais. Signez un fetwa m'autorisant à tuer le sultan au nom de la raison d'Etat et de l'Islam menacé.

Les oulémas n'hésitèrent plus. Sans doute craignaient-ils de s'attirer les foudres de Tarchane. S'ils lui refusaient leur concours, ne leur en ferait-elle pas grief un jour ? Par ailleurs les propositions de la sultane de les couvrir d'or et de redonner à la religion ses lettres de noblesse les séduisaient considérablement. Au contraire, en continuant de servir Kossem, ils risquaient de voir leurs biens confisqués et leurs avis méprisés. Aussi décidèrent-ils d'agir comme un comité de salut public, afin de sauver les commandements du prophète et de rabaisser la morgue de cette Grecque qui, pendant un demi-siècle, avait marqué l'Empire de son effroyable empreinte. Sur une feuille de papier parfumée à l'œillet blanc, ils inscrivirent les mots suivants :

20 Redjeb 1053 (12 août 1648)

De ce jour l'Islam rejette Sa Majesté le sultan Ibrahim Ier. L'ancien padichah n'a plus de palais, plus de famille, plus de foi. Quiconque le protégera sera déclaré traître à la cause musulmane et périra en enfer.

En vertu de quoi, nous donnons tout pouvoir à « Celle qui est au-dessus du commun des mortelles » pour prendre les mesures qui s'imposent.

Tel est le décret d'Allah et de ses humbles sujets sur terre. Puisse l'Islam devenir un cyprès immense à l'ombre duquel le monde entier se reposera un jour.

Emue jusqu'aux larmes, Tarchane reçut ce papier comme s'il s'agissait d'un talisman aux vertus magiques. Jamais elle ne fut si heureuse de sa vie, sauf peut-être le jour où Amurat la pressa dans ses bras protecteurs.

Sitôt les oulémas éloignés, elle décida de se forger un alibi inattaquable, capable de mystifier Kossem et de la mettre sur une fausse piste. De toute évidence, l'assassinat d'Ibrahim devait avoir l'apparence d'une mort manigancée par les oulémas, car Tarchane n'avait nullement l'intention de s'encombrer des religieux. Pendant des années elle avait été seule, et elle entendait le rester. Les quatre-vingts spadones de sa garde personnelle lui suffiraient amplement pour accomplir son forfait. Ceux-ci devaient agir avant la semaine de la Miséricorde, au cours de laquelle les sultanes mettaient une trêve à leurs disputes et tentaient de se réconcilier. Personne, pas même les favorites et les validés, n'avait le droit de se soustraire à cette coutume. C'était une loi inviolable. Quiconque la transgressait encourait la peine de mort.

Le 18 août 1648, les oulémas entreprirent la Guerre Sainte contre le sultan Ibrahim et réussirent à soulever la capitale. Les janissaires s'en mêlèrent et marchèrent sur le palais. Lorsqu'un courrier l'avertit de l'insurrection, Tarchane réunit les spadones et les conduisit au Kiosque des Moineaux, pavillon de plaisance du sérail où se reposait le sultan. Par chance, Kossem n'était pas encore de retour de son excursion sur la rive asiatique du Bosphore, ce qui lui donnerait assez de temps pour commettre son assassinat. Dans le rougeoiement sinistre des torches, elle foula les allées semées de coquillages et parvint dans l'alcôve impériale. La porte de bronze qu'elle poussa émit un grincement lugubre. La favorite ne s'en soucia pas. Elle se campa devant son compagnon dans une attitude dominatrice. En un éclair, elle perçut la pâleur d'Ibrahim et l'expression d'horreur qui se dessinait peu à peu sur son visage. Comme il allait lancer un appel de détresse à ses gardes, les spadones se précipitèrent sur lui, le prirent à la gorge, lui brisèrent les vertèbres, et chacun y alla de son poignard.

Tarchane n'accorda aucun regard au corps déchiqueté. Elle se glissa hors de la chambre, s'insinua dans les couloirs et gagna très vite la Fenêtre Mystérieuse, derrière laquelle il lui fut possible d'assister au conseil des ministres, que les muftis venaient de convoquer en séance extraordinaire. Au moment où les oulémas allaient proclamer Mahomet sultan et ordonner l'enfermement à vie de Kossem, la Grecque, qu'on croyait encore en excursion, pénétra de force dans la salle du Divan. Elle paraissait hors d'haleine, les yeux embués de larmes, sous le choc que lui causait la mort inattendue de son fils, mais elle gardait son sang-froid, comme si les épreuves, au lieu de l'anéantir, la rendaient plus farouche.

Tarchane eut le sentiment qu'elle aurait bousculé les pachas sans hésitation, s'ils ne l'avaient pas laissée entrer. L'un d'eux eut même un geste pour lui interdire l'accès de la salle, mais elle le regarda avec tant de détermination que le mouvement du dignitaire resta inachevé.

Lorsqu'elle se fut assurée de l'attention générale, Kossem prit la parole. Elle rappela les services qu'elle avait rendus à l'Empire et s'en remit au jugement des hommes. Sa crânerie, loin d'irriter l'assemblée, plut une fois encore, mais les douze pachas du Divan, acquis à la cause de Tarchane, procédèrent à un vote au cours duquel ils se prononcèrent pour son bannissement de Topkapi et son enfermement au Vieux Sérail. La sultane s'apprêtait à s'incliner, quand Saut de Biche, qui se trouvait dans l'assistance, brandit la lettre de Tarchane adressée au chah d'Iran et en rendit la lecture publique. Cette révélation sema l'effroi. L'assemblée obligea les pachas à réviser leur jugement et à déclarer Tarchane indigne d'élever Mahomet. Kossem obtint de demeurer au palais et de s'occuper personnellement de l'éducation de son petit-fils, alors âgé de sept ans.

Pestant contre sa mère qui retournait la situation à son avantage, Tarchane souleva le rideau de la Fenêtre Mystérieuse et murmura aux pachas qui se tenaient à ses côtés :

— Pour affaiblir cette démone, il nous reste un seul moyen : éloigner d'elle Begtache et la priver de son appui au sein de l'armée. Or l'officier, par je ne sais quelles tractations, est revenu à Istanbul. Il est l'œil de l'impératrice dans la capitale et sa popularité auprès des janissaires ne cesse de croître. S'il devenait seraskier, il s'assurerait le contrôle des troupes et nous ne pourrions rien entreprendre contre eux deux. Sous prétexte de mater les révoltes des tribus arabes, envoyez Begtache en Egypte et nommez-le gouverneur de cette province. Dans deux jours, les galères ancrées dans la Corne d'Or doivent mettre le cap sur Alexandrie. Faites en sorte que l'officier prenne la tête de cette flottille. Kossem ne sera plus rien sans cet homme.

Tarchane eut la satisfaction de voir cette mesure votée à l'unanimité. Avant de quitter la Fenêtre Mystérieuse, elle scruta sa mère avec une rage qui donnait à son visage une expression mauvaise, et marmonna entre ses dents :

— Garde le pouvoir, maudite femme, et puisses-tu t'en étouffer !

20

Kossem aurait pu tirer vanité de cette victoire inespérée, mais elle prévoyait qu'elle devrait faire face, les semaines suivantes, à une rude compétition. Dans deux jours, Begtache, nommé gouverneur d'Egypte, partirait pour Alexandrie, et peut-être n'entendrait-elle jamais plus parler de lui. Afin de le voir une dernière fois, elle lui dépêcha un courrier lui demandant de l'attendre au Vieux Sérail. Craignant que son amant n'ait déjà quitté le port de la Corne d'Or à la tête de sa flottille, elle monta dans sa litière et s'éloigna de Topkapi à la hâte. Il lui sembla qu'une éternité s'était écoulée avant qu'elle n'arrive dans la cour de la citadelle, et le temps qu'elle mit à rejoindre son alcôve secrète suffit à la supplicier.

Par chance, l'officier l'y attendait, les mains croisées derrière le dos, faisant les cent pas, irrité. Il arborait un superbe uniforme. Son corselet de cuir accentuait sa musculature, et son pantalon bouffant laissait deviner des jambes puissantes habituées à la marche. Un bandeau blanc entourait son casque sur lequel était gravée la devise des janissaires : *Jusqu'à la mort!*

En lui donnant l'accolade, la validé eut le sentiment qu'il lui était hostile. Comme il lui demandait si elle se soumettait aux décisions du Divan, elle lui lança un regard terrible.

— Je n'accepterai jamais les décisions des gens du conseil, tonna-t-elle. Etre séparée de toi ? Il ne faut pas y compter ! Tout ceci est une manœuvre de nos ennemis. On a décidé de me priver de ta présence pour me nuire et me conduire à la folie. J'ai accepté ta nomination uniquement pour transformer l'Egypte en un lieu de repli. Au Caire, tu formeras une armée de mercenaires dont tu seras le chef. A ton retour à Istanbul, tu m'imposeras au palais par la force. Quatre mille eunuques d'âge mûr, révoqués de Topkapi en raison de leur vieillesse, ont été exilés en Egypte. Ils ne demanderont pas mieux que de te suivre. Ces Nubiens, Ethiopiens, Malabars et Soudanais sont à l'heure actuelle dans l'île des Jardins du Caire et logent dans le palais des vieux eunuques appelé *Sourire de la Sultane*. Ils y vivent misérablement. Sur ordre de Saut de Biche, ils ont décidé de s'initier aux choses de la guerre et de se mettre à ton service. Un tel sens de la loyauté m'a bouleversée. Ces eunuques me vénèrent. Ils sont mes plus fidèles partisans et brûleraient en enfer pour me voir rétablir la situation à Istanbul. Sitôt arrivé au Caire et confirmé dans tes fonctions de gouverneur-pacha, tu t'occuperas de leur instruction militaire. L'or que je te confierai te permettra de recruter plus de six mille mercenaires arabes. A leur tête, il te sera facile de revenir dans la capitale et de les loger dans les casernes désaffectées de Daoud Pacha. Avec une pareille garde d'élite, tu deviendras l'homme fort du régime.

L'officier accueillit fort mal ces projets insensés.

— En quoi cette affaire me concerne-t-elle ? interrogea-t-il, les yeux remplis d'inquiétude. Puisque Tarchane me donne l'Egypte, pourquoi ne pas y vivre confortablement ? D'autre part, si j'acceptais de prendre la tête des mercenaires, ne serais-je pas obligé de croiser le fer avec les janissaires, mes frères d'armes ? Non, je refuse de tuer mes compagnons. Tout doit s'effectuer entre Tarchane et toi. A aucun prix la capitale ne sera mise à feu et à sang !

— Pourquoi parles-tu de te battre contre les janissaires ? reprit Kossem après un silence interminable. Tes mercenaires demeureront l'arme au pied dans l'attente des événements. Ils interviendront seulement en cas de danger, si Tarchane m'oblige à quitter Topkapi ou m'enferme au Vieux Sérail. Les eunuques te sont dévoués corps et âme. Ils en ont assez de leur condition avilissante. Grâce à eux, nous rendrons l'islam plus tolérant. Nous créerons une armée où chaque soldat aura une famille. Tu n'auras plus à rougir d'avoir rompu la loi de chasteté de l'ordre des janissaires. Jusqu'à présent, je ne suis pas intervenue dans ta carrière, je désirais que tu fasses tes preuves par toi-même. Aujourd'hui, les choses vont changer. Un homme sorti du rang reprendra l'Empire en main. Je me suis trop fiée à mon époux, à mon beau-frère, à mes fils, tous des incapables, des ingrats ou des tyrans. Qui peut m'assurer qu'avec mon petit-fils Mahomet je ne me trompe pas encore ? Un jour ou l'autre, Tarchane me l'arrachera. Elle le poussera à se révolter contre moi, détruira ma légende de sainte des croyants, m'accusera d'être de mœurs légères et d'avoir eu un amant. L'image que cet enfant s'est faite de moi s'effritera. Il m'en voudra de n'avoir pas été une honnête femme. Quant à toi, je ne te reconnais plus. Ton indécision et ton inconscience m'humilient. Depuis le vote de l'Assemblée, tu te crois à l'abri des manigances de Tarchane. En fait, chaque minute qui passe réduit ta liberté et ta sécurité. Où est le Begtache d'il y a cinq ans ? Pourtant je te sais déçu de l'armée. Tes compagnons d'armes méprisent tes origines grecques. Tes supérieurs d'Anatolie ne te supportent plus. Ils t'ont obligé à monter trente fois le long d'un mât planté dans la cour de la caserne Mouradiyé. Lors d'un concours à l'arc, au cours duquel tu as été vainqueur, ils t'ont récompensé en t'offrant un porc malodorant. Chaque jour tu subis leurs vexations. Il n'y a rien d'étonnant à cela. L'armée appartient désormais aux sbires de Tarchane. Les vétérans sont morts, et les traditions ont commencé à se perdre. Les jeunes recrues, qui font office de remplaçants, ignorent tout de ton passé glorieux. Ces morveux frisent leurs moustaches, les enduisent de cosmétique, et se poudrent comme des coquettes. N'ont-ils pas introduit au sein de la troupe l'usage de l'opium, du tabac, du vin de palme et du jeu ? Les colonels sont les poulains des muftis et de Tarchane. Ils gèrent les tripots et les maisons de vices. Bientôt nous assisterons à un vaste trafic et la Turquie ne sera plus qu'une énorme prostituée.

Venant de la validé, ces phrases avaient de quoi surprendre. La Grecque n'avait-elle pas donné le signal d'envoi de ce trafic en autorisant les femmes du harem sacré à devenir les tenancières des huit cents tripots implantés dans l'Empire ? Cependant Begtache ne dit rien, ne sachant quel comportement adopter.

Le sentant encore hésitant, Kossem insista, effrayante de ténacité :

— Je sais que tu participes secrètement à des réunions ayant pour but de libérer les Grecs de la tutelle turque. Or la prévôté de la capitale est sur tes traces, elle ne tardera pas à t'identifier. Et si elle ne l'a pas fait, c'est parce que je suis intervenue personnellement. Tarchane paierait cher les renseignements te concernant et ne manquerait pas de t'accuser de complot contre l'Etat. Elle déteste les Grecs. Dieu sait ce qu'il adviendra des tiens, si elle m'élimine !

Ces propos remplirent Begtache d'effroi et l'incitèrent à accepter l'offre de Kossem. Après tout, cette affaire lui semblait une magnifique croisade où il s'illustrerait. Certes il se rendait compte de la légèreté et de l'improvisation avec lesquelles Kossem venait de concevoir son plan, mais si lui, Begtache, prenait tout en main, il se faisait fort de réussir !

— J'ai toujours eu confiance en toi, déclara la sultane avec un soupir de soulagement. Sitôt arrivé au Caire, méfie-toi du gouverneur local. C'est un espion à la solde de Tarchane. Je te remets ces documents. Il y a là mes instructions en chiffres codés. Frappe fort et droit. Mais sois prudent. Nous n'avons qu'une seule tête, et il n'est meilleure place pour elle que sur nos épaules.

— Je te remercie d'avoir deviné en moi un homme de valeur, répondit Begtache, convaincu de l'importance de l'aventure. J'essaierai d'être digne de tes grands desseins. Si nous réussissons, nous construirons un nouvel empire et nous réaliserons les rêves splendides qui nous ont toujours hantés.

Il n'y a pas si longtemps, la perspective de voir son amant la quitter eût horrifié Kossem. Aujourd'hui elle était convaincue que sa survie et sa liberté étaient à ce prix. Elle étreignit son compagnon avec frénésie, lui renouvela ses recommandations et le laissa aller vers son destin.

21

Le vent des Balkans, ce 17 février 1649, entretenait l'humidité. Amoncelés sur Topkapi, les nuages rendaient menaçants les immenses sapins de l'enceinte impériale et donnaient au palais une majesté grave. Le crieur public ne se soucia pas de l'orage imminent. Après avoir entendu la rumeur sourde des tambours, il déroula un parchemin, prit une inspiration, et d'une voix qu'il s'imaginait de circonstance, exposa les faits et leur enchaînement :

— 17 février 1649, sur la place aux Nouvelles de Topkapi, s'écria-t-il. Au nom d'Allah, Dieu de Bonté et de Miséricorde. Oyez bonnes gens d'Istanbul ! Le sultan Mahomet IV, commandeur des Croyants — sur lui le salut ! — fait savoir que le complot tourné contre son auguste personne vient d'échouer. Approchez habitants de la plus noble ville du monde ! Apprenez la trahison du colonel Begtache Agha ! Ce traître, que la sultane Validé Tarchane Kadine a eu la bonté de nommer gouverneur d'Egypte, s'est montré indigne de la confiance impériale. Il y a trois mois, il a recruté au marché aux esclaves du Caire, près de huit mille Soudanais et Nubiens. Après les avoir installés dans un camp d'entraînement, il les soumit à toutes sortes d'exercices corporels et à des simulacres d'attaque, au point de les transformer en mercenaires aguerris. Se faisant passer pour un messager d'Allah, il leur prédit la libération des esclaves et des nègres de l'Empire. C'était compter sans la sultane Validé Tarchane Kadine, qui donna pouvoir au gouverneur du Caire pour empêcher l'arrivée à Istanbul de cet arriviste et de ses huit mille soudards. Le 17 janvier 1649, Begtache Agha ordonna à sa colonne de se mettre en marche. Il fit sonner les trompettes,

rouler les tambours. Dans la fièvre des préparatifs, il ne remarqua pas la présence d'espions du pacha du Caire. Avec une ardeur de prophète, il exhorta ses soldats : « Notre pain est amer, leur dit-il. Rendons-le plus doux que le miel. Montrons à nos ennemis notre valeur. Dès notre arrivée à Istanbul, vous serez logés dans les casernes désaffectées de Daoud Pacha, prêts à intervenir au cas où les janissaires se révolteraient. Vous êtes les derniers défenseurs de la validé Kossem. Jurez-lui fidélité !
— Nous le jurons sur La Mecque, répondirent-ils après avoir heurté l'un contre l'autre leurs huit mille boucliers. Pour elle nous verserons notre sang. Nous la suivrons jusqu'en Chine et nous tomberons sur Istanbul avec la force de la foudre ! »

Devant tant d'enthousiasme, Begtache se crut déjà dans la capitale de l'Empire, accueilli comme un libérateur. Il s'engagea alors, à la tête de ses guerriers, dans les défilés de l'Epi Noir, à quelques lieues du Caire. Au cours de la prière du midi, les soldats mamelouks des pachas du Caire et de Damas s'infiltrèrent dans l'arrière-garde, massacrèrent les mercenaires sur leur natte de prière, neutralisèrent les sentinelles du campement, tranchèrent les jarrets des chevaux. La surprise fut totale, la bataille féroce. Ce fut partout un Nil de sang. On se rendit coup sur coup. Begtache Agha trouva la mort le dernier. Son cadavre fut découvert déchiqueté par les hyènes du désert et exposé trois jours sur la principale place du Caire afin de servir d'exemple. Mille hommes ont été capturés, poussés dans des cages en bois et conduits à la forteresse Mounira, au bord du Nil.

Sur ordre de l'éminente Validé Tarchane Kadine, une récompense est promise pour retrouver les complices de Begtache et les fuyards qui ont réussi à s'introduire à Istanbul. Quiconque parmi vous cache dans sa demeure de tels fugitifs ou prononce des paroles infamantes à l'encontre de la mère du sultan Mahomet IV sera passible de mort. Toute personne susceptible d'éclairer la prévôté devra apporter son témoignage aux Grands censeurs de la capitale. Telle est la décision du sultan Mahomet IV. Sachez vous soumettre aux ordres impériaux, prenez garde, soyez vigilants. Allah vous accorde son salut et sa protection.

Kossem, en entendant monter de la rue ces paroles sinistres, donna l'ordre d'arrêter sur-le-champ ces rumeurs. Jusqu'à présent aucun obstacle ne l'avait effrayée, mais l'absence définitive de Begtache lui ôtait sa merveilleuse vitalité. Son esprit erra dans la folie et son penchant à l'isolement s'accentua. Prisonnière de sa chambre et de son lit sur lequel elle gisait crucifiée, il lui était impossible de trouver le sommeil. Tout le monde lui paraissait hostile et chaque nouveau visage représentait pour elle un piège mortel.

Le 24 février 1649, au moment où les fleurs du levant parfumaient l'air du palais, elle décida de mettre ses affaires en ordre et s'occupa de ses dernières volontés. Elle rédigea un premier testament, le déchira. Deux jours plus tard, elle en écrivit un autre, qu'elle détruisit également. Ainsi fit-elle jusqu'à celui-ci en date du 1er mars.

Aujourd'hui 1er mars, dans la chambre de la Purification. Ceci est mon testament. Moi, Mahpeïker Validé, saine d'esprit et de corps, recommande mon âme à Allah et dispose ce qui suit. J'ai toujours eu à me louer du service des trois notaires de Topkapi. Je leur conserve mon affection et les désigne pour être mes exécuteurs testamentaires ; ils sont tenus d'observer les legs ci-joints au profit de mes huit cents domestiques qui m'ont fidèlement servie depuis trente ans.

Née dans la religion orthodoxe, j'ai été convertie à l'islam et entends remplir les devoirs musulmans comme preuve de mon attachement aux préceptes du Prophète.

Je veux et ordonne qu'on me revête de ma robe du quartier des servantes, du temps où j'étais esclave du Bouyouk Oda. Ma maigreur m'a redonné ma taille d'adolescente ; il ne sera donc pas malaisé de m'en revêtir.

J'entends mourir là où j'ai vécu depuis cinquante-quatre ans. Malgré les vexations dont j'ai été l'objet, je ne me retirerai pas de Topkapi avant d'en être formellement conviée par les pairs de l'Empire. Cette demeure est ma chair. Personne ne m'en dépossédera jamais.

Il se peut que je périsse d'une mort violente. Dans ce cas, je demande aux musulmans de bonne foi, de tenir compte de l'hostilité de ma fille la sultane et validé Tarchane Kadine. Il ne se commet pas d'exactions dont ma parente ne se fasse une joie de m'abreuver.

Puisse Sa Majesté, mon petit-fils Mahomet IV, se ranger parmi les monarques auxquels l'univers entier rendra hommage. Je lui recommande de ne pas ajouter foi aux calomnies de mes détracteurs et de ne pas oublier les visées politiques des ses aïeux Ahmed Ier et Amurat IV, dont l'énergie a été consacrée à la grandeur de la Turquie et à l'anéantissement des Persans, ennemis de notre sainte religion.

Comme preuve de ma satisfaction, j'attribue à mon confident Saut de Biche la totalité de mes biens. Je lui lègue mes écritoires de cornaline, le cimeterre rose pâle de Tamerlan, mes opales d'Ormuz, mes trois mille châles de Lahore, ainsi que mes nécessaires de toilette d'Azov. Enfin mon portrait exécuté de mémoire par l'épouse du pacha de Diarbékir, où je suis représentée caressant le cou d'une petite gazelle blanche des sables. Le détail de ma lingerie et de mes pelleteries est mentionné dans l'inventaire établi par les notaires du palais.

Autrefois j'étais belle. J'avais des charmes capables de justifier les crimes des sultans, et mes yeux portaient l'excuse de mes caprices; aujourd'hui je suis lasse, vieille, détachée des biens de cette terre. Je suis donc prête à mourir et demande à mes serviteurs de pardonner mes fautes. J'ai voulu l'infini pour l'Empire et Allah m'a punie. Partie de rien, je n'ai toujours rien, ma seule richesse est le passé.

Fait à Topkapi, écrit de ma propre main, devant douze fidèles de mon service.

Lorsqu'il pénétra dans l'alcôve de la validé, en ce matin du 12 mars 1649, le kislar-agha Saut de Biche trouva Kossem assise sur une natte de paille de Manille. La sultane déchue feuilletait, d'un index mouillé, le Coran, comme s'il s'agissait d'un roman d'aventures. A chaque mot, elle s'esclaffait, puis redevenait grave et ânonnait les versets avec cette voix qu'ont les petites filles quand elles bercent leurs poupées. Celle qui avait fait trembler le chah d'Iran, les Tartares des steppes, les janissaires de l'Empire et les Grands du Divan avait vieilli de vingt ans. Son visage évoquait un masque mortuaire. Sa maigreur était effrayante. Pour redresser ses épaules légèrement voûtées, un corset fait de lanières et de baguettes de tilleul enserrait son dos. A la moindre oscillation les tiges vibraient avec la férocité de mille coups de fouet et la contraignaient à se relever.

Au seuil de la chambre, le kislar-agha reprit son expression habituelle, celle d'un serviteur accoutumé à affronter les épreuves les plus ardues. Les défaillances mentales de Kossem ne changeaient en rien sa conception du cérémonial. Les quarante années passées à Topkapi l'avaient habitué à un immense respect des validés et il lui semblait logique de veiller à l'étiquette, quand bien même sa maîtresse n'avait plus sa raison. Parce qu'il ne devait en aucun cas déposer l'empreinte de ses babouches dans l'alcôve sacrée, il en enjamba le seuil, s'approcha de sa souveraine et fut aussitôt horrifié par son visage décharné. Il ouvrit la fenêtre et alluma des braseros d'encens afin d'assainir l'air de la pièce.

Intriguée par tant d'agitation, la Grecque mit sa main en visière comme si le soleil la gênait.

— C'est toi, Begtache ? demanda-t-elle à Saut de Biche. Dépêche-toi de revenir, tu ruines ta santé à vouloir demeurer dans le désert d'Egypte !

Sans craindre de la brusquer, Saut de Biche effleura son visage d'une main caressante.

— Votre Validé, un miracle s'est produit, mais gardez votre calme, lui dit-il doucement. Des personnes du Caire vous attendent dans le quartier brumeux de Topkapi. Consentez-vous à me suivre ?

— Voilà une heureuse initiative, répondit Kossem dont les yeux dilatés exprimaient le désarroi.

Le souffle haletant, les mains agitées de tremblements, elle se leva, se glissa derrière un paravent chinois, enfila une robe de percale et ficha à son corset une invraisemblable traîne qui aurait pu recouvrir la moitié de la salle du Divan. L'instant suivant la trouva au bras de Saut de Biche, semblable à un spectre, secouant parfois sa tête, comme pour en déloger une pensée ou un souvenir désagréable.

Le quartier brumeux dans lequel le kislar-agha fit entrer la validé était dans un état de décrépitude dangereuse. Cinquante générations d'esclaves y avaient vécu et souffert au point d'avoir imprégné les murs de leurs terribles douleurs. Les sultanes du harem ignoraient ce lieu. Seuls les mendiants de la ville y avaient accès et s'y restauraient sans être jamais inquiétés par la Garde Voilée.

S'il n'avait pas eu aussi vif le souci de ménager sa souveraine, l'eunuque serait allé à pas rapides. Au lieu de cela, il cheminait lentement, à la main quelques coupons de soie blanche. Trouvait-il dans les couloirs une odalisque ou un castrat, il les recouvrait avec les voiles, procédant ainsi afin que les yeux de la sultane ne soient troublés par aucun regard. Après s'être assuré que personne ne l'épiait, il eut tôt fait d'introduire Kossem dans une chambre obscure d'où s'exhalait un entêtant parfum de résine.

— Soyez forte ! dit-il en lui adressant un signe de connivence, car mon dieu africain Yavroubé, dont la puissance est infinie, a épargné un homme auquel vous tenez par-dessus tout.

Un mendiant, caché dans l'ombre, signala sa présence par des toussotements répétés. Il portait un sac de colporteur et tremblait dans ses haillons. Kossem leva les yeux vers lui, recula, épouvantée, remua la tête en signe de dénégation, s'approcha encore de l'inconnu, le scruta dans l'attente d'un démenti, tant cette présence était hallucinante.

— Begtache ! s'écria-t-elle avec une soudaine frénésie.

Non. Cela n'était pas possible. Son bien-aimé avait trouvé la mort aux confins du désert, déchiqueté par les hyènes des sables. Le crieur public l'avait assez répété. L'homme qui se trouvait devant elle, était-il un imposteur ? Un esprit malfaisant ?

Effrayée, elle se tassa dans un coin de la pièce, et ses yeux traduisirent de nouveau sa folie. Saut de Biche s'empressa de la reconduire à ses appartements et lui administra une drogue opiacée d'Arabie et une infusion d'œillets blancs qui la plongèrent dans un sommeil profond. Au matin, ayant recouvré ses esprits, elle accepta avec soumission les breuvages que Begtache, introduit dans sa chambre par Saut de Biche, portait à ses lèvres bleuies. Sans songer à sécher les larmes qui laissaient sur ses joues des traces luisantes, elle serra Begtache de toutes ses forces et si longtemps, que l'officier crut qu'elle ne le lâcherait jamais. Figée dans un silence admiratif, elle ne cessa de l'effleurer de ses mains comme si elle n'était pas certaine de sa présence. La détresse ne la quitta qu'avec lenteur : il lui fallut des journées entières et la sollicitude constante de Begtache pour la faire revenir à la vie.

Tout d'abord elle ne montra pas la peine que lui causait l'échec de son expédition, mais elle interrogea son amant sur les circonstances de sa défaite. Comment pouvait-il être en vie après la mort de tant de braves ?

— Lorsque mes hommes, surpris dans les défilés d'Egypte, cédèrent à la panique, j'observai le silence le plus complet, tenta d'expliquer Begtache. Désarçonné de mon cheval, je fis le mort. Après avoir rampé sur les cadavres, j'enlevai mes habits, en recouvris un officier dont j'avais pris la tunique, et échappai au massacre par miracle. Avec une poignée de rescapés, je parvins à fuir dans les montagnes. Les trois quarts de mes effectifs avaient succombé. Titubant de fatigue, le cœur déchiré, je revins au couvent des derviches de l'île des Jardins du Caire. Je m'insultai, m'accusai d'avoir failli. A cause de mon incapacité, c'en était fini de nos espoirs. Au bout d'épuisantes journées de marche, je parvins jusqu'au port d'Alexandrie. Là, j'entendis les crieurs publics annoncer ma mort et la mise à prix des fuyards. Durant des semaines, je me cachai dans un entrepôt. Puis un jour, je réussis à monter à bord d'un galion en partance pour Istanbul. Arrivé dans la capitale, il me fut facile de me glisser au milieu des mendiants de Topkapi qui recevaient leur obole dans la cour du sérail. Depuis cette expédition, j'ai la sensation de ne plus exister. On m'a dépossédé de tout. Je préférerais être mort plutôt que d'être déclaré hors-la-loi. L'armée représente ma vie. Sans elle je ne suis rien. Je serais prêt à renoncer à mon grade de colonel pour servir comme simple caporal dans n'importe quelle troupe.

Saut de Biche, qui assistait à l'entretien, accueillit ces propos avec un rire inattendu. Il raconta à Kossem comment il avait réussi à dénouer la situation en sa faveur :

— Au lendemain de la défaite de Begtache, et alors que vous étiez encore malade, j'ai averti les quatre-vingts pachas et gouverneurs de l'Empire. Trente d'entre eux sont venus à la tête de leur armée encercler Istanbul, pour vous libérer des griffes de Tarchane. Ils vous savaient diminuée, déchue de vos droits. Comme ils n'obtenaient pas de réponse de la part de Tarchane, ils s'avancèrent jusque dans la capitale et bousculèrent les gardes du Divan. Rien ne pouvait s'opposer à leur avance. La sultane

Tarchane n'avait rien pour se défendre ; l'armée étant en Crète, elle disposait seulement d'un millier d'eunuques, de spadones et de pages. Votre petit-fils Mahomet fut assiégé dans son propre palais et quelque peu chahuté dans la salle des Audiences. Les gouverneurs voulaient vous voir à tout prix. Ils menacèrent le sultan de transformer Istanbul en cimetière si jamais on osait toucher à un seul de vos cils. Mais ce n'est pas tout. Ils avaient à cœur de réhabiliter Begtache, qu'ils croyaient mort. Ils expliquèrent au sultan que l'expédition de votre compagnon avait pour mission de mater les révoltes locales et de démasquer les louches activités du pacha du Caire. La campagne d'Egypte avait donc été salutaire pour le repos du trône. En conséquence de quoi, ils rétablirent le nom de Begtache sur les tableaux d'honneur, d'où il avait été biffé. Ils libérèrent les rescapés de la prison Mounira et leur permirent de reprendre du service au sein de l'armée. Tous ont décrété une amnistie générale et la ratification a été faite par un tribunal militaire.

Eût-on annoncé à Begtache la victoire des Grecs sur les Turcs que sa stupéfaction n'eût pas été plus profonde. Bien décidé à profiter de l'indulgence des pachas, il pria l'eunuque d'accomplir le nécessaire afin de lui permettre de quitter Topkapi au plus vite pour aller en Crète, où il montrerait le meilleur de ses capacités. Se gardant bien de dévoiler ses sentiments, Saut de Biche le prit en aparté et exigea qu'il ne cherche plus à revoir Kossem.

— Ne comprenez-vous pas qu'en restant à ses côtés vous la tuez lentement ? lui dit-il durement. Vous avez inoculé dans son âme un poison incompatible avec son rang de souveraine. A cause de vous, ma maîtresse néglige ses fonctions, adopte des mesures inconsidérées. Quelle coûteuse erreur la malheureuse a-t-elle commise de se fier à vous ! N'a-t-elle pas été jusqu'à chasser les Arméniens d'Istanbul afin que vos compatriotes grecs les supplantent et s'approprient leurs commerces ? Mais je saurai mettre du bon sens dans tout cela, car jamais la validé ne vous appartiendra. Ne revenez plus à Topkapi. Vous devez disparaître de l'existence de la sultane aussi sûrement qu'une pierre qui s'enfonce dans une mare !

La brutalité de ces paroles décontenança Begtache, qui fut incapable d'élever la moindre objection. En d'autres temps, ces propos lui auraient paru une suprême insulte, mais aujourd'hui, il dissimula son émotion et approuva même d'un signe de tête.

— Avez-vous seulement songé aux problèmes auxquels j'ai été confronté depuis ma rencontre avec votre maîtresse aux Eaux Douces d'Asie ? demanda-t-il. Pendant des années, mon royaume a été les souterrains et l'eau boueuse du Vieux Sérail. La nuit venue, je droguais mes compagnons de chambrée pour quitter discrètement la caserne Mouradiyé et rejoindre la sultane, non sans avoir affronté la galerie envahie d'odeurs nauséabondes. Par la suite, mes entrevues galantes furent à la fois rêves et cauchemars. Je n'ai jamais connu de matins paresseux, de nuits voluptueuses, seulement des fragments de temps volés à la surveillance de mes gardiens. Au matin, je me réveillais dans un accablement dont je ne tenais pas à sortir, de crainte d'être épouvanté par ma propre audace. Aujourd'hui, la situation m'apparaît dans toute sa réalité pitoyable. L'idée d'une étreinte me semble exclue et inconvenante pour des gens de notre âge. La sollicitude de la validé fait de moi un assisté, ce que je refuse d'être, et les coquetteries qu'elle déploie m'embarrassent. La pensée de la quitter ne me cause aucune inquiétude. Sans vouloir précisément rompre notre liaison, je me prépare à une rupture momentanée. C'est à vous de raisonner Kossem. Elle m'aime d'une façon maladive et son cœur bat d'un amour dont rien ne semble venir à bout.

Cet aveu troubla l'eunuque, et son jugement, selon lequel l'officier représentait un dangereux arriviste qui causerait la perte de sa souveraine, se renforça d'autant. Begtache ne se soucia nullement du désarroi du kislar-agha. Seule comptait pour lui la perspective de se réhabiliter et de retrouver ses compagnons d'armes. Désormais il travaillerait pour son compte, et même, ne désespérait pas de prendre le commandement de l'armée de Crète où il comptait de nombreux alliés. Il rallierait les troupes à sa cause, les ramènerait à Istanbul et se hisserait sur le trône. Il préférait ne pas imaginer son sort si ses ennemis découvraient ses pensées secrètes. Mais il se faisait fort de berner à la fois Kossem, Saut de Biche et ses supérieurs militaires. Personne ne saurait rien de ses intentions. Un jour viendrait où ses compatriotes lèveraient l'étendard de la révolte et s'affranchiraient du joug ottoman.

Quant à Kossem, ses pensées allaient bon train aussi. La peur de voir Begtache s'éloigner d'elle grandissait d'heure en heure. Survivrait-elle seulement à cette séparation ? Aurait-elle vraiment la force de faire le vide dans son esprit et de ne plus penser à lui ? Que n'aurait-elle donné pour qu'il la prît dans ses bras ! Elle rêvait de l'entendre dire qu'il ne pourrait envisager de vivre sans sa présence constante. Or elle avait l'intime conviction qu'il ne l'aimait plus. Parfois il esquissait des mouvements de recul, comme si elle lui inspirait du mépris. En quoi lui avait-elle déplu ? Avait-elle dit quelque chose de répréhensible ? Entre eux les conversations tournaient court. Kossem s'effrayait, saisissait n'importe quel sujet pour ranimer l'entretien et se perdait dans d'interminables banalités. Par courtoisie, Begtache acquiesçait de la tête, mais donnait l'impression d'un galérien qui cherche à se sauver du bagne.

Bien qu'il se trouvât au palais dans un lieu assez sûr pour échapper à la vigilance de la Garde Voilée, Begtache se sentait aux abois, à la merci d'une dénonciation des ichoglanes de Kossem, ces femmes guerrières qui, armées de haches légères, couchaient à l'entrée des appartements impériaux. Aussi s'interdisait-il le plus infime mouvement, la moindre quinte de toux qui aurait dénoncé sa présence frauduleuse. La chambre dans laquelle il se morfondait à longueur de journée, lui semblait évoquer la forme d'un cercueil empli de l'odeur fade de la vieillesse et des choses mortes. Autour de lui, les mèches imbibées d'huile tremblotaient dans des spirales de fumée qui le prenaient à la gorge, et les feuillages des pistachiers aperçus derrière les fenêtres treillagées, l'étouffaient, exhalant mystère et effroi. Ici il avait le sentiment d'habiter un monde étrange, dans lequel Kossem et lui étaient les seuls survivants. Tout y était d'une tranquillité suspecte. Même l'attention de la validé, la fidélité absolue qu'elle réclamait de lui, lui paraissaient irréelles. Il ressentait sa sollicitude comme une agression, une violence contre sa dignité de guerrier. Ses sourires devant lesquels il se trouvait habituellement désarmé, ses lèvres toujours prêtes à attendre des baisers, n'avaient désormais que peu d'intérêt pour lui. Avec fièvre, il ressassait ses griefs contre elle. A quoi d'autre pouvait-il s'attendre venant de sa part ! Ah ! Ce qui lui manquait, c'étaient le crissement des épées, le piaffement nerveux des étalons et les danses militaires qui préludaient les grandes batailles. C'était comme si l'armée, à travers le martèlement des tambourins et les sonneries de la charge, se glissait dans son sang et le réclamait de toute son âme. C'est pourquoi il s'irritait de chaque jour perdu. Le regard malveillant, plein de ressentiment à l'idée d'avoir échoué, il calculait les distances qui lui restaient à parcourir pour effacer la honte de sa campagne égyptienne et faire trembler l'Orient de ses prouesses fracassantes.

Accablée par le comportement distant de son amant, Kossem donnait l'image d'une femme égarée qu'on vient de tirer brutalement d'un long sommeil. Pour une seule étreinte que l'indifférent lui refusait obstinément, elle aurait rampé devant lui et souffert n'importe quel tourment, mais rien ne pouvait arracher le sombre ténébreux à son silence morbide. Malgré tout, elle s'alarmait au moindre changement sur son visage, à la plus petite agitation, et le contemplait comme si elle voulait apprendre par cœur tous les détails de son corps d'athlète. Espérant le retenir auprès d'elle, elle s'efforça de lui montrer à quoi il s'exposerait s'il reprenait du service dans l'armée. Elle émit l'hypothèse que Tarchane ordonnerait peut-être aux colonels du corps expéditionnaire de lui tendre un piège et de le faire mourir sur le champ de bataille.

— Si je me préoccupe de ta carrière, c'est parce que tu m'as tout donné, dit-elle d'une voix pleine de sanglots. O mon maître et prince adoré, tu es le battement même de mon cœur. Aie pitié de moi, car je n'ai été coupable que de trop t'aimer. Pas un instant je n'ai douté de ton dévouement. Déjà ta présence et ton amour me rendent l'illusion de la jeunesse. Bientôt nous nous redécouvrirons comme autrefois. Tu verras, ce seront des heures de sérénité où l'arrivée des rides et la défaite des chairs n'atténueront en rien la solidité de notre passion. Devant mon fidèle Saut de Biche, je prends l'engagement de devenir ton épouse. Demain, un cadi de confiance conclura notre mariage, tout se déroulera ici dans la plus stricte intimité. Notre union, je te l'assure, inspirera le respect à tous !

Au lieu d'être flatté de susciter un tel désir, Begtache se

comporta comme si cette décision inattendue n'avait pas d'importance pour lui ; mais voyant dans cette union insensée un moyen d'échapper à Kossem, il accéda à sa demande à condition qu'elle le laisse aller en Crète.

Quoique préparée avec soin, ce fut une effrayante cérémonie que ce mariage clandestin. La chambre à coucher fit office de salle de banquet et deux *hafiz,* chanteurs coraniques de la suite de l'impératrice, servirent de témoins. Voilée de satin, ornée de ses vingt-cinq insignes de validé, Kossem entra dans la chambre nuptiale, à la main son *opinga,* une canne de sultane dont le pommeau consistait en une émeraude ciselée. Sa robe était bordée de pourpre pâle, teinte réservée aux veuves impériales, et son collier travaillé à la manière persane, suivant une mode répandue parmi les jeunes élégantes d'Ispahan. Des eunuques sourds et muets, grands gaillards à la peau huilée, au visage émacié illuminé par deux yeux scintillants, l'entouraient, portant un pectoral de cylindres d'argent, le voile noir maintenu au front par un serre-tête. Tout près se tenait Begtache, le visage tourné vers La Mecque. Une pelisse de fils d'or le revêtait d'une somptuosité farouche, et un diamant aussi gros qu'une bouche agrandie par la peur constellait son turban.

Les chanteurs coraniques croisèrent les couronnes nuptiales au-dessus de la tête des fiancés et échangèrent les quatre anneaux habituels, deux en bois fin de cerisier, deux autres en or martelé, puis ils soufflèrent vers eux de la poudre pilée parfumée à l'ambre gris.

Saisie de frissons, Kossem embrassa cinq fois les mains de son époux et lui remit une pierre précieuse d'un rouge sang, appelée *Celle qui a bu la liqueur des coquelicots,* formant la moitié d'un cœur, et garda l'autre sur sa poitrine, de façon à ce que tous deux soient réunis malgré la distance qui les séparerait.

Le concert qui suivit, composé à la fois de musiques tristes et joyeuses, plongea les invités dans une atmosphère de majesté barbare. Même les liqueurs servies au dessert, furent à l'image de ce mariage insolite, sucrées et salées, à base de graines de melon et de sésame.

Tout au long de la cérémonie, Begtache remarqua à peine l'attention hypnotisée de sa vieille épouse, suffisamment gêné par Saut de Biche qui, habillé de noir, portait le deuil de ses noces.

Kossem tenta une fois encore de le faire renoncer à son projet, mais ses supplications le trouvèrent imperturbable. A peine s'il afficha un intérêt poli lorsqu'elle serra frénétiquement ses mains et lui dit, agitée de tremblements : « Tu es libre, à présent, mon aimé, mais je t'en supplie, au nom de notre passé, donne-moi le plus souvent de tes nouvelles pour que je vive contente. »

Un peu plus tard, au moment de la quitter, il réprima un bref mouvement d'hésitation. Précédé de Saut de Biche qui, dans une fureur insensée, grommelait des malédictions, il traversa des couloirs à l'ombre desquels flottaient de mystérieux reflets, franchit une poterne dépourvue de sentinelles, et gagna rapidement la cour des Mendiants où l'attendait une escorte réduite. Le jour même il s'embarquait à destination de la Crète.

Quand elle aperçut le voilier filant triomphant dans le flamboiement bleu du Bosphore, Kossem se cacha le visage dans les mains et bredouilla d'incohérentes phrases. Les fenêtres de ses appartements ouvertes, elle s'approcha du balcon et des grappes de glycine qui pleuraient leurs pétales mauves au moindre souffle du vent. Le front contre les dalles humides, le souffle rauque et haletant, elle ne comprenait plus et des spasmes d'effroi étiraient ses lèvres. Une vie horrible s'ouvrait désormais devant elle. Ce serait des nuits froides hachées de cauchemars et de pensées morbides dont elle ne maîtriserait plus le cours. Qui sait si l'absence de Begtache ne la pousserait pas à nouveau vers une folie abjecte au point de la blesser encore plus que les barreaux d'une prison ? Mais par Allah, cela ne sera pas ! Allons ! Qu'elle se ressaisisse et ferme son cœur à la pitié ! Seule une farouche détermination permettrait à son soleil de briller et d'embraser la terre entière. Cettre trahison ne devait en rien l'affaiblir, mais, au contraire, la rendre plus forte intérieurement. Ce serait une véritable guerre qu'il lui faudrait mener, un combat sans merci qui passerait par bien des vicissitudes. Puisque l'appui des hommes, et même celui de son époux, lui faisait défaut, elle se consacrerait exclusivement à sa mission sacrée et continuerait d'échafauder des intrigues dont elle avait le secret. Des femmes qu'elle connaissait de longue date, l'aideraient à réaliser ses rêves politiques et à retrouver le pouvoir. Douze femmes exactement...

22

Dissimulées sous des capes sombres, les douze mystérieuses inconnues s'approchèrent du débarcadère impérial. L'armada de Kossem, véritable ville flottante, leur coupa le souffle. Les voiles des galères frémissaient, et au sommet des mâts, le pavillon violet des validés claquait au vent. Le vaisseau amiral à bord duquel s'engagèrent les visiteuses s'appelait *Le galion créé pour la joie des yeux*. Vieux d'un quart de siècle, il avait servi autrefois de lieu de plaisir aux filles de joie du harem et aux janissaires de l'armée ; Kossem, qui n'avait pas voulu s'en dessaisir, prenait l'habitude d'y donner ses audiences, loin des oreilles indiscrètes de Topkapi.

Conduites par des chambellans, les douze épouses des pachas de l'Empire se retrouvèrent dans une pénombre hostile et se demandèrent pourquoi Kossem les avait invitées. Avec frayeur, elles se rappelèrent les récits qu'on racontait à son sujet. On disait que la sultane devenait démente chaque fois que la lune changeait de quartier. A la prière, elle effleurait à peine le sol, comme si elle prêtait allégeance à l'esprit du mal, et refusait de se prosterner devant Allah. Lui manquait-on de respect, refusait-on de lui ouvrir les portes à double battant ou d'annoncer son arrivée au son de quarante trompettes, elle jetait à la tête des effrontées son fameux couscous noir de cannelle et ses *baklavas de la colère,* gâteaux au miel dont les amandes avaient un léger goût de poison.

Les douze dames qui venaient de s'aventurer dans la galère en étaient là de leurs réflexions, lorsque des eunuques, appelés par un sinistre coup de gong, surgirent devant elles, exhibèrent un Coran et les prièrent de prêter le serment d'usage.

— Jurez-vous fidélité à Kossem ? En cas d'échec, lui garderez-vous votre estime ? Lui direz-vous toujours la vérité ? Conserverez-vous le secret sur la séance qui aura lieu à bord du navire ?

Pour toute réponse, les femmes leur remirent une bague à l'intérieur de laquelle était gravée cette phrase : *A chaque violette, sa rosée*. Cet objet de ralliement confié, elles mirent la main sur le Livre Saint et s'exclamèrent dans une langue connue d'elles seules :

— Nous protégerons la validé et serons ses servantes. Nous lui obéirons jusqu'à la mort !

Toujours guidées par leurs chambellans, elles s'enfoncèrent dans les entrailles du vaisseau et aboutirent dans la salle d'honneur. Stupéfaites, elles découvrirent un salon d'une dimension prodigieuse. Quelques rayons de lumière éclairaient le visage des gardes, tout en laissant celui de Kossem dans l'obscurité.

A voir la validé aussi majestueuse, qui eût pu se douter qu'elle venait de sombrer dans la folie, quelques semaines plus tôt ? Avec ses bagues, son trousseau de clefs et son turban, elle évoquait une reine barbare. Tout autour d'elle, des eunuques sourds et muets épiaient le moindre battement de cils, prêts à châtier quiconque lui manquerait de respect.

— J'apprécie le courage qu'il vous a fallu pour répondre à mon appel, confia la Grecque après avoir prié ses invitées de s'installer sur des sofas. Pas un instant je n'ai douté de votre loyauté. Je vois que vous êtes toujours dignes de mon estime.

— Que Votre Auguste Validé ne nous remercie pas davantage, interrompit l'une des dames. Nous ne nous sommes pas encore acquittées de notre dette. Oubliez-vous nous avoir mariées, il y a vingt ans, aux pachas de l'Empire ? Comment pourrons-nous jamais vous prouver notre reconnaissance ?

— Si je vous ai demandé de venir ici, contrairement à toutes les lois de la prudence, c'est parce que l'heure est grave, expliqua Kossem avec un calme qui n'annonçait rien de bon. La chrétienté se coalise et projette d'envahir notre territoire. Venise se permet même de piller nos rivages et d'occuper le Détroit des Dardanelles. Or les pachas militaires auxquels je vous ai mariées me créent des ennuis considérables. Ils refusent de terminer la guerre en Crète et trouvent les prétextes les plus dérisoires pour m'interdire de mener les troupes à Ispahan. Hier, à la Cérémonie de la Longévité, je leur ai fait croire que le ciel me dotait de pouvoirs surnaturels et j'ai prédit à chacun d'entre eux une catastrophe : à l'un une chute de cheval, à l'autre un échec au jeu, au troisième la trahison de son épouse, et ainsi de suite, jusqu'au douzième. Vos époux ont ri de mes malédictions et parié leur régiment que mes sorts demeureraient sans effet. Pourtant il est bien dans mes intentions de leur inspirer une terreur salutaire. C'est pourquoi j'ai songé à vous, car vous seules pouvez comploter contre vos compagnons, mener à bien mes prédictions et persuader le monde que des malheurs s'abattront sur quiconque me contredira ou s'en prendra à moi.

De tels propos soulevèrent l'indignation des dames.

— Nous croyez-vous assez criminelles pour tenter une action contre nos seigneurs ? Au risque de vous déplaire, nous déclarons les services exigés au-dessus de nos forces !

— Il suffit ! rétorqua Kossem en assenant une tape sur le bras de son trône. Dois-je vous rappeler que vous êtes membres du Conseil secret des filles de l'oncle, une école d'espionnage que j'ai eu l'honneur d'édifier sous le règne de mon regretté fils Amurat ? Vous avez juré de me consacrer votre vie et de ne jamais rechigner à mes ordres. Ne vous ai-je pas recueillies, vous les orphelines d'origine grecque et circassienne dont les parents ont été massacrés au cours d'une razzia turque ? Je vous ai acceptées dans mon palais et donné une éducation. Comme votre beauté me portait ombrage et risquait d'attirer l'attention de mon bien-aimé époux, feu Ahmed Ier, je crus prudent de vous écarter de mon chemin, de mettre un terme à votre célibat et de vous marier à des dignitaires d'Etat. Installées dans vos harems respectifs, vous avez espionné vos époux, fouillé leur correspondance, épié leurs conversations, éliminé les personnes que je vous demandais de détruire. Pendant des années, vous avez été mes yeux et mes oreilles dans les provinces les plus reculées de l'Empire. Arrivait-il une révolte, vous rédigiez un rapport, faisiez partir votre messager à l'aube afin qu'il parvienne à Istanbul et me prévienne au plus tôt. En tout temps vous avez montré une froide efficacité au point que personne ne connaît l'existence de notre comité secret ; même mon fidèle Saut de Biche ignore tout de vous. C'est d'ailleurs ainsi que, nous, les ombres invisibles, avons été en mesure d'influer sur le sort de la Turquie ! Seulement, croyez-vous que vos époux soient vos alliés ? Lorsque je vous ai recueillies au harem impérial, je me suis occupée à rechercher les auteurs des razzias et assassins de vos parents. Et ces meurtriers ne sont autres que les pachas auxquels j'ai lié votre destinée. J'ai réalisé ces douze mariages en prévision de cet instant où j'aurais besoin de vos services ; car j'étais sûre de compter sur vous et sur vos désirs de vengeance.

Après de tels aveux, les dames de l'Empire demeurèrent troublées. Bizarrement, elles avaient la conviction que la validé leur disait la vérité. Elles la savaient capable des pires impostures. Le fait de les avoir mariées à des assassins eût suffi à le prouver. Un instant elles furent tentées de l'insulter, de lui reprocher de les avoir manœuvrées, mais outrées par son immoralité, elles se contentèrent de l'observer.

— Tant d'années se sont écoulées depuis le massacre des nôtres que nous n'éprouvons plus le désir de châtier nos persécuteurs, annonça l'une d'entre elles afin de contrarier les plans de Kossem. Au fil des jours des liens se sont tissés entre nos seigneurs et nous. Jamais nous n'avons été si respectables. Nos époux nous aiment et ne consentiront pas à se séparer de nous.

— Malheureuses ! Vos maris vous haïssent ! N'ont-ils pas demandé audience à Tarchane afin de la prier de prononcer leur divorce ? Tarchane s'est empressée d'accepter. Peut-être soupçonne-t-elle l'existence de notre assemblée. En tout cas, elle a permis à vos époux de choisir, parmi les vierges de mon harem, celles qui vous remplaceront. Or ces vierges sont toutes formées à mon école d'espionnage. Elles ont juré de me servir, de s'entendre avec vous et de continuer votre œuvre. Pour vous, ce sera seulement une passation de pouvoirs. Si vous refusez de m'aider, je commanderai à ces novices de ne pas vous ménager !

— Et comment procéderons-nous pour que vos prédictions se réalisent ? s'enquirent les dames, stupéfaites d'entrer dans le jeu sordide de leur souveraine.

— C'est très facile. J'ai prédit au pacha d'Alep une chute de cheval. Son épouse n'aura qu'à profiter d'un moment d'inattention de ses gardiens pour se glisser dans les haras et couper la sous-ventrière du cheval monté d'habitude par son mari. J'indiquerai à chacune d'entre vous le châtiment réservé à son compagnon. Soyez-en persuadées, vous n'aurez pas affaire à une ingrate. Je vous paierai votre poids de soie, de satin et d'or.

Consciente d'avoir subjugué ses interlocutrices, Kossem détailla avec elles la mise au point de son projet, puis elle leur donna congé et les bénit de la main.

Très satisfaite de la manière dont l'entretien s'était déroulé, elle se détendit et enleva ses voiles. Mais, contrairement à ses compagnes, une dame était demeurée dans la salle. Avec l'assurance d'une familière des lieux, elle s'approcha sans trahir sa présence, et aperçut Kossem dans toute sa déchéance. La souveraine ne ressemblait plus qu'à une vieille louve maintenant qu'elle s'était débarrassée de ses voiles sombres. Horrifiée d'être vue de si près, la Grecque sursauta et brandit sa canne dans l'intention de blesser l'effrontée. Elle reconnut alors Kyra Shamone, une juive qu'elle avait mariée au pacha de Damas. La dame tremblait d'émotion. Dans une grande confusion, elle signifia à la validé qu'elle ne comploterait jamais contre son époux, mais qu'elle s'apprêtait à rendre un service autrement considérable.

— Quand bien même mon seigneur et ami le pacha de Damas serait mêlé à l'assassinat des miens, je lui pardonne et ne me vengerai pas, dit-elle. Toutefois je suis en mesure de vous offrir une occasion inespérée de reprendre le pouvoir. A cours de subsides, votre fille Tarchane vient d'imposer lourdement les juifs de l'Empire afin de pouvoir soutenir l'effort de guerre entrepris contre Venise. Les juifs d'Istanbul lui ont alors proposé un marché avantageux : si Tarchane leur épargnait le tribut, ils se feraient fort de contacter les dix mille juifs de Crète qui, en compagnie des Vénitiens, tiennent les forteresses de l'île, et de les inciter à ouvrir les portes aux troupes turques. Or Tarchane est liée au chah d'Iran. Si les Turcs s'emparaient de la Crète, elle serait contrainte de lancer les troupes à l'assaut de la Perse. Afin de prolonger les hostilités contre Venise, elle a chargé mon époux de procéder à l'arrestation de la délégation des juifs d'Istanbul. Prévenue à temps, j'enjoignis aux juifs de se cacher et de ne plus chercher à contacter Tarchane. C'est alors que j'ai pensé à Votre Validé. Je vous sais désireuse d'écourter la guerre avec Venise et d'écraser ensuite l'Iran. Les miens vous donnent cette possibilité.

Tous ces détails irritèrent Kossem.

— Nous nous égarons, dit-elle à son interlocutrice d'un ton tranchant. En quoi cette affaire me concerne-t-elle ? Quel sera mon profit ? Comment espérer retrouver mon pouvoir en me fiant à votre communauté ? Tout ceci me semble bien décousu !

— Pas autant qu'il y paraît, se permit de rétorquer Kyra Shamone. Pardonnez-moi de m'immiscer dans votre vie intime, mais je n'ignore pas votre attachement au colonel Begtache Agha ni votre mariage secret. Or votre époux court de graves dangers, car Tarchane a conseillé aux commandants du corps expéditionnaire de l'attirer dans un guet-apens et de le vouer à une mort prompte. Begtache s'est vu attribuer pour régiment tous les rescapés et les mercenaires d'Egypte considérés comme des traîtres, et dont on espère qu'ils seront massacrés. Comme si cela ne suffisait pas, l'officier vient de recevoir l'ordre d'assiéger des villes réputées imprenables. Ainsi compte-t-on le démoraliser et prouver aux yeux de tous qu'il est non seulement un lâche, mais aussi un incapable. Si Votre Validé consent à aider ma communauté, rien de tel n'arrivera. Avec votre permission, les juifs de Crète se soulèveront contre les garnisons vénitiennes, se substitueront à elles, feindront d'avoir été vaincus par Begtache, et lui ouvriront les portes de leurs forteresses. Votre époux, qui ne sait rien de notre arrangement, croira avoir gagné ces citadelles à la force de son poignet. Cette victoire lui redonnera confiance, et bientôt, les officiers supérieurs le choisiront pour chef. Il sera facile ensuite de lui remettre un ordre de marche lui enjoignant de se lancer à la conquête de l'Iran. Lorsque Tarchane réagira, il sera trop tard. Non seulement la Crète sera occupée par les juifs, qui veilleront farouchement à ne pas y laisser revenir les Vénitiens, mais l'Empire ottoman s'enrichira de l'Iran et de sa formidable puissance.

A ces mots, la validé lança un regard qui donna à la juive la sensation désagréable de n'être qu'un objet repoussant.

— Que me racontes-tu là ? dit-elle en plissant les yeux comme si elle cherchait à la voir à travers un épais brouillard. Jamais la Crète n'appartiendra aux juifs !

— Sans mes compatriotes, Votre Validé ne réussira pas à retrouver son trône. Les juifs du monde entier rêvent d'un royaume autonome, d'une terre promise, à l'abri des vexations et des massacres dont ils ont été victimes depuis des siècles. Promettez-leur la Crète et ils vous appuieront de toutes leurs forces.

— Et qu'as-tu à espérer dans tout cela ? demanda Kossem.

— Je suis reniée par les miens ; ils ne me pardonnent pas de m'être mariée à un musulman, confessa la juive. Si je leur offre une terre sacrée, un soleil qui éclaire la pénombre de leur vie, ils excuseront mon amour pour le pacha de Damas et je pourrai retrouver une place au sein de ma communauté.

Les yeux mi-clos de contentement, Kossem promit à la juive d'étudier sa proposition. Elle l'assura qu'une réponse lui serait communiquée sous huitaine, et prit prétexte d'une migraine pour lui donner congé.

Quelques jours plus tard, elle revit les douze dames et leur demanda de passer à l'exécution du plan convenu ensemble. Ce furent douze complots si minutieux, qu'aucun dignitaire n'échappa à son châtiment. Au cours de la même semaine, l'un subit une spectaculaire chute de cheval, l'autre se vit acculer à une faillite, un troisième perdit au jeu, un quatrième hypothéqua son palais, enfin le douzième, trésorier-payeur général de l'armée, se trouva dévalisé de la solde des troupes. Kossem se permit même de s'approprier cet or et de le remettre aux juifs d'Istanbul, lesquels s'acquittèrent du tribut exigé par Tarchane !

Ce succès inespéré suscita en elle d'inconcevables chimères et lui fit retrouver son fol espoir de changer le cours des événements. Un seul obstacle menaçait sa souveraineté : Tarchane. Mais battre sa fille sur son propre terrain ne lui semblait pas impensable et serait une perle ajoutée à sa couronne.

23

C'était le 5 août 1651, le jour de l'anniversaire de la sultane Tarchane qui célébrait ses trente-huit ans. Dans la salle des festivités, où trônait un énorme gâteau de cent soixante livres à la mousse de cacao, les cinq cents domestiques du harem impérial prolongeaient leur service, afin de savourer la dispute qui venait d'éclater entre Kossem et Saut de Biche. Sur l'ordre de la Grande maîtresse des cérémonies, l'orchestre féminin, dissimulé derrière des voiles de soie, cessa de jouer en sourdine les airs folkloriques d'Anatolie.

A peine si Tarchane protesta à cette interruption. Assise sur une bergère italienne, elle adoptait l'attitude d'une idole inaccessible. Son caftan de nankin vert pâle soulignait sa prestance. Ses rubans avaient une finesse telle que deux cents d'entre eux auraient pu se glisser dans l'anneau d'une seule bague. D'un geste impérieux, la sultane pria son fils Mahomet IV, installé près d'elle, de ne pas se mêler à l'altercation.

Agé de douze ans, le jeune sultan se montrait déjà fort habile pour déceler l'hypocrisie des courtisanes du sérail. En raison de la jalousie de Tarchane, il se garda de prendre ouvertement parti pour Kossem, mais personne ne pourrait l'empêcher de nourrir à l'égard de son aïeule une adoration inconditionnelle.

Kossem se tenait à une distance respectueuse, entourée de ses trente dames d'atour. Malgré son épais maquillage, elle ne pouvait dissimuler l'outrage des années. A présent, la maladie et les soucis cendraient sa chevelure, accentuaient ses pattes d'oie, atténuaient l'éclat de ses yeux langoureux. Deux disgracieux sillons séparaient les sourcils et paraissaient avoir été tracés du bout d'un ongle dans une argile sombre. Avec une soudaine frénésie, elle rajusta son châle décoré de demi-lunes, se leva du sofa, donnant l'impression d'une galiote qui s'avance dans les eaux ennemies.

— Ainsi donc, vil esclave, tu humilies la fière Kossem ! lança-t-elle à Saut de Biche. Je t'ai retiré de la boue pour t'élever à l'une des premières dignités de l'Etat. Par une ingratitude sans exemple, tu m'abandonnes afin de prêter allégeance à la sultane Tarchane, indigne de m'être comparée, moi qui ai reçu les hommages des monarques de ce monde ! Ton acte insensé sera châtié. Je t'entraînerai dans ma disgrâce !

Malgré l'étiquette qui lui interdisait de hausser le ton en présence des dames de la cour, Saut de Biche prononça des jurons effrayants. A l'occasion de l'anniversaire de Tarchane, il s'était vêtu d'un costume de soie blanche bordé de marte et coiffé d'un turban en coton d'Egypte.

— Je ne suis plus à votre service, clama-t-il, les yeux chargés d'un mépris glacial. Le moment est venu pour vous de vous incliner devant la loi de la vieillesse et de laisser le trône à votre honorée fille, la sultane Tarchane. C'est pourquoi je vous serais reconnaissant de prendre congé.

Kossem feignit de porter un peu de poudre de cerf à ses narines afin de dissiper ses vertiges. Les lèvres crispées, elle prit appui sur sa canne et quitta la salle d'honneur. A force d'entendre parler de ses pouvoirs maléfiques, les dames du sérail avaient fini par y croire. Elles s'écartèrent prudemment, puis se prosternèrent. D'un pas rapide, Kossem s'engagea dans les couloirs. Loin du regard moqueur des courtisanes, elle poussa un soupir de soulagement. Sa colère cessa comme par enchantement, laissant place, sur son visage, à une joie féroce.

Personne n'avait rien soupçonné de son plan. L'altercation qui avait eu lieu entre Saut de Biche et elle était un stratagème combiné entre eux depuis des semaines, et destiné à mystifier leurs ennemis. Saut de Biche feignait de renier Kossem pour mieux passer au service de Tarchane. Toutefois Kossem était inquiète. Son confident pourrait-il jouer son rôle jusqu'au bout ? Parviendrait-il à découvrir les véritables intentions et les projets d'avenir de Tarchane ? Leur ruse ne serait-elle pas démasquée ?

Surmontant son angoisse, elle alla se reposer dans les jardins impériaux. De son observatoire, elle se laissa envelopper par les effluves salés de la mer et aperçut le kiosque de Revan dont la beauté aurait pu rendre jaloux le Taj-Mahal. L'atmosphère ambiante était encore pleine du souvenir d'Ahmed et de ses deux fils. La sultane en percevait la présence fantomatique dans les bassins d'eau où glissaient des couples de canards mandarins. Les mille parfums de fleurs étaient porteurs d'une foule d'images qui lui faisait battre le cœur. Chers souvenirs d'il y a quarante ans ! En ces temps-là, elle irradiait de beauté. Son impérial époux la désirait au point d'oublier le reste de l'univers. Désormais, que restait-il de la jeune favorite, sinon une femme parvenue au dernier rayon du couchant qui s'obstinait à courir derrière une gloire illusoire ? Bientôt son entourage l'abandonnerait et elle serait frustrée de n'avoir personne pour qui vivre. Begtache ? Avait-il seulement éprouvé des regrets lorsqu'il l'avait quittée au lendemain de la cérémonie nuptiale ? Se rendre en Crète et y prendre la tête de l'armée montrait clairement son désir de se tenir à distance. Etait-il possible qu'il ne l'aimât plus ? Mais si une telle éventualité se révélait exacte, le monde s'écroulerait, le soleil disparaîtrait !

Absorbée par cette méditation douloureuse, elle ne sut quel hasard la fit s'approcher des appartements de Tarchane. A la hauteur de la galerie de la Purification, elle s'immobilisa. Elle venait de distinguer une forme humaine. L'homme ressemblait à Saut de Biche, mais ayant quitté l'eunuque dans la salle des Festivités, Kossem se demanda un instant s'il s'agissait bien de lui. Le kislar-agha portait une sacoche en bandoulière et s'orientait vers le palais des Scorpions Noirs, principal dortoir des spadones, où il dissimula un coffret mystérieux. Ceci fait, il s'empara d'une torche, enflamma les draperies et entreprit de faire tomber les braseros l'un après l'autre. L'eunuque s'agitait en tous sens, un sourire de triomphe sur les lèvres. En proie à l'incrédulité, Kossem s'absorba dans la contemplation du brasier qui surgissait devant elle. Elle aurait hurlé si un son avait pu sortir de sa gorge nouée. Le kislar-agha ne se rendit même pas compte de la surveillance dont il était l'objet. Après avoir observé son œuvre de destruction, il feignit d'appeler à l'aide.

Une effroyable bousculade s'ensuivit au cours de laquelle les

« pompiers » du harem eurent infiniment de mal à remplir les baquets d'eau. Malgré leur ardeur, l'incendie se propagea. Çà et là les galeries de bois de santal s'effondraient en un cataclysme impressionnant. Six heures plus tard, les flammes enfermèrent les trois quarts du harem dans un linceul brasillant. Il resta peu de choses de la fabuleuse cité de minarets et de palais construite des siècles auparavant.

Les inspecteurs de Topkapi ne savaient par où commencer l'inventaire du sinistre. Allah, seul, aurait pu compter les corans de satin pâle qui avaient brûlé dans leur coffret en bois de bouleau. Cinquante mille coupons de soie de Damas et huit mille draps ornés de zibeline se tordaient, semblables à des spectres carbonisés. Les monumentaux encriers d'ivoire, qui appartenaient au mobilier du gouverneur de Bagdad, continuaient de projeter leur encre, explosant sous l'effet de la chaleur.

La destruction du palais n'éveilla en Kossem aucun chagrin. A sa grande surprise, elle se sentait légère, libérée du poids des années qui l'écrasait. Cet incendie lui parut un colossal feu de joie à la mémoire des prisonnières. Par contre, Tarchane, complètement bouleversée, venait de surgir de la salle des Festivités. Des mains elle palpait ses joues, sa poitrine, pour s'assurer qu'elle n'avait pas été effleurée par les flammes. Etouffant de rage, elle rassembla autant de robes et de corsages qu'elle pouvait en tenir dans ses bras, et n'écouta pas la voix des chambellans qui lui ordonnaient de se retirer.

Les rumeurs les plus contradictoires circulaient dans les ruines de Topkapi. Qui avait mis le feu ? On accusait, tour à tour, la Grande trésorière, la surintendante, un eunuque, mais un huissier coupa court aux suppositions. Il déclara avoir vu Goutte de Musc dérober un coffret précieux dans les appartements de Tarchane, le dissimuler dans un dortoir et embraser la demeure impériale, afin de ne laisser aucune trace de son forfait. Des recherches ayant abouti à la découverte du coffret précieux dans son dortoir, on accepta sa culpabilité comme l'explication la plus plausible de l'incendie. Mandé d'urgence, le spadone arriva sur les lieux du sinistre.

Tarchane coupa court à ses protestations, l'accusa d'avoir brûlé le sérail et lui ordonna de se tenir aux arrêts dans un palais voisin. Le harem était dans un tel état qu'elle entreprit de le faire reconstruire sans délai. Ainsi fit-elle appel aux architectes les plus compétents. Deux cents paysagistes, trois cents terrassiers, huit cents céramistes et quatre-vingts architectes vinrent de tout l'Orient et se déclarèrent capables de bâtir un palais en une nuit. L'Anatolie fournit ses briques d'or et ses pierres de carrière ; la Cité des Hommes ses panneaux démontables et ses boiseries de cèdre. Le gros des constructions s'effectua dans la première quinzaine de juin.

Kossem se vit attribuer dix kiosques. Ses nouveaux appartements ressemblaient à un décor de théâtre sans âme. Tout y semblait impersonnel et froid.

Une semaine plus tard, au hasard de son inspection, elle changea d'avis. Les balcons suspendus comme des redoutes au-dessus des cours, et les pavillons d'été, lui apparurent sous un jour différent. Ce qui lui plut, ce furent la somptueuse allée de platanes, les chambres en fibre de cocotier, les bains de sudation et la robinetterie en or massif. Mais la beauté artificielle de ce nouveau palais, la Cité Lumière, ne la rassura pas pour autant. Jour après jour, les choses lui devenaient inaccessibles ; il lui semblait que l'Empire ottoman s'effondrait tant elle s'était identifiée à lui. Ce qui lui faisait mal, c'était d'entendre les propos moqueurs des courtisanes qui s'échangeaient derrière son dos. A présent personne n'avait plus besoin de ses services. Même Tarchane veillait à ce qu'elle ne se mêle plus des affaires publiques et ne perdait pas une occasion de lui manifester son mépris. Parce qu'elle était grandement endettée par la reconstruction du harem, la Russe lui enleva tout moyen de survie, supprimant sa pension de veuve impériale et réduisant son apanage d'impératrice des trois quarts de ce qu'il avait été. Dans la crainte que sa fille adoptive ne fasse main basse sur ses huit cents tripots et ses domaines provinciaux, Kossem les vendit au rabais et médita d'acheminer les fonds dans une cache introuvable. Or s'il y avait un lieu où existât une chance de les dissimuler, c'était bien hors de l'Empire. L'idée lui vint alors de les mettre à l'abri à Venise, là où personne ne les chercherait. Ses comptables se mirent au travail avec acharnement, comme si mystifier Tarchane leur eut fait du bien. Ils prirent les renseignements nécessaires pour convoyer l'argent dans la capitale de la Sérénissime République, y usèrent de prête-noms, achetèrent entrepôts, palais, loteries, banques, finirent par s'établir dans la vie commerciale de la cité des mers. Cette opération se déroula sans la moindre complication et dans le plus grand secret, au point que Kossem se donna un délai de cinq ans pour devenir maîtresse d'un quart des richesses de Venise. Une autre sultane se serait contentée de cette transaction, pas Kossem. Tout lui donnait à penser que cette affaire lui ferait retrouver son pouvoir. Il y avait gros à parier qu'en retirant son argent des rouages vénitiens, elle priverait une partie de la ville de ses ressources habituelles, paralyserait son activité maritime et l'acculerait à la faillite. Si ses prévisions s'avéraient exactes, le doge signerait forcément la paix et c'en serait fini du prolongement de la guerre en Crète. Mais il fallait prendre patience, continuer de miner Venise et attendre un moment propice avant de passer à la phase finale du plan.

Afin d'assurer décemment son rang d'impératrice, la Grecque préleva tout d'abord des sommes faramineuses sur ses biens vénitiens, et se lança ensuite dans une existence de folles réjouissances. Oubliant le temps où elle destituait tout fonctionnaire qui aurait dérobé à l'Etat, fût-ce le prix d'une mousseline de turban, elle se garda de payer le moindre impôt et se montra d'une prodigalité invraisemblable. Ses appartements se mirent à bruire d'une activité forcenée, les liqueurs y coulaient à flots, les tables croulaient sous des mets exquis sans cesse renouvelés. Ses coupes d'émail qui tremblaient au simple contact d'un poison contenaient terrines de léopard farci aux jujubes, ragoûts de paumes d'ours, émincés de biche à la citronnelle. Dans tout le harem, il ne fut plus question que de ses fêtes prolongées. Les jetons des jeux y étaient des rubis, les récompenses, des soieries qui avaient traversé six déserts avant d'être vendues à Topkapi.

Attirées par tant d'attractions, les dames du palais désertèrent l'ennuyeuse cour de Tarchane, rallièrent Kossem au plus vite, dans le seul but d'être invitées à ses délicats petits soupers.

L'étalage de ces richesses inexplicables horrifia Tarchane. Elle accusa la Grecque d'avoir honteusement volé les deniers de l'Etat et jura que toute la lumière serait faite sur cette affaire.

S'acharnant à humilier sa mère, elle alla jusqu'à fixer une taxe sur les abeilles qui peuplaient les ruches de ses jardins. Malgré tout, ses enquêtes ne menèrent à rien. Le secret de « l'argent de la vieille », comme on le disait sans façon au harem, demeura un mystère que personne ne réussit à pénétrer tant la sultane avait su s'entourer de précautions et de complicités.

Cependant, quand le silence succéda aux fastes, la gaieté de Kossem fit place à un sentiment de vide. Irritable, s'impatientant pour un rien, elle se replia dans un isolement étrange, loin de Saut de Biche et de son incessant réconfort. Derrière ses fenêtres treillagées qui lui permettaient de voir les îles des Princes au levant, et la Corne d'Or au couchant, elle se demandait pourquoi l'eunuque avait incendié le palais et le soupçonnait de n'avoir aucune explication à lui fournir au sujet de son acte insensé.

Un après-midi, elle se reposait dans son fauteuil de Gênes lorsqu'elle entendit des grattements à la porte. Intriguée, elle s'appuya sur sa canne et n'eut pas plus tôt ouvert le guichet que Saut de Biche entra et ferma la porte derrière lui. Kossem reconnut à peine l'eunuque. Rien dans son attitude n'indiquait le chancelier africain fier et conquérant d'autrefois. Maigre, semblable au bâton noueux de marche de la validé, il donnait l'impression d'avoir une mission embarrassante à remplir. La Grecque et lui demeurèrent face à face comme pour un combat singulier.

— Pourquoi as-tu brûlé le palais ? questionna la sultane. As-tu perdu toute raison ? Si nos ennemis apprenaient la vérité, ils nous accuseraient de complot contre la sécurité de l'Etat et précipiteraient notre fin !

— Ne comprenez-vous pas que j'ai sauvé votre vie ? rétorqua l'eunuque. J'ai mis le feu pour accuser Goutte de Musc. Devenu mon pire ennemi, ce spadone m'avait dessaisi de ma charge de Gardien des vierges. Grâce à son exil, je suis de nouveau en faveur. Mais ce n'est pas la seule raison. Au fil des conversations, j'ai appris que Tarchane se proposait de vous faire passer en jugement, et de réunir contre vous un dossier accablant. Profitant de l'inattention des spadones, je me suis glissé dans les appartements de la sultane où je n'ai pas tardé à découvrir un coffret contenant des liasses de lettres. J'ai lu les documents écrits de la main de Tarchane. Il y avait là l'exposé des affaires auxquelles vous étiez mêlée. Les trois cents pages du sultan ont tous parlé. Ils vous accusent de les avoir connus dans leur intimité, et apportent des preuves irréfutables. D'autres vétérans du palais vous soupçonnent d'avoir entrepris diverses manœuvres afin de prendre Ahmed Ier et Mustafa dans un piège mortel. Selon eux, vous épuisiez votre époux pour permettre l'accès au pouvoir de Mustafa, votre beau-frère et ami de cœur. L'introduction des esclaves mâles au Vieux Sérail vous est également imputée. Le dossier qui a été constitué contre vous a nécessité trois années de recherches et contient près de deux mille feuillets. Vous deviez être traduite devant une Cour de justice avant la fin de l'année. Je vous voyais déjà clouée au banc des accusés et décapitée dans la cour des Sept Tours. Alors j'ai écouté mon cœur. En livrant le harem aux flammes, je faisais disparaître ces preuves. J'ai pris un flambeau et mis le feu partout afin de persuader Tarchane que le coffre à lettres avait été réduit en cendres.

Les explications de l'eunuque remplirent Kossem de bonheur. Elle se prit à trouver bien des mérites au forfait de Saut de Biche. Grâce à cette catastrophe, son honneur était sauf, et le mystère de ses nuits amoureuses mourrait avec elle.

— Malheureusement, d'autres dangers nous guettent, reprit le Kislar-Agha. Begtache est trahi de la manière la plus odieuse, car Tarchane a ordonné aux colonels du corps expéditionnaire de l'attirer dans un guet-apens. Les îles mortes ont été pillées par les janissaires, et les Grecs de ces îles envoyés en renfort en Crète afin de s'occuper des tranchées du siège. Chaque jour ces malheureux chrétiens subissent quantité de vexations, et cela sous les yeux de Begtache, impuissant. Nul doute qu'on pousse l'officier à protéger les siens et à se révolter contre ses supérieurs. Quant à la sultane, votre fille, elle brade l'Empire. J'ai lu le traité qu'elle veut conclure avec l'Iran : elle entend restituer au chah les territoires turcs pour lesquels Amurat a consacré dix-sept ans de sa vie.

— La situation n'est pas aussi désespérée qu'il y paraît, l'interrompit Kossem. J'ai réussi à adresser un message à Begtache. J'ai demandé à mon époux de ne pas répondre aux provocations et de prendre patience. Une attaque directe est à exclure. Il nous faut agir dans l'ombre. Grâce au Conseil des femmes des pachas et aux juifs, la Crète nous sera livrée sans effusion de sang. Ce coup d'éclat permettra à Begtache de se réhabiliter et de devenir le seraskier des troupes ottomanes. Quant à toi, Saut de Biche, s'il m'advenait malheur, ne demeure pas à Topkapi et ne te laisse pas tenter par les promesses mirifiques de Tarchane. A ma mort, emmène les tiens au Caire. Je ne pourrai jamais te récompenser comme tu le mérites, mais je te réserve une surprise, à toi et à tes eunuques. J'aurai ainsi la satisfaction de ne pas mourir pour rien.

Le kislar-agha ne comprit pas ce que signifiait cette énigmatique allusion, mais il se garda de poser la moindre question.

— Un miracle vous sauvera, répondit-il à la validé. Sachez-le, je suis résolu à vous suivre quoi qu'il arrive. Vous êtes ma bienfaitrice. Depuis quarante ans, vous m'avez soustrait à une existence mesquine et projeté dans un univers grandiose, aux dimensions de la Turquie. Je ne trouve pas de mots assez forts pour vous traduire mes sentiments, mais une sultane de votre qualité perçoit ces choses-là. Je vous ai aimée et respectée dès le premier jour. Chaque pore de ma peau, chaque goutte de sang de mes veines vous appartient. Certes j'ai mené une existence difficile, tantôt déchiré à vif, tantôt habité par des peurs innommables, mais demeurer avec vous, c'est vivre dans une griserie permanente.

Un sanglot noua la gorge de Kossem.

— Malheureux homme, dit-elle submergée par l'émotion. Je ne t'ai pas ménagé. Me pardonneras-tu jamais ? Sans ta présence, je me serais sentie pauvre. De tous les pensionnaires du harem, personne ne m'a comprise aussi bien que toi.

L'eunuque n'entendait plus, perdu dans des visions de gloire.

— Les huit cents eunuques et godias qui sont à votre service depuis quarante ans sont convaincus que vous êtes l'envoyée de notre dieu Yavroubé, dit-il. Vous êtes sa messagère, et un jour vous nous libérerez de notre carcan. Vos domestiques ont déchiré les papiers d'affranchissement que vous leur aviez signés. Jamais ils ne se sépareront de vous. Pour vous, ils brûleraient en enfer ou se vendraient au marché des esclaves. C'est pourquoi nous continuerons de vous aider. Et rien ne nous déliera de ce pacte.

Après avoir conseillé à la validé de ne plus se tourmenter et de s'en remettre à Allah, Saut de Biche la salua d'une manière pathétique, comme si au fond il n'attendait plus rien de la vie. Quand il partit, il sembla que toute la lumière s'en allait avec lui.

Une fois seule, Kossem erra dans sa chambre à coucher. Les fenêtres ouvertes lui permirent de respirer le parfum de résine des cyprès et d'entendre le chant des dames du harem. A quelques pas, elle aperçut sur une table de chevet le portrait de Begtache dessiné par elle. La vue de son époux l'anima d'un espoir insensé. Déjà elle s'imaginait au milieu de ses eunuques libérés des fers. Pour la première fois dans l'histoire de l'Orient, une femme se battrait afin de protéger les opprimés, s'identifierait avec l'Islam. Elle serait la reine de Saba, et Begtache habillé comme un fiancé le jour de ses noces, son Salomon. A eux deux, ils s'empareraient de la Perse et entreraient à Ispahan. Le jour de leur victoire, ils apparaîtraient dans un palanquin de légende, éventés par les palmes des acacias et escortés par les vivats d'une foule en délire.

24

En cette nuit du 2 septembre 1651, le vent des cent jours, venu de Crimée, harcelait le harem et faisait s'ébrouer les branches de cèdres couvertes de neige.

Le spadone Goutte de Musc, suivi de deux chambellans de Sa Majesté Mahomet IV, franchit le portail Sacré et s'orienta vers les appartements de la sultane Tarchane. Il se hâtait, bien que gêné par son casque d'airain et les plaques de cuivre qui bardaient son torse. A peine accorda-t-il un regard aux cours impériales. Autour de lui, les feuilles des marronniers tourbillonnaient et le brouillard s'épaississait. Il pressa encore le pas et accéda très vite à la chambre à coucher où dormaient Tarchane et son fils Mahomet. Là, il se heurta aux ichoglanes, les gardes du corps femmes du palais. Vêtues d'un gilet de loutre et d'un pantalon de feutre très masculin, les cheveux tirés en arrière, elles se précipitèrent, dague brandie vers le spadone.

— Par les dunes rouges de La Mecque ! s'exclama Goutte de Musc qui esquissa un mouvement de recul, la validé Tarchane court un danger mortel. Je viens l'informer d'un complot manigancé par la sultane douairière Kossem et Begtache Agha, commandant des armées. Les janissaires de Crète ont débarqué à Istanbul et seront ici d'un moment à l'autre.

Ce vacarme réveilla Tarchane. Son premier réflexe fut d'étreindre le jeune sultan.

— Mahomet ! s'écria-t-elle, nous sommes perdus !

— Détrompez-vous ! lança le spadone qui, par trois fois toucha le sol de son front, votre humble serviteur n'a troublé votre sommeil que pour vous prévenir d'une révolte dirigée contre vous. Sans doute Votre Hautesse doit-elle être surprise de me trouver en ce lieu, mais le palais dans lequel Elle a eu tort de m'assigner à résidence est proche du port de la Corne d'Or, où Begtache a débarqué ses huit mille hommes. Ayant soupçonné une mauvaise action de la part de l'officier, j'ai profité de l'inattention de mes gardes, escaladé l'enceinte de ma prison, traversé la place de l'Hippodrome et réussi à me glisser dans Topkapi par la porte de Jade et le guichet des Abricotiers en Fleur. Begtache Agha a soulevé les armées de Crète et les a ramenées à Istanbul. A l'heure qu'il est, il procède à leur acheminement jusqu'à Topkapi, qu'il médite d'encercler et d'isoler du reste de la ville. Son emblème représente un poing brandi contre le croissant turc avec les mots grecs : *Eleftheria Y thanato* (la liberté ou la mort). Cinq mille Grecs des îles mortes l'entourent. L'officier projette de les enrôler dans le corps irrégulier des bachi-bouzouks. Il en fera les meilleurs soldats de l'armée et la nouvelle noblesse guerrière de l'Empire. Par ailleurs le kislar-agha Saut de Biche, sur lequel votre bonté s'est étendue, n'a pas cru devoir ruser plus longtemps. Dès l'arrivée secrète de Begtache, il s'est empressé d'abandonner ses appartements et de se réfugier dans l'un des dix kiosques de Kossem, où il assure la liaison entre les janissaires et les eunuques.

A l'annonce de ces nouvelles, Tarchane vacilla et essuya son front moite d'une main tremblante.

— Ma mère approuve-t-elle la conduite de l'officier? demanda-t-elle.

— Non, Begtache Agha ne semble pas l'avoir informée, répondit le spadone faisant soudainement preuve d'intuition. Sans doute veut-il placer la sultane grecque devant le fait accompli. Cependant la situation ne me paraît pas désespérée. L'armée des huit pachas des provinces, qui devait se rendre en Crète avant-hier, n'a pu embarquer, faute de vaisseaux. Elle bivouaque dans les casernes Mouradiyé et Daoud Pacha, aux abords de la capitale. J'ai pris la peine d'envoyer vos chambellans l'avertir de la présence illicite de Begtache, avec ordre de nous secourir au plus vite.

Entraînant Tarchane à l'écart, Goutte de Musc poursuivit :

— Cette armée, forte de soixante mille hommes, nous aidera à éventer le complot de Kossem. C'est pourquoi il nous faut gagner du temps et empêcher la jonction entre les eunuques de la vieille validé et les janissaires de l'officier, lesquels n'attendent qu'un signal pour entrer au palais. Ne nous contentons pas de mesures dérisoires. Fermez les trente portes du sérail, alertez vos domestiques, prévenez vos partisans et empêchez quiconque de pénétrer dans l'enceinte sacrée sans ordre du sultan. Je dispose de trois cents spadones et *baltadjis,* tailleurs de bûches. Ils assureront votre protection et ne regarderont pas à la besogne. Frappons à la tête, le reste tombera de lui-même. Si vous graciez Kossem, elle recommencera. Tuez-la. Dans la confusion qui régnera tout à l'heure, personne ne vous rendra responsable de cet assassinat. Si vous ne tenez pas à vous souiller les mains, forcez votre fils à signer l'arrêt de mort de son aïeule.

Sombrant dans une stupeur où elle entendait sans les comprendre les propos de son interlocuteur, Tarchane se réfugia dans son rôle préféré, celui de victime. D'une voix sans timbre, elle révéla au spadone ses tourments, évoqua l'Empire, l'éducation d'un enfant ingrat, les affaires de l'Etat, pas un confident, pas une affection sincère, et maintenant son ennemie qui désirait la tuer. Ne valait-elle rien ? Ne pouvait-on l'aimer pour ce qu'elle était ?

L'horreur de la situation la submergea et la tentation d'en finir l'anima d'une terrible ardeur. Elle revint sur ses pas, s'assit sur le bord du sofa impérial, agrippa son fils Mahomet et le supplia de l'entendre.

— Mon lionceau, l'heure est grave ! dit-elle avec fermeté. Des janissaires sans foi ni loi méditent de tuer ton aïeule. Ordonne aux gardes de la conduire hors du sérail. Le temps presse. Ma vie, ta vie importent peu, mais au moins, permets à Kossem d'être saine et sauve.

Dans un élan habilement simulé, elle se dirigea vers un pupitre, y déposa une feuille de papier frappée à l'effigie du sultan et se mit à écrire :

Nuit maudite du 2 septembre 1651, du Refuge des Inviolables.

Votre validé Tarchane, « Celle qui ne voit pas les hommes et que les hommes ne voient point », vous prie d'acheminer la sultane douairière Mahpeïker hors de ses chambres de la Cité Lumière. Vous assurerez sa protection jusqu'au palais des Grenats et me répondrez sur votre tête de la parfaite exécution de cet ordre.

Prête à payer le prix de sa tranquillité, elle rédigea le même texte sur quatre autres feuillets, puis, regardant si Mahomet ne l'observait pas, traça ces lignes sur un cinquième billet :

Au nom d'Allah le Clément et du sultan Mahomet IV. De même qu'il est impossible à deux sabres d'entrer dans le même fourreau, il ne peut exister deux validés dans le même empire. C'est pourquoi la dénommée Mahpeïker, ancienne sultane douairière, n'est plus digne de voir le jour. Nous commandons aux porteurs et destinataires de ce billet d'exterminer celle qui a été condamnée par la justice impériale et la volonté divine.

Le plus naturellement possible, Tarchane plaça cette cinquième feuille à la suite des quatre premières, et les présenta à son fils pour les lui faire signer. Elle disposa une écritoire portative près du lit et trempa une plume dans un encrier de jade.

Chaque fois que sa mère exigeait de lui quelque faveur, Mahomet se mettait sur la défensive. Aussi feignit-il de prendre connaissance des plis. Or sa mère ne l'entendit pas ainsi. Prétextant qu'il fallait agir immédiatement, elle le bouscula, le contraignit à signer les billets et à y apposer son sceau : un faucon blanc qui tenait entre ses serres le soleil et la lune.

Dès qu'elle fut en possession des lettres paraphées, Tarchane eut l'impression d'être une musulmane exaucée dans son désir de chair. Elle émit un ricanement de satisfaction, rejoignit Goutte de Musc et lui dit d'une voix dépourvue d'émotion :

— Voici l'arrêt de mort de la chère pauvre Kossem. A toi de jouer. L'assassin de la validé n'aura pas à se plaindre. J'exaucerai ses désirs et lui constituerai un harem digne de Salomon. Tout à l'heure, tes hommes reviendront ici ; ils signifieront à Mahomet être aux ordres de Kossem et lui annonceront leur intention de le tuer. Pour parer à cette menace imaginaire, je brandirai un poignard et réussirai à les mettre en déroute. Mon fils doit être convaincu des mauvais sentiments de sa grand-mère à son encontre. Tu m'as bien comprise ?

Le spadone hocha la tête, secoué par un rire nerveux.

— J'exécuterai vos ordres, assura-t-il avec délectation. S'il plaît à Allah, la tête de votre ennemie sera à vos pieds dans quelques heures.

Tarchane s'assombrit, effrayée.

— Ne la décapite surtout pas ! L'étrangler suffira. Je veux pour elle une mort propre et nette. Va maintenant. J'oubliais... La Cité Lumière m'a coûté des sommes fabuleuses, arrange-toi pour ne rien dégrader !

Le spadone s'empressa de saluer sa souveraine et s'éloigna vers le corps de garde afin d'y réveiller les chambellans de la chambre intérieure de Sa Majesté et les baltadjis.

— Malheureux ! hurla-t-il. Vous passez votre temps à dormir pendant que les janissaires de Crète, débarqués à Istanbul, s'apprêtent à envahir le sérail ! Ces traîtres, de connivence avec Kossem, ont juré de tuer le jeune sultan et d'asseoir le commandant Begtache sur le trône. Officier de Bouche, Scorpions Noirs, et vous, baltadjis, mettez vos casques à visière, munissez-vous de frondes et de javelots, secouez votre torpeur, demain nous serons esclaves ou maîtres de Topkapi !

Le spadone se tourmenta longtemps pour savoir par quel moyen il tromperait la vigilance des guichetiers malabars, ces gardiens préposés à la surveillance des appartements de Kossem. C'est qu'avec son habitude de compliquer les choses, la Grecque avait prétexté l'insalubrité de ses alcôves pour changer de résidence et se réfugier dans le quartier des eunuques dont l'épaisseur des remparts découragerait tout coup de force. De plus, les veilleurs qu'elle venait de placer en haut des chemins de ronde communiquaient entre eux par fanions, allumaient des feux, se lançaient des cris stridents. L'œil attentif à tout ce qui bougeait, l'oreille à l'affût du moindre bruit, ils avaient fixé à leurs mollets une courge creuse contenant des billes d'ivoire, dont le choc les empêchait de s'assoupir et rassurait Kossem qui les entendait par-delà les fenêtres grillagées de son boudoir.

Goutte de Musc fit en sorte de ne pas donner l'éveil ; il recommanda aux siens d'envelopper leurs babouches d'étoffe afin d'étouffer le bruit de leurs semelles d'argent ; il s'approcha des créneaux et transmit des ordres à la suite desquels plusieurs groupes se disséminèrent vers les portes principales. Rarement opération fut aussi brillamment menée.

Spadones et baltadjis se servirent de leur fronde, neutralisèrent les guetteurs, les dépouillèrent de leurs éperons d'or, fixèrent ceux-ci à leurs pieds, et revêtirent leur cape de feutre noir. De proche en proche, ils envahirent les chemins de ronde. Les deux cents eunuques de la Garde Voilée bâillonnés, Goutte de Musc s'infiltra dans le quartier de Kossem, enfin livré à ses convoitises.

Dans le boudoir du quartier des eunuques, Kossem se consacrait à sa toilette. Assise devant ses miroirs de cristal, elle constata avec admiration combien elle s'était conservée droite et alerte. Sa robe de platine et ses trois voiles d'un rose pâle soulignaient ses formes et révélaient la femme magnifique qu'elle avait été. Un anneau d'or serti de perles blanches ornait ses narines, et à ses oreilles brillaient des pendants en demi-lunes. Avec la grâce qu'elle mettait dans toutes choses, elle glissa sous sa coiffe une calotte d'acier, enfouit sa dague sarrasine dans la ceinture de cachemire et enfila des babouches noir et argent dont les pointes recourbées contenaient un redoutable somnifère.

Pour chercher une diversion aux craintes qui l'assaillaient, elle repoussa ses fards égyptiens, alla à la fenêtre et regarda dans la nuit enneigée. Enveloppés dans des fourrures de loups des Balkans, les Gardes Voilés faisaient retentir leurs éperons ; leurs torches, sans cesse menacées par le vent, jetaient sur les créneaux une lueur rougeâtre. Dans les jardins impériaux, les pruniers se tordaient, échevelés, et les étendards en soie de la validé menaçaient de s'arracher de leur hampe. Ce lugubre spectacle effraya Kossem. Elle eut alors le pressentiment que tout était perdu.

Quand l'horloge de Saxe égrena ses douze coups de carillon, elle s'efforça de garder un calme apparent et demanda à Saut de Biche de veiller derrière la porte d'entrée. Soudain elle entendit des pas.

— Ce sont eux ! applaudit-elle. Nous sommes sauvés !

Dans sa précipitation, elle faillit ouvrir, mais au dernier moment elle se contenta d'entrebâiller le vasistas. Quelle ne fut pas sa surprise de constater que les cires des couloirs avaient été soufflées !

Pâle et défaite, elle murmura d'une voix inaudible :

— Les janissaires de Begtache Agha sont-il arrivés ?

Goutte de Musc, qui venait de s'introduire dans les corridors, suivi de ses spadones, se substitua au chef de la Garde Voilée.

— Mère sultane ! Lumière de l'Univers, répondit-il à travers le guichet, le noble Begtache vous prie de sortir de vos chambres et de venir à sa rencontre dans les premières cours du sérail.

Pleine de méfiance, Kossem marqua un temps d'hésitation, et demanda au prétendu garde voilé de lui révéler le mot de code convenu.

Surpris, Goutte de Musc oublia de déguiser sa voix.

— Quel mot de code ? s'exclama-t-il sur une intonation pleine d'arrogance.

Cette façon de parler propre aux spadones alerta la sultane. Sans bruit, elle ferma le guichet, recula, évita le plus petit craquement sur les lattes d'acajou du parquet et, d'un signe de la main, ordonna à Saut de Biche de s'éloigner vers l'arrière-fond des appartements. Les prédictions de l'astrologue du harem lui revinrent brusquement en mémoire : *En misérable tu es venue, de même tu partiras.*

Emu, Saut de Biche prît les mains de sa maîtresse et en embrassa les paumes. Par gestes, il enjoignit à la souveraine de se cacher dans un *youklouk*, une armoire à double fond servant de garde-robe. Il l'enroula dans un tapis du Caucase, la déposa dans la partie la plus profonde du meuble et, sans se soucier de ses protestations, poussa la porte coulissante.

— Ouvrez ! Au nom de Sa Majesté Mahomet IV ! réitéra Goutte de Musc. Comme il n'obtenait pas de réponse, il ordonna à ses hommes d'enfoncer la porte. Le guichet déchiqueté par les haches, les spadones se ruèrent à l'intérieur. Ils ne prêtèrent aucune attention à la penderie et investirent les autres chambres, s'encourageant les uns les autres. Goutte de Musc, plus méfiant, se garda de les suivre ; il revint sur ses pas, détailla les lieux puis marcha en direction du placard avec une lenteur hallucinante. De sa poigne de guerrier, il écarta les vestes de coton, les manteaux d'ours et les ballots de soie. Son attention fut attirée par l'immense tapis roulé dans le fond. Il le souleva, sentit quelque chose qui remuait, le déroula. Le souffle lui manqua quand la validé, délogée de sa cache, s'effondra à ses pieds.

Kossem rampa vers lui, s'agrippa à ses genoux et, par mégarde, effleura sa prodigieuse virilité. Le spadone tressaillit, irrité par la soudaine intimité de leurs chairs. Il se ressaisit, enlaça d'une main la gorge de la Grecque, arracha de l'autre la dague que la traîtresse, malgré ses dehors suppliants, s'apprêtait à brandir, et l'immobilisa, le visage contre le parquet. Au moment où il se penchait vers elle pour l'étrangler, le nuage de poudre d'or qui saupoudrait la coiffe de la sultane se répandit autour de lui et l'aveugla. Kossem en profita pour se relever. Dans un tâtonnement, Goutte de Musc la rattrapa. Contre toute attente, la vieille souveraine ne manifesta aucune peur. Elle enserra le torse du spadone de ses jambes, et de sa dent d'acier qui lui servait d'incisive (*), lui mordit un doigt au point de lui broyer une phalange. Le spadone hurla de souffrance, grommela une malédiction, mais ne lâcha pas prise. Il projeta, d'un coup de pied, la sultane à terre, la chevaucha entre ses cuisses d'athlète et entoura son cou d'un lacet en peau d'alpaga. Hoquetant, la validé lui lança un regard désespéré.

— Par la faible onde qui bat à mon poignet, épargne-moi, supplia-t-elle. Je t'indiquerai la cache des trésors de ce palais. Tu seras riche !

Devant l'inutilité de sa prière, elle érafla, dans un ultime réflexe, le mollet de Goutte de Musc du bout pointu de sa babouche enduite de somnifère. Sous l'effet immédiat de la drogue, le spadone s'écroula sans connaissance.

Aussitôt Kossem desserra le lien autour de sa gorge, aspirant l'air avec volupté. Elle quitta la pièce et s'enfonça dans les ténèbres des galeries, trop terrifiée pour songer à ameuter les eunuques de la Garde Voilée. Afin de ne pas perdre l'équilibre, elle s'adossait aux murs, y laissant l'empreinte de ses doigts. Des perles de sueur tremblaient sur son front, et ses joues se creusaient au rythme de sa fuite.

— Non ! Pas maintenant, Allah ! suppliait-elle tandis qu'elle promenait autour d'elle un regard douloureux. Ce n'est pas possible. Je n'ai pas profité de la vie. Pas maintenant Allah. Au secours ! S'il vous plaît !

Elle comprit qu'elle atteignait le tournant ultime de son destin, mais de repenser à l'esclave qu'elle avait été, autrefois, l'anima d'une rage de vivre. Elle se dépouilla de son caftan, jeta ses

(*) Les odalisques du harem impérial avaient deux incisives d'acier et deux molaires en or massif, prothèses qu'on leur fixait dès l'âge de quinze ans.

bracelets et se couvrit avec le voile noir d'une intendante qui gisait à ses pieds.

— Je m'en sortirai ! jura-t-elle, farouche. Grâce à ce voile, les spadones me confondront avec une gouvernante du harem. J'irai retrouver Mahomet, sur les genoux s'il le faut !

Dans les appartements dévastés, Goutte de Musc secoua sa torpeur. L'effet du somnifère se dissipait et le froid coagulait déjà le sang de sa blessure. Ne plus voir le corps de sa victime l'horrifia. Il se releva, tituba, chercha n'importe quoi qui lui servît d'arme et finit par découvrir une hache digne d'un Tartare des steppes. Dans l'allée des Tamaris qu'il finit par atteindre, la confusion était complète. On frappait sur des gongs portatifs. Des hallebardiers arrivaient, essoufflés.

— Où étiez-vous passés ? maugréa le spadone dont les traits durcis accusaient la nervosité.

— Nous avions cru Kossem réfugiée chez ses servantes africaines, répondirent les autres. Nous sommes donc entrés chez les *godias*. Nous avons enfoncé les portes, mais nous n'avons pas trouvé la sultane.

— Moi, si ! rectifia Goutte de Musc. J'avais réussi à garrotter la Grecque et à la blesser, mais cette chienne de chrétienne m'a échappé. Regardez ces traces ! Ces gouttes de sang proviennent de son corps !

Peu après ils croisèrent une vieille femme en loques, probablement une intendante malmenée par les baltadjis. Elle cheminait lentement et s'efforçait de dissimuler son visage sous un voile noir.

— N'as-tu rien vu depuis tout à l'heure ? l'interpella Goutte de Musc.

La femme esquissa un vague sourire qui plissa ses yeux clairs.

— Beau seigneur, j'ai aperçu cette gueuse de Kossem, dit-elle avec vivacité. Elle fuyait vers le corridor aux Emeraudes qui précède la cour des Moineaux, et l'antilope n'était rien auprès d'elle.

Le groupe s'apprêtait à s'orienter dans la direction indiquée, quand Goutte de Musc se retourna et distingua des traces de sang sur la robe de celle qu'il prenait pour une intendante.

— Halte-là, intima-t-il.

Se voyant découverte, la sultane ramassa un baquet de peinture noire qui traînait là et le jeta sur Goutte de Musc.

— C'est Kossem ! hurla le spadone en se débattant dans le liquide qui l'aveuglait.

D'un geste rageur, il frotta la peinture qui engluait ses paupières et lança à Kossem un regard meurtrier.

Horrifiée de rencontrer une violence si proche de la sienne, Kossem se réfugia dans l'allée des Moineaux, une cour à ciel ouvert balayée par le vent et la neige. Sans se soucier du froid qui la perçait, elle chercha à se défendre. Ayant avisé un flacon de parfum qui gisait sur le sol, elle s'en empara, le cassa sur le rebord d'une grille en fer forgé, serra le tesson dans ses paumes ensanglantées et fit face, prête à affronter son assaillant. Ses lèvres décolorées tremblaient, et sous les sourcils agités de tics, les yeux n'étaient plus que deux boules affreusement blanches.

Les spadones la désarmèrent aisément, la rouèrent de coups, tout en l'injuriant.

— Tu as profané l'islam ! Chrétienne, le moment est venu pour toi de partir en enfer !

— Laissez-moi partir d'ici, supplia-t-elle avec les accents d'une petite fille, essayant encore une fois d'attendrir ses bourreaux.

Bien décidé à en finir, Goutte de Musc la fit trébucher violemment. Pour l'empêcher de se débattre, il lui lia les poignets dans le dos, entoura son cou d'un épais cordon, y glissa le manche de sa hache et s'en servit à la manière d'un tourniquet.

La joue écrasée contre le pavé glacial, Kossem leva les yeux dans un mouvement d'imploration ; une feuille d'un marronnier, en tombant, effleura son visage. Comme dans un brumeux rêve d'enfant, il lui sembla voir son père lui tendre les bras et entendre les cloches de la petite chapelle d'Athènes se mêler à l'appel des muezzins de la Mosquée Bleue. Des mots qu'elle croyait bannis de sa mémoire expirèrent sur ses lèvres : « Jésus ! O Sauveur qui fut immolé sur le Golgotha, je t'en conjure, par les clous de fer qui te percèrent les mains, délivre-moi ! »

Sous la pression du tourniquet qui lui écrasait les cartilages, elle crispa sa mâchoire. Sa langue surgit, violacée, ses dents s'entrechoquèrent. Dans un ultime spasme, elle poussa le cri le plus terrifiant jamais libéré par une âme humaine.

Goutte de Musc relâcha lentement son étreinte, doutant un moment que Kossem fût enfin morte. Il contempla sa gorge avec une avidité obscène, la pétrit et s'étonna de la trouver si ferme. De sentir ce corps encore chaud l'émut au point qu'il se demanda s'il ne pourrait pas le souiller. Mais non, il y avait trop de monde autour de lui !

Toujours armé de sa hache, il partit marauder dans le palais, espérant remplir ses poches de quelque objet de valeur. Dans l'une des alcôves, il découvrit Saut de Biche à demi inconscient. Il le saisit par le bras et le traîna jusque dans les appartements de Tarchane.

Un cyclone semblait s'être abattu sur les chambres impériales. Comme convenu, les sbires de Goutte de Musc avaient suivi les instructions de Tarchane pour persuader Mahomet que sa grand-mère avait projeté d'attenter à sa vie.

— La besogne est faite, annonça Goutte de Musc à Tarchane. J'ai tué de mes propres mains l'incarnation du démon. La validé grecque est morte. A présent je veux ma récompense. Je désire cet eunuque et son palais.

— Mais je n'ai pas ordonné un tel assassinat ! s'indigna Tarchane.

Le colosse leva la hache dans sa direction.

— Attention à tes paroles, sultane ! prévint-il. Il y a quelques heures, tu as ordonné de massacrer Kossem et ses partisans.

— Kossem morte ! bégaya Mahomet incrédule. Ma grand-mère disparue ! Non ! Ce n'est pas possible !

Tarchane ne disait rien. Au fond, la mort de sa mère adoptive suscitait en elle un ravissement sans mélange. Avec un talent consommé d'actrice, elle feignit l'émotion, parvint à verser une larme, et prétendit qu'on avait mal compris ses ordres.

— C'est bien ! finit-elle par dire au meurtrier. Prends cet eunuque et son palais. Mais ne reparais jamais plus à Topkapi !

Goutte de Musc s'inclina, puis, empoignant Saut de Biche, sortit.

Mahomet s'attendait à voir sa mère pâlir d'effroi. Il chercha à surprendre l'esquisse d'un sentiment humain sur son visage.

Mais le regard de Tarchane était froid et ses lèvres s'étiraient en un sourire cruel.

— Vous laissez partir cet assassin ! s'emporta Mahomet. Quelle honte d'être tombé dans votre traquenard. Maudite sultane ! Vous avez tué ma grand-mère. Vous auriez pu vous contenter de l'enfermer ou de l'écarter, mais non, vous vouliez sa mort, tellement vous la haïssiez.

Tarchane blêmit. Ses yeux tentèrent d'exprimer l'innocence, comme si les événements seuls, et non sa propre volonté, l'avaient incitée à tuer la validé.

— Ton aïeule était une agitatrice ! insinua-t-elle après avoir porté un mouchoir parfumé à ses narines. Elle avait conclu un pacte avec les forces occultes de Topkapi. Même les chats castrés qui l'accompagnaient dans ses rondes nocturnes avaient un comportement bizarre avec elle. Cette fois Topkapi s'est vengé. Quiconque profane et détruit le palais encourt un châtiment mortel. L'incendie d'il y a quelques mois m'a sauvée, car sans les flammes, Kossem se serait enfuie par les galeries secrètes et aurait ensuite levé des armées contre moi. De quoi n'aurait-elle pas été capable ! Elle t'aurait entraîné à Ispahan, toi un enfant de douze ans, et tu y aurais connu tous les tourments !... Que caches-tu dans tes mains ? Une mèche de cheveux de cette chère Kossem ! Tu voulais peut-être la conserver pieusement ? Au feu !

D'un geste rageur, elle éparpilla les cheveux dans la cheminée de marbre, se frotta les doigts de peur de s'être souillée et grimaça lorsqu'une odeur de roussi se répandit.

— Que je n'entende plus parler de ton aïeule ! reprit-elle au comble de l'hystérie. La dépouille de ta grand-mère sera jetée à la mer, car elle n'est pas digne d'avoir une sépulture musulmane. Les mosquées trembleraient si elles recevaient en leur sein une telle pécheresse !

A ces mots, le jeune sultan bondit, s'empara d'une dague et se dressa, menaçant.

— Ma grand-mère sera embaumée, affirma-t-il en pointant son arme vers Tarchane. Elle sera enterrée dans la Mosquée Bleue à côté de son époux feu Ahmed Ier. Je pourfendrai de ma main quiconque donnera un ordre contraire !

Tarchane jugea préférable de ne plus contrarier son fils. Elle avait Topkapi à ses pieds, mais la partie n'était pas jouée pour autant. Si l'armée des pachas des provinces ne marchait pas sur la capitale pour lui prêter main-forte, les soudards de Begtache, débarqués de Crète, la tiendraient à leur merci et lui feraient payer cher l'assassinat de leur vénérable aïeule.

Quand les vigiles dépêchés sur les chemins de ronde lui apprirent que l'armée des provinces venait d'arriver à marches forcées et défendait déjà les abords du palais, elle jubila, mais ce fut pour mieux s'inquiéter de l'issue du combat. Qui, des pachas ou de Begtache, l'emporterait ? Saisie d'une fièvre mystique, elle égrena son chapelet aux perles d'ambre.

— Saint Prophète ! Permets ta victoire et daigne recevoir l'âme de la validé Kossem, récita-t-elle d'un ton précipité. Pardonne à ton humble esclave de lui avoir ôté la vie, ce sacrifice était hélas nécessaire à la tranquillité de l'Empire.

Juché sur un petit cheval aux yeux de feu, Begtache Agha pesta contre les rafales de vent. Des écharpes de brume rampaient vers le port d'Istanbul et l'empêchaient de distinguer les galères qui, depuis la Crète, lui avaient permis d'acheminer ses troupes jusqu'au débarcadère de la Corne d'Or. D'une voix forte, il pressa les retardataires et leur enjoignit de rallier la place de l'Hippodrome, à quelque distance de Topkapi. Pas un seul instant l'officier ne pensa se heurter aux armées confédérées des pachas de province. Afin de gagner du temps, il s'était même gardé de débarquer les trente canons de ses vaisseaux. Emporté par le galop de sa monture, il dépassa les cavaliers de sa colonne et se porta vers la place de l'Hippodrome.

Quand il aperçut, dans un rougeoiement de torches, une prodigieuse multitude d'hommes en arme, il crut que, Kossem, maîtresse de la situation, s'apprêtait à l'accueillir en héros. Très vite, il se rendit compte de sa méprise. Envoyé en avant-garde pour voir de quoi il retournait, un courrier revint, l'air hagard.

— Agha ! Nous sommes perdus, dit-il d'une voix décomposée. Les pachas des provinces, que nous supposions en Crète, ont ajourné leur départ. Prévenus de notre présence, ils viennent de prêter allégeance à Tarchane et menacent d'engager le combat. Par ailleurs nous ne pouvons entrer à Topkapi, les portes en sont fermées, gardées par un régiment de fantassins d'Izmir. Du haut des créneaux, des vigiles se tiennent prêts à nous tirer dessus à l'aide de mousquets et de bombardes. Nous risquons d'être pris entre deux feux !

Begtache hésita à croire de tels propos ; il s'arma d'une longue-vue et, le visage grimaçant de dépit, discerna la plus formidable armée qu'il eût jamais rencontrée en ce monde. Partout où ses regards portaient, ondulait une interminable forêt d'attelages, de campements, de bataillons, d'archers. Composée des meilleurs guerriers d'Alep, l'aile gauche protégeait les accès de Topkapi, impeccablement alignée. C'était partout des régiments dix fois supérieurs en nombre, face auxquels les troupes de Begtache faisaient piètre figure.

Montés sur leurs chevaux, les huit pachas des provinces lissaient leurs moustaches huilées et dissimulaient à peine leur sourire. La pensée d'en découdre avec Begtache, cet aventurier à qui ils reprochaient ses origines chrétiennes, n'était pas pour leur déplaire.

Pris de vertige, Begtache se demanda comment il vaincrait de telles troupes. Recouvrant tout son sang-froid, il fit faire une volte-face à sa monture, commanda à ses hommes d'adopter la formation de combat : il disposa en première ligne les Grecs des îles mortes, et dans la seconde, ses vétérans de guerre.

Tout d'abord, chacun attendit que l'autre attaque le premier. Begtache ordonna alors le commencement de la bataille. Debout sur ses étriers d'or, sabre au clair, il entraîna ses cavaliers comme aucun colonel n'eût osé le faire. Dans un élan vigoureux, il culbuta l'avant-garde adverse au point de pénétrer dans le campement des pachas et d'y enlever un emblème. Au moment où il amorçait une charge décisive, une salve de mousquet lui érafla le bras et le désarçonna.

Pour beaucoup ce fut la preuve éclatante que Dieu n'était plus avec lui. Les Grecs de l'avant-garde crurent leur chef tué. Aussi demandèrent-ils aux officiers de la seconde ligne de les appuyer. Ne recevant aucune aide, ils s'estimèrent trahis et retournèrent leur sabre contre leurs propres compagnons d'armes. Une horrible confusion s'ensuivit. Les pachas profitèrent de cette mêlée inattendue et lancèrent le gros de leurs effectifs. En un éclair la victoire changea de camp.

Harcelé de toutes parts, Begtache tenta de se dégager, mais écrasé sous le nombre, il fut impitoyablement piétiné. Le tranchant d'un sabre s'abattit sur lui, un deuxième l'atteignit au bras, puis un autre au mollet, et un autre encore. Il loua Kossem jusqu'à son dernier souffle.

— Adieu Mahpeïker, fleur et flamme d'Istanbul. Adieu donc éternel mois d'Avril ! hurla-t-il, avant de s'effondrer, sanglant, sous les coups répétés.

Prenant la place des soldats, les bourreaux le décapitèrent et le dépouillèrent de ses vêtements, plaisantant sur les dimensions prodigieuses de son membre viril. Du bout de leurs bottes, ils firent rouler dans la boue le corps tronqué. Ils s'emparèrent de la tête sanglante, vidèrent les orbites, les truffèrent d'aromates et imprimèrent sur le front « le Tatouage de l'Infamie », deux traits se croisant en X. Sans cérémonie, ils disposèrent le trophée dans une malle en cuir de Cordoue, y collèrent une étiquette avec cette inscription :

De la part des pachas des provinces
A l'intention du Grand Confiseur de Sa Hautesse Tarchane
Nougats, Baklavas et Ecorces d'Oranges. A tenir au sec.

Une lueur de triomphe dans les yeux, le spadone Goutte de Musc poussa devant lui Saut de Biche et, par une allée recouverte de neige, entra en maître dans la villa d'été du kislar-agha, une demeure levantine aux jardins délicieux, située à la porte d'Andrinople.

Saut de Biche sombrait dans un état de prostration dont personne n'aurait pu le soustraire. Il ne cessait de s'accuser d'avoir manqué au serment qu'il s'était fait, de protéger sa maîtresse aux dépens de sa vie. Affalé près de lui, le spadone proférait les grossièretés les plus basses et s'enivrait de *bozza*, une boisson de millet et de lait de jument fermenté.

— Ta sultane était une véritable cavale à l'état sauvage ! déclara-t-il à l'eunuque. Cette odieuse créature m'a mordu jusqu'à l'os et volé un doigt. Je regrette que mon poignard n'ait pas goûté le sang de sa poitrine. Des femmes comme elle ne méritent pas d'exister.

Continuant à vociférer, il vida plusieurs flacons de vin de palme et de liqueurs, puis, assommé par les vapeurs de l'alcool, finit par s'endormir. Soudain des ombres se profilèrent devant Saut de Biche. Le Gardien des vierges sursauta, se tassa contre les fourrures de petit-gris de Sibérie, et dans l'obscurité glauque, discerna le jeune sultan Mahomet entouré d'une escorte portant des torches. D'un signe, l'enfant lui ordonna de le rejoindre en silence. Ceci fait, il enjoignit à ses gens d'accomplir leur besogne.

Dans une grande envolée de capes, les hommes de basses œuvres firent cercle autour du meurtrier et l'aspergèrent de fioles contenant du vitriol. La brutalité du choc causa, chez Goutte de Musc, une sorte d'anesthésie ; il mit un certain temps avant de sortir de sa prostration et de pousser des cris effrayants. Les mains en avant, à la recherche de ses agresseurs, il esquissa d'horribles mouvements de va-et-vient. Un bouillonnement d'écume blanche apparut à la commissure de ses lèvres, son visage se nécrosa tandis que ses yeux, au contact de l'acide, se striaient de veinules rouges. Il y eut des hurlements sinistres, puis d'autres encore qui emplirent les ténèbres finissantes de la nuit.

Mahomet n'accorda aucun regard à l'assassin. Avec une autorité désarmante, il commanda à Saut de Biche de le suivre au Vieux Sérail où il assisterait à l'embaumement de Kossem, et le pria de monter avec lui dans une litière protégée par une nuée de cavaliers.

Par la vitre de la voiture ornée de petits cristaux de givre, Saut de Biche distingua les cyprès saupoudrés de neige et les minarets environnés de brume. Les habitants du quartier de la porte d'Andrinople se courbaient devant le triomphe des pachas des provinces. Des patrouilles allaient au pas de course, scandé par les plaintes aiguës des trompettes et le roulement des tambours.

Quand la Vallée des Larmes Amères fut en vue, l'eunuque éprouva des sentiments douloureux. Il reconnut aussitôt les senteurs familières de la demeure. Par la magie du souvenir, il se rappela le Palais Invisible dont il connaissait tout : le lac artificiel où Kossem jetait de la mie de pain aux cygnes blancs, les pelouses à peine effleurées par les oiseaux des Caraïbes, et le

Kiosque des Désirs dans lequel de beaux esclaves mâles couvraient les prisonnières de baisers inoubliables.

D'un pas mal assuré, Saut de Biche entra dans la chambre mortuaire. Le cœur lui manqua quand il aperçut, allongée sur une table de marbre blanc, celle qui avait été sa vieille et irremplaçable amie. La malheureuse Kossem gisait, enveloppée d'un haïk blanc. Elle montrait un visage d'enfant étonné, et paraissait avoir trouvé, dans la mort, la sérénité qu'elle désespérait de ne jamais découvrir ici-bas. Sa paupière droite arrachée et sa joue tuméfiée, témoignaient de sa lutte acharnée contre les spadones. Sur son cou comprimé, s'étalait une balafre en forme de lèvre béante.

Enfouies dans un tchador qui les rendait encore plus sombres, des servantes africaines caressaient ses cheveux, pétrissaient sa main roide, et manifestaient ouvertement leur douleur.

— O sœur aimée de toutes les sœurs, se lamentaient-elles, pourquoi es-tu partie ? Qui nous défendra désormais ?

Au milieu de cette angoisse qui étreignait chacun, les laveuses de morts s'affairèrent autour de la dépouille. Tout en chantant des hymnes religieux, elles enduisirent le corps d'huile d'amande douce et d'hamamélis, et déposèrent dans le creux des oreilles de la ouate parfumée à la verveine. Lentement elles la chaussèrent de babouches neuves, comme si Kossem devait marcher dans l'autre monde, et glissèrent dans la paume de la main gauche une pièce d'or, afin de soudoyer le portier du paradis au cas où celui-ci aurait l'audace d'interdire à la validé l'entrée du ciel.

Elles hésitèrent longtemps avant de la déposer dans son ultime prison, un cercueil en bois d'orme, mais déjà l'âme de la sultane s'échappait, irrésistiblement attirée par le mystère de l'au-delà.

Epilogue

La nuit où il assista à l'embaumement de Kossem, Saut de Biche interdit aux godias, les servantes africaines, de se donner la mort.

— Il faut continuer à vivre, leur dit-il tandis qu'il essuyait furtivement une larme du revers de la main. Notre mère est partie, mais combien elle aurait aimé nous voir vivants ! Le padichah Mahomet jure de nous affranchir et de nous laisser aller à l'île des Jardins du Caire.

Le sultan tint parole. Le jour du départ, le soleil se levait et la rosée ressemblait à une pluie de diamants.

Au moment de quitter Istanbul, à la tête d'une caravane de chameaux, Saut de Biche saupoudra de poivre les yeux des montures afin qu'au long du trajet, les bêtes répandent des larmes en hommage à la disparue, puis il s'engouffra dans son palanquin et contempla une dernière fois les sept collines de la capitale. Durant le voyage, de sombres pensées l'agitèrent. Que trouverait-il au Caire ? Ne serait-il pas livré à la prévôté égyptienne ou à la folie de quelque étrangleur dépêché par Tarchane ?

C'est dans cette disposition d'esprit qu'il arriva dans le palais de l'Oubli des Peines, à l'époque des agneaux. Pendant deux semaines, ce fut la fièvre des installations. Un jour, une surprise se présenta sous la forme d'une lettre écrite de la main de Kossem, en date du 3 avril 1651, et remise à Saut de Biche par le Grand cadi du Caire. Rédigé en chiffres codés, le pli ordonnait à l'eunuque de se rendre secrètement dans la mosquée de l'île des Jardins.

L'eunuque ignorait en quoi le lieu indiqué pouvait l'intéresser, mais les consignes de la lettre lui firent craindre le pire. Dévoré d'inquiétude, il monta dans une litière aux rideaux baissés et demanda à son cocher de le conduire à l'oratoire de l'île des Jardins.

La mosquée dans laquelle il s'introduisit était baignée par les flots du Nil et bordée de palmiers dattiers. Un levier qui déclenchait un mécanisme lui permit de s'enfoncer dans les entrailles du temple et d'aboutir à une salle mortuaire où s'entassaient des coffres en bois aux énormes cadenas. Plus loin une clarté attira son regard. Envahi d'un sombre pressentiment, il se précipita et demeura médusé devant la montagne de lingots d'or qui s'offrait à son regard. Dans un coffret aux armes impériales, il découvrit une missive. Kossem l'avait sans doute fait déposer par un comparse. Le pli, daté du 3 juin 1650, portait la mention : « A n'ouvrir qu'après ma mort. »

A mon brave serviteur et confident, Saut de Biche. Au moment où tu liras cette lettre, peut-être ne serai-je plus de ce monde. Depuis des mois, je me sens surveillée. Ma fille adoptive a supprimé mon douaire de veuve et me contraint à un train de vie indigne de mon rang. Afin de mieux la contrer, j'ai ordonné à mes comptables de vendre mes biens vénitiens et de convertir l'argent de la vente en lingots d'or. Ces sommes, dont j'ai prélevé une part importante pour ma subsistance personnelle, ont été transférées en Egypte afin d'échapper aux convoitises de la sultane Tarchane. Au cas où il m'adviendrait malheur, elles te reviendraient de droit et te permettraient de constituer une caisse de bienfaisance en faveur de tes eunuques.

Comme à son habitude, l'Ethiopien agit avec rapidité. Le soir même, escorté de porte-faix muets et aveugles, il se rendit à la petite mosquée et fit transporter les 15 000 lingots d'or dans le couvent des derviches tourneurs, les partisans religieux de Kossem. Là, mieux qu'ailleurs, il pourrait dissimuler son patrimoine.

Par la suite les Gardiens des vierges enrichirent le butin de trophées et de prises de guerre, se léguèrent cet héritage jusqu'au XVIIIe siècle, époque à laquelle le sultan Sélim III finit par en découvrir la cache. Pendant plus d'un siècle, les eunuques utilisèrent cet argent. Ils échappèrent aux persécutions, se solidarisèrent et logèrent ensemble dans le palais de l'île des

Jardins, nommé *la litière de la sultane*. Ils adoptèrent des enfants, se constituèrent un harem, furent soignés par des médecins arabes et accomplirent leur pèlerinage à La Mecque.

A chaque anniversaire de la mort de sa maîtresse, Saut de Biche réunissait les rescapés du massacre dans une salle commune. Autour d'un médaillon qui représentait Kossem, il allumait des cires et priait pour le repos de son âme. Fabuleusement riche, il vécut douillettement parmi ses femmes soudanaises et ses serres où, en hommage à la disparue, il acclimata des violettes d'une espèce rare.

Lorsqu'il mourut, le 3 décembre 1691, à l'âge de cent trois ans, les embaumeurs se gardèrent d'orienter son visage vers La Mecque et lui ligotèrent les pieds afin que son esprit ne vienne pas hanter le monde des vivants. Cependant les graveurs du Caire dessinèrent, sur sa tombe ombragée de platanes, un écran de soie, car cette épopée fabuleuse et sanglante n'avait-elle pas commencé par un simple rideau tendu dans une salle du Vieux Sérail ?

Annexes

La gozdé

« Celle qui a attiré l'œil du sultan » ou « dans l'œil ». Les maîtresses de cérémonie la recouvraient du *douvac*, un grand voile de soie noire et la vêtaient d'un caftan si serré qu'on l'appelait « étouffe-soupirs ». Cette jeune vierge, à peine nubile, devait tendre une aiguière d'eau dans laquelle le sultan trempait ses doigts. Lorsque Sa Majesté la regardait, elle feignait de se troubler et de laisser tomber le récipient. Si la gozdé avait la chance d'être rappelée par le souverain, elle devenait *ikbal*, fille de bonheur, et si elle enfantait, *kadine*. Elle pouvait être congédiée par un cadeau d'adieu appelé *guz guevrumluyu*, cadeau pour la vue, et le sultan lui disait : « Que ton dos soit désormais pour moi ce qu'est le dos de ma sœur », termes par lesquels elle lui devenait étrangère. En ce cas, elle rétrogradait, devenait *odalik* (odalisque) de la reine mère qui se chargeait de la marier, en la dotant généreusement, à des chambellans ou des officiers d'armée.

Histoire du collier et du corset de chasteté

— Cf. *Chronique du Razaouet* (Jardin des Justes), Kara Tchélébi Abdoulazziz Effendi, 2 Tomes, feuillets 24-25, Istanbul 1675.

— *Histoire de la Vallée des Larmes*, Merfik Edouane, pp. 12-14, Beyrouth 1906.

— *Dépêches d'Ali Khan* et *Cahiers de Cour des méfaits, actes, combats et paroles des sultanes mères de l'Empire ottoman*, dédiés à Mirza Chah, Ispahan 1653, feuillets 34-38.

La coutume qui contraignait le sultan à subir l'épreuve du caftan et du collier est d'origine turkmène. Elle s'appliquait autrefois aux princesses du sang qui épousaient des pachas de condition inférieure. L'étiquette de la Cour voulait que la princesse reçût son époux avec un dédain à peine déguisé. Assise sur un tabouret à la porte de la chambre nuptiale, elle l'obligeait à s'agenouiller devant elle dans une attitude de muette adoration. Le malheureux pacha demeurait dans cette posture jusqu'à ce que son épouse lui dise : *Sou Ghétir* (Apporte-moi de l'eau). Rayonnant de joie, le mari se précipitait, lui apportait une aiguière d'eau, et lui demandait, en grâce, de lever son voile.

Kossem. Son origine. Son enlèvement et son entrée au harem impérial

Pour l'historien Ahmed Refik (*Kadinlar sultanati*, le sultanat des femmes, Istanbul, 1924), elle serait Serbe. P. Rycaut (*Histoire de l'Empire ottoman*, La

Haye, 1709) la verrait Circassienne. M. d'Ussieux (*Nouvelles et Anecdotes Historiques*, Paris, 1773) la dit Grecque. Piotro Pajaczkowski (*Historia Trzech sultanek tureckich Rosyjskiego Pochodzena,* Histoire des trois sultanes russes de Turquie, Roxelane, Miliclia, Tarchane, Cracovie, 1675, pp. 234-236) affirme qu'elle aurait été cédée par le pacha de Bosnie, puis recueillie au sérail à l'âge de 12 ou 13 ans, aux environs des années 1602-1603, du temps de Mehmet III et de la sultane vénitienne Safiya :

« Le gouverneur de Bosnie l'acheta pour une somme dérisoire. Au cours de la traversée qui devait l'amener à Constantinople, il fut ébloui par sa voix d'or, et la força à divertir ses hôtes de marque, invités à bord de son caïque. Accusé de malversations, son lieutenant craignait d'être dénoncé par lui ; il fit intrusion dans la salle où avaient lieu les chants, captura le pacha et l'enferma dans une réduit sombre. Kossem aurait profité d'un moment d'inattention des gardes pour pousser le loquet de la porte, permettant au pacha de fuir et de rétablir le sort des armes. »

R. Tadewski (*Kronika Tureckiego Dworu,* Chronique de la Cour de Turquie, 1710, pp. 35-40) situe la rencontre avec le sultan à la date de juin 1607 :

« Son nom apparut la première fois lors de la révolte dite *des tulipes et des jardinières*. Alors âgée de quinze ans et considérée comme turbulente, elle fut enfermée dans un cachot, et ses cheveux coupés ras, signe par lequel elle se soumettait sans condition aux exigences des gouvernantes de Topkapi. Elle était classée parmi les noires, alors que les jaunes et les bleues se faisaient une gloire de leur oisiveté et servaient de mouchardes aux intendantes. »

Cf. Grasset de Saint-Sauveur, *Le Sérail ou Histoire des Intrigues du Grand Seigneur,* Paris 1795, 3 volumes. Anon, *Histoire de l'Empire ottoman depuis Shah Souleïman jusqu'à la mort du sultan Mourad IV*, Istanbul 1656, feuillets 34-36.

Son ascension

Ali Khan (*Cahiers de Cour des méfaits, actes, combats et paroles des sultanes mères de l'Empire ottoman,* op. cité, p. 24) déclare que son élévation fut d'une rapidité inouïe :

« Le sultan Ahmed Ier lui épargna cinq années d'épreuves en la nommant aussitôt hasseki. Mahpeïker eut le droit de piquer sur son turban blanc l'aigrette de plumes de héron et de disposer de traînes et de fourrures de zibeline. Son trône consistait en un lit à baldaquin. Pendant les audiences au harem, elle siégeait aux côtés de Sa Majesté, recouverte d'un voile noir, armée de trois dagues, un cimeterre d'or sur ses genoux, la paume des mains relevée vers le plafond. Ce cimeterre pesait lourd, vingt livres, et appartenait à la concubine serbe d'un sultan (Despina) qui fut la première femme-guerrière de la dynastie, puisqu'elle accomplit l'ablation de son sein droit afin de mieux ajuster son arc pendant les batailles contre Tamerlan. »

Sa vie au harem impérial

Au palais de Topkapi, la sultane menait une existence d'une magnificence inouïe. Au matin, les gouvernantes la réveillaient en effleurant d'une plume de héron la plante de ses pieds, lui enfilaient bas de soie et babouches à talonnière, puis la faisaient déjeuner en musique. Les mets que les eunuques lui apportaient avec des doigts d'ivoire ou des gants parfumés étaient cuits non pas sur des cires, mais sur des caftans de soie qu'on enflammait dans l'âtre des cheminées. Ses menus figuraient sur de petites cartes imagées et ses recettes étaient tellement appréciées que l'épouse d'un pacha glissa son mouchoir dans une sauce pour demander à son cuisinier de la renseigner sur les ingrédients qui entraient dans ce chef-d'œuvre culinaire.

Des règles strictes régissaient la vie de la favorite. Par respect pour l'islam, son lit, censé servir autant au repos qu'aux ébats amoureux, n'était jamais orienté vers La Mecque. Lorsqu'elle était indisposée, elle indiquait ses menstrues en nouant une écharpe noire autour de la taille, évitant ainsi au sultan de trop s'approcher d'elle. Des formules fleuries masquaient chaque mot intime ou désagréable. Elle disait « Tige de Jade » pour parler de la virilité d'un homme, « Porte de Nacre » pour les parties du corps, et « Essences des Fleurs de Lune » pour les pertes des femmes. Son emblème était un jasmin pâle luttant contre le vent, mais elle arborait souvent les couleurs du sultan Ahmed Ier : rouge, du sang de ses ennemis, et blanc, de la poussière de ses chevauchées. Ses chambrières ne la peignaient jamais autrement qu'avec des brosses confectionnées avec des cils d'adolescentes et s'adressaient à elle en se prosternant sur une estrade à roulettes afin de ne pas profaner le lieu sacré du harem. Le siège dans lequel la favorite accoucha d'Amurat constituait à lui seul une des originalités du sérail. Ses accoudoirs étaient décorés de coquillages jaspés de noir et de blanc d'où sortait un vent parfumé. Quant au berceau qui abrita ses enfants, c'était un lit de poupée dérobé à un fils de Gengis Khan, où se déployaient deux rossignols de topaze qui gazouillaient dès qu'on les effleurait du bout de l'ongle.

Parvenue au rang de validé, Kossem disposa de la « tiare de reine des reines ». C'était une couronne de jade et de corail confectionnée par Battista Rizzoleti, l'un des plus fameux bijoutiers du Rialto de Venise. Les sultanes osmanlies l'avaient ornée d'émeraudes de l'Oural, de trente grenats de Samarkand et du superbe diamant *Beauté Bleue de l'Asie* de cent six carats, dérobé à une concubine de Tamerlan. Parce qu'elle était la femme du sultan, la Grecque ne vieillirait pas dans l'autre monde. Au Paradis, elle disposerait d'une place éclatante et jouirait d'une jeunesse éternelle, sans jamais quitter cet âge de trente-deux ans que le Coran estime être celui de la perfection humaine. C'était là un fait remarquable, car les Turcs considéraient les femmes comme des objets dépourvus d'âmes et privés à jamais des félicités du ciel. Pendant leurs lunes (leurs menstrues), signifiaient-ils, Allah n'acceptait ni leurs prières ni leur jeûne. Aussi manquaient-elles chaque mois au devoir religieux. Ils y voyaient là la preuve suprême de leur imperfection. Même leur esprit était jugé inférieur. Selon les préceptes du Coran, deux témoignages de femmes équivalaient au témoignage d'un homme.

Kossem ne se soucia pas d'un tel état d'esprit et sut s'élever au-dessus de sa condition. Quand bien même les pensionnaires du harem devaient absolument renier leurs origines, elle chantait chaque matin des cantiques orthodoxes qu'elle avait sauvés de l'oubli. Au cours d'une séance au Divan, elle obtint que les femmes du harem soient régies par la loi du « docus docus lemé » ou loi du neuf fois neuf. Cette mesure permettait aux pensionnaires du palais de disposer d'objets et de vêtements qui ne devaient pas être moins de quatre-vingt-un. Quant aux dignitaires de l'Empire, elle les forçait à lui écrire sur du satin rose. Quand ceux-ci ne le pouvaient pas, ils pliaient le côté droit de leur lettre : le papier n'avait plus quatre angles, mais cinq. Ce qui signifiait : cette page, qui était régulière avec quatre côtés ne l'est plus, et a désormais cinq côtés, preuve de notre imperfection, de notre humble condition.

Malgré tant de privilèges, Kossem sut demeurer bienveillante et accessible à tous. Sa mansuétude s'étendait jusqu'aux plus pauvres. La plus grande punition qu'elle infligea à des domestiques fautifs fut une amende de vingt papillons à capturer dans les jardins du sérail. Soucieuse d'apporter au harem une atmosphère de détente, elle réduisait le temps de travail, interdisait la bastonnade, enterrait la dernière de ses esclaves avec cérémonie comme s'il se fut agi de l'épouse d'un pacha de l'Empire. Même son rossignol-chanteur, qu'elle avait acheté à prix d'or au marché d'Istanbul, ne prit pas la fuite lorsqu'elle oublia de fermer la porte de sa cage. Il est vrai que la prison de l'oiseau était délicieusement ornée : une branche de lilas blanc faisait office de reposoir, deux coupes aérées par un éventail de soie contenaient, l'une de l'eau de source, et l'autre des grains dont elle avait pris soin d'enlever l'enveloppe rugueuse.

Obsédée par le sens de l'économie, la sultane taillait une quinzaine de fois sa plume d'oie avant de s'en débarrasser. Elle marchait tellement dans le palais qu'elle usait deux babouches par mois, mais s'obstinait à ne pas en changer la semelle.

Son énergie était proverbiale. Préoccupée par les affaires de l'Etat, elle forçait le harem à des repas bâclés en quelques minutes. Pour gagner du temps, elle prenait sous le bras des dossiers qu'elle étudiait dans ses cabinets d'aisance. Ses propres adversaires lui reconnaissaient une puissance terrifiante et ne l'appelaient pas autrement que « la dague dans son écrin ».

La Vallée des Larmes

Le Vieux Sérail, Puits des Lamentations, ou Kalkali (Château de l'Oubli) fut construit au nord du Forum de Théodose, sur la troisième colline d'Istanbul appelée *la joue écarlate*, parce que la lumière du couchant venait en colorer la cime. Bâti en 1458, habité par le sultan Mahomet II puis délaissé par ce sultan, il fut détruit au XIXe siècle. Aujourd'hui place Hürriyet, ex-Bayezid, où s'érige une université environnee par les jardins de la Mosquée de Soliman le Magnifique. La forteresse était protégée par cinq cents eunuques de la Garde Voilée, truffée de catacombes et de galeries en colimaçon qui avaient la particularité de faire revenir les évadées à leur point de départ. Les secrets de cette étrange demeure furent bien gardés puisque les trente architectes de la citadelle eurent les yeux crevés et la langue arrachée. Les recluses y étaient à plaindre. Bon nombre d'entre elles sombraient dans la frustration et la folie. Certaines se soumettaient à des rites de sorcellerie. Il y avait des nuits où elles ne dormaient pas, sous prétexte que les génies venaient hanter la forteresse. Pour éviter les cauchemars, elles mettaient leur caftan à l'envers, s'interdisaient de se couper les cheveux le mardi, les ongles le mercredi. Souvent, elles se livraient à une prière spéciale, *le zikre,* une sorte d'extase qui, par des cris et des mouvements désordonnés, les conduisait à un abattement proche de la léthargie. Comme personne ne s'intéressait à elles, elles s'inventaient une famille, créaient une boîte aux lettres et s'envoyaient des plis de cellule en cellule. Lorsque l'une d'elles mourait, elles ouvraient les fenêtres de la prison afin de permettre à l'âme de la morte de se libérer et de monter plus vite au ciel. Leur existence était seulement égayée par l'arrivée des boutiquières, entremetteuses et marchandes d'amour juives. Celles-ci leur vendaient des toupies, des osselets, des cartes de jeu et des tulipans de soie, sortes de turbans qu'on portait inclinés en travers du front, et qui allaient donner leur nom à la tulipe. On proposait également aux prisonnières des élixirs de longue vie et de jeunesse, des pâtes de corail et d'ambre, enfin des rossignols sous prétexte que le chant de ces oiseaux guérissait leurs peines de cœur.

Au temps de Roxelane il y eut un incendie expliqué par Merfik Edouane :

« Prise de convoitise pour les rubis qui ornaient les berceaux des princes impériaux, une nourrice des enfants de Roxelane ôta les pierreries et remisa les landaus dans un débarras. Roxelane les ayant un jour demandés, elle céda à la peur. Dans un moment de folie, elle mit le feu à la Vallée des Larmes pour faire croire que les berceaux avaient été réduits en cendres. Le palais de bois fut entièrement consumé. Néanmoins Roxelane parvint à démasquer l'incendiaire et la fit bastonner à mort, sur un magnifique tapis du Caucase, en présence de toute la Cour. Elle se servit de ce sinistre pour s'installer à Topkapi, avec ses femmes et ses eunuques, réunissant pour la première fois le harem et le sérail sous un seul et même toit. »

Carrière du gouverneur Checher Para (Confit dans le miel) (1547-1607)

L'auteur arabe Merfik Edouane, pp. 66-75, a recueilli des témoignages que les eunuques se transmettaient de génération en génération. Il dit avoir vu et lu des documents rédigés de la main de Checher Para Agha, mais sans en donner la preuve, ni citer ses sources autres qu'orales. Sa version est corroborée par les deux historiographes polonais, dont l'un fut envoyé à Topkapi par la cour de Varsovie. Piotro Pajaczkowski prétend, lui, que Kossem aurait fait assassiner Checher Para et mis à sa place un de ses hommes de confiance :

« La substitution s'effectua dans les années 1612-1613, écrit-il (pp. 34-35). Le voïvode de Valachie, qui avait eu vent de cette sombre affaire, m'en toucha un mot lors d'une audience au palais. Dans sa correspondance, il appelait l'Empire turc « l'homme malade », non pas parce que l'Etat ottoman déclinait, mais parce que la sultane Kossem obtint une puissance inouïe grâce à la maladie du gouverneur du Vieux Sérail, et celle, mortelle, de son époux impérial, le sultan Ahmed Ier. »

Merfik Edouane, p. 68, décrit même la tombe creusée hâtivement par Kossem et Saut de Biche (par la suite la sultane grecque lui construisit un mausolée) :

« La tombe était enfouie dans le Quartier de l'Ombre attirant la Lumière. On pratiqua une minuscule ouverture au pied de la tombe pour que l'oreille du gouverneur entende les lamentations des siens. C'était l'œil de ce monde qui regardait dans l'autre. L'eau de pluie comblait la sébile et des colombes la dotaient de vie. »

D'après la *Chronique du Razaouet,* feuillets 36-38 :

« La fortune de la sultane mère Kossem fut bâtie sur le mystère de la disparition de Mohamed Checher Para Agha. Lors de la constitution de son procès, on parlait d'assassinat. Des eunuques, anciens vétérans du harem, l'accusèrent d'avoir empoisonné le gouverneur pour occuper discrètement cette place forte. »

Saut de Biche

Il se prénommait en réalité Mustafa. Tour à tour portier, parfumeur, gouverneur du Vieux Sérail, kislar-agha des sultans Mustafa Ier et d'Amurat IV, il survécut à Kossem et mourut au Caire.

« A force de se prosterner devant les Grands de la Cour, le sultan et les favorites, il n'avait plus de rotules, écrit Ali Khan, p. 40-41. Il avait été privé de sa force d'homme à l'âge de 12 ans. Chaque nuit il nettoyait sa plaie à l'aide d'étoupes et d'huiles aromatiques. Après l'émasculation, ses os ne se durcirent pas et s'allongèrent de façon anormale. Fort de cette observation, l'*imam* (religieux) de Topkapi décida d'élargir son torse en une poitrine de femme pour permettre à ses poumons d'emmagasiner le plus d'air possible et donner à sa voix une qualité inégalable. Afin d'exercer sa respiration, le religieux l'attacha à une balançoire vénitienne et l'immergea un nombre incalculable de fois dans l'eau d'un bassin ou d'une citerne. L'eunuque Mustafa faillit suffoquer, mais il eut ensuite la surprise de voir son corps se transformer et sa voix adopter une intonation cristalline. »

« Son incontinence urinaire l'empêchait de boire plus qu'un verre d'eau par jour. Bien des fois, il interrompait ses prières pour se ruer vers le Placard des Impurs, un cabinet d'aisances situé près de la mosquée du harem. Là, il s'accroupissait, exhumait de ses poches une sonde d'argent qu'il enfonçait dans son sillon et se soulageait en jets violacés. Du fait de son émasculation, son pouls était inégal, ses urines rouges, ses gencives amollies, ses os spongieux. Son index avait été jadis cassé parce qu'il l'avait glissé dans l'entrebâillement de la porte des Carrosses au moment où le sultan Mehmet III, père d'Ahmed Ier, sortait pour se rendre à la chasse. Comme il ne devait en aucun cas rompre la loi du silence, l'eunuque supporta la pression de la porte et s'évanouit sans pousser un cri. Afin de ne plus se souvenir de son corps mutilé, il allait rarement aux Bains, enlevait de sa chambre les miroirs et n'approchait jamais ses doigts vers son bas-ventre, de peur d'y surprendre la plaie de son infirmité qui ressemblait à la bouche édentée d'une vieille femme.

Selon les usages relatifs à l'enterrement des eunuques, les embaumeurs l'ensevelirent la nuit, après avoir cousu ses orifices pour empêcher que les mauvais esprits ne s'en échappent. Les croque-morts furent choisis parmi des galériens chrétiens, les seuls à ne pas s'estimer souillés par le contact de son corps. »

Les relations turco-iraniennes

Selon Ali Khan, très au fait de la politique étrangère et envoyé extraordinaire du chah, la paix entre l'Empire ottoman et le royaume de Perse avait été basée sur une clause étrange (op. cit., pp. 67-68) :

« Afin de prévenir les traîtrises turques, mon maître le Chah, roi des rois, posa comme condition à la paix l'échange de leurs harems respectifs. La favorite Mahpeïker Hasseki demeurerait à Ispahan, et la Chahbanou serait l'invitée du palais de Topkapi. Les deux femmes devaient garantir la paix. Cela entrait bien dans les vues de mon maître, qui se lassait de son épouse et entendait la sacrifier au nom de la politique, mais le Grand Turc, dont l'amour pour sa compagne était connu de tout l'Orient, n'entendait pas se séparer d'elle. Il considéra cette proposition comme une grave offense et parla de poursuivre les hostilités. »

La paix entre l'Iran et la Turquie fut conclue par le biais de Kossem. Le chah dépêcha à la Grecque une messagère et réclama la ville de Tauris comme condition à son alliance. Cf. *Correspondance diplomatique du Baron de Salignac.* Bibliothèque Nationale, 2 volumes.

Fonds Français, n° 16145.16146 (novembre 1605 à septembre 1610). Kossem engagea une correspondance très active avec la régente de France, Marie de Médicis. Elle demanda à « sa très chère et parfaite amie » de ne pas recevoir les envoyés du chah de Perse qui voulaient l'entraîner dans une guerre contre l'Empire ottoman. Marie de Médicis lui répondit en ces termes : « Je n'altérerai en rien la paix signée avec le Grand Seigneur, votre noble époux, mais au contraire je me montrerai amie de vos alliés et ennemie de vos ennemis. Je vous saurai perpétuellement bon gré du renouvellement des capitulations (privilèges)... Je vous félicite pour votre grand lien avec le souverain, votre ami et seigneur et vous complimente pour vos rares et excellentes vertus » (septembre 1613). Dans une lettre de décembre 1614, la régente envoie à Kossem trois horloges d'Allemagne, un automate mécanique, un nécessaire de toilette : dix grosses perles contenant une essence de Florence ; elle la remercie pour ses cinq magnifiques tapis du Caucase qui ornent le parquet du Louvre et lui demande d'envoyer « quelque petite armée du côté de la Morée pour embetter (sic) le roi d'Espagne ».

Mahfirouz

D'après la *Chronique du Razaouet*, p. 45, la sultane s'appelait Lune Pailletée en raison de « ses merveilleux cheveux d'or ». Elle eut trois enfants d'Ahmed. Son fils Osman et deux filles mariées plus tard à des dignitaires du Divan. Elle fut favorite d'Ahmed à l'âge de 14 ans. Son père, compagnon d'armes du sultan Mehmet III, appartenait à la noblesse guerrière d'Anatolie. Remarquée par la mère d'Ahmed Ier, Mahfirouz aurait été retenue contre son gré à Topkapi, cédée par son père qui voyait en elle le moyen de s'attirer les grâces impériales et d'implanter les siens dans les rouages du gouvernement ottoman. Plus tard l'Anatolienne renoua avec sa famille, fit venir sa vieille mère, représenta la caste des gros propriétaires d'Anatolie et enrichit ses coreligionnaires.

« Prise de jalousie pour la beauté de Kossem, elle aurait relégué la jeune Grecque dans des tâches ingrates », nous dit Piotro Pajaczkowski, pp. 40-45.

L'envoûtement

La chronique du Razaouet, pp. 50-55, dit que cette pratique de sorcellerie eut lieu lors de la cérémonie du *Kyna Guidjessi* (la Nuit du Henné), laquelle célébrait la grossesse de Kossem.

« Le futur sultan Amurat IV n'aurait jamais dû voir le jour, car la sultane Mahfirouz, forte de l'absence du sultan, attira sa rivale dans l'alcôve des Lamentations et la soumit à un effroyable rituel de sorcellerie. Kossem fut sauvée soit par les *godias*, esclaves noires de son service, soit par le prince Mustafa, frère du sultan, qui, logé dans le *Kaffès* (Cage) fut alerté par les cris de sa belle-sœur. »

Mourad Oglou (*Tadj ut-Tévarigh,* Couronne des Chroniques, Istanbul 1680, feuillets 40-48) :

« La sultane Mahpeïker (Kossem) s'apprêtait à annoncer la naissance de son enfant, le prince Amurat, mais Son Altesse Mustafa l'en empêcha et décida de garder la nouvelle secrète. Il signifia à son impériale belle-sœur qu'elle courait les risques les plus graves. A tout moment il s'attendait à voir la porte de la chambre d'accouchement s'ouvrir et les hommes de main de la kadine Mahfirouz les massacrer. Depuis quelques jours, les mets provenant des cuisines du palais étaient remplis de sels de plomb susceptibles de déclencher une dysenterie mortelle. Pour assurer la relève de nuit, les gardes affiliés à la sultane anatolienne avaient fixé à leurs mollets une courge creuse contenant des boules d'ivoire dont le choc les empêchait de dormir. Le prince Mustafa craignait une tuerie générale. Certes il avait organisé ses propres cuisines à l'intérieur même des appartements, mais les rations s'épuisaient, les paniers à bûches se vidaient, les chambres se refroidissaient, les provisions fondaient à une allure foudroyante. Topkapi paraissait être coupé du monde. La sultane Mahfirouz avait fait croire que le palais était contaminé par la petite vérole. Elle avait décidé de tuer sa rivale et son enfant et de les déclarer victimes de l'épidémie. Mustafa prit la peine d'écrire un message destiné à son frère le sultan, mais le courrier fut intercepté. Les demoiselles d'honneur suggérèrent une ruse : annoncer la mort d'Amurat, le bébé impérial, et inciter Mahfirouz et les siens à relâcher la surveillance. Pour donner plus de poids à leur mystification, elles firent appeler l'*imam* de Topkapi. Pendant ce temps, elles façonnèrent un petit mannequin en osier, le revêtirent d'un caftan princier. Quand les oulémas arrivèrent et célébrèrent l'Office des Morts, elles mirent le mannequin dans le cercueil qu'elles refermèrent. Puis cinq eunuques suivirent les hommes de religion jusqu'au parvis de la Mosquée Bleue et le déposèrent dans la salle des tombeaux. Istanbul fut bientôt plongée dans le deuil. »

« La sultane Kossem et le prince Mustafa profitèrent de la confusion générale pour quitter Topkapi et rejoindre le refuge du Vieux Sérail. La sultane grecque emmaillota son enfant, lui mit une gaze sur la bouche, le maintint dans son dos par une courroie, et disposa sur sa chevelure plusieurs voiles noirs. Elle faillit néanmoins être massacrée au-dehors où l'attendaient Mahfirouz et plus d'une centaine de gardes auxquels l'Anatolienne avait promis des sommes considérables s'ils la débarrassaient de sa rivale. »

La haine entre Kossem et Mahfirouz

Elle remontait à plusieurs années ainsi que nous l'explique Ali Khan, feuillets 90-92 :

« Les deux sultanes redoutaient d'être empoisonnées l'une par l'autre, au point qu'elles firent monter une chèvre dont un eunuque pressait les pis devant elles. Les légumes, fruits et mets étaient scrupuleusement lavés et goûtés. A la fête du Beïram, il y eut une échauffourée entre les dames d'atour des deux femmes, à cause d'un cheveu mis dans le potage de la kadine Mahfirouz. S'estimant offensée, Mahfirouz adressa à Kossem en guise de remerciement trois caftans et cinq robes dont la doublure était imprégnée de poison lent. Ce poison avait la particularité de laisser des ulcères sur le visage et les seins. »

« A la fête du Kourban Beïram, ma tendre ennemi (Mahfirouz) m'envoya par sa *wekili khardj* (surintendante) une superbe coupe en nacre rosée sertie de rubis et de perles. — C'est pour vous, me dit-elle. J'étais ravie de cette attention. Je me servais même de cette coupe au petit déjeuner. Un mois plus tard, comme je m'extasiais de la beauté de cette œuvre d'orfèvrerie, la kadine Mahfirouz me déclara : — Cette coupe est le crâne de mon chien Affadil qui a été transformé en coupe par mon joaillier ! » (Lettre de Kossem, en date du 3 juillet 1609.)

Exil de Mahfirouz

La sultane anatolienne s'installa confortablement au 1er étage du palais de Daoud Pacha. D'autres prétendent qu'elle fut exilée au sérail d'Iskender Tchélébi pour revenir trois mois plus tard à Topkapi. A Daoud Pacha, elle fut soumise à la loi du *setr-avret*, (obligation de se voiler et de ne jamais montrer son visage à quiconque). Dans ce palais, elle disposait de quarante valets de chambre, d'une compagnie de musiciens et d'un manège italien. Sa garde-robe était faramineuse. Son trône consistait en une pile de trente-trois tapis ayant appartenu à ses ancêtres guerriers.

« Je la vis en compagnie de son fils Osman, vêtue d'une robe d'un riche velours noir, la gorge embellie de perles, écrivit Naavik-Sunam, l'épouse du pacha d'Alep de passage à Istanbul. Selon certains dires, elle changeait d'atours trois fois par jour. Ses couturières aux mains animées de magie confectionnaient dix robes de dentelles en point d'Isnik en deux jours à peine. Les cuisiniers pétrissaient son pain en gants blancs et ses dames d'honneur ne servaient jamais à table autrement qu'en caftan. »

Le mariage

A l'origine de l'histoire ottomane, les sultans se mariaient avec des femmes de condition libre, qui étaient assez souvent des chrétiennes converties ou non ; Orkhan épousa Théodora, fille de l'empereur Cantacuzène ; Mourad Ier eut également pour femme une princesse grecque, fille d'Emmanuel II ; Bajazet accorda sa main à deux princesses, dont l'une, Marie, était Serbe, et l'autre, fille du souverain de Kermayan ; une princesse d'Elbistan fut mariée à Mohammed Ier ; le despote de Serbie, Georges, et un prince de Castamoni donnèrent chacun une fille en mariage à Mourad II... Mais ces alliances cessèrent dès que ces pays eurent été soumis à la domination musulmane.

« Depuis Bayezid surnommé la Foudre, les femmes du sultan n'étaient que des esclaves et le demeuraient, nous explique Viorica Stircea (*Le sultan et ses femmes, Miroir de l'Histoire,* juill. 1954, p. 30). En dépit du titre qu'elles acquéraient si elles avaient des enfants, elles ne devenaient jamais femmes légitimes affranchies. C'était un principe de véritable démocratie, puisque la dynastie mêlait ainsi à son sang celui des esclaves, autrement dit la classe la plus modeste de la société. Cette loi du droit matrimonial a été conçue, dit-on, en 1402, après la captivité de Bayezid la Foudre par Tamerlan. La femme légitime de Bayezid, la princesse serbe Despina, avait été contrainte, dans un festin, de servir le vin au vainqueur de son époux, humiliation que la dynastie ottomane s'était juré de rendre impossible à l'avenir. »

Pour les fastes du mariage de Kossem et d'Ahmed, cf. *Chronique du Razaouet,* feuillets 67-68, *Couronne des Chroniques,* feuillets 51-54.

« Sa Majesté le sultan Ahmed Khan tint sa promesse, écrivait Ali Khan, in

Dépêche au Chah d'Iran, Ispahan 1612. Il apposa sa *thougra* (son sceau) sur le document de mariage et couronna la sultane Mahpeïker du fameux diadème de Première Entre Toutes, deux branches de lauriers de rubis et de grenats, œuvre de l'orfèvre vénitien Caorlini. Pendant trois semaines le palais ruissela de lumière et de concerts de chambre. Les chambellans firent résonner les gongs de cuivre rouge et le cris des internonces annoncèrent l'ouverture des sept portes du harem aux deux mille invités des provinces. La sultane étincelait d'une profusion de fils d'or comme si le soleil se fût posé sur elle. Accroupie sur une estrade embellie de peaux de tigre elle fut placée de manière à recevoir en plein visage les yeux des femmes des pachas de l'Empire. »

Combien Kossem eut-elle d'enfants ?

J. V. Hammer (*Histoire de l'Empire Ottoman*) en déclare 10 (5 garçons, 5 filles), et c'est là un chiffre qui n'a étonné personne. Pajaczkowski dit qu'elle eut 6 enfants : Amurat, 1612, Ibrahim, 1613, Tarchane (fille adoptive), Fatma, Kanzadé et Aïcha. Chassepoil (*Histoire des Grands Vizirs*) : 5 fils et 2 filles. D'après *Chronique du Razaouet*, Kossem adopta les deux fils, Bajazet et Orkhan, que le sultan Ahmed eut d'une première favorite, Nassia, une esclave d'origine albanaise. Elle protégea ces deux enfants contre la tyrannie de Mahfirouz. La *Couronne des Chroniques*, feuillets 60-61, corrobore cette version.

« La sultane Mahpeïker s'occupa de l'éducation des enfants de ses deux rivales Nasia et Mahfirouz. »

Les travaux de la Bibliothèque du palais de Topkapi et de la Bibliothèque de la Société Turque prétendent qu'elle eut en réalité 5 enfants (Amurat, Ibrahim, Fatma, Kanzadé et Aïcha). Pour ne pas disperser l'attention du lecteur, nous nous sommes borné à la vie d'Amurat, d'Ibrahim et de Tarchane.

« Pour les favorites une seule catégorie d'enfants comptait : les garçons grâce auxquels elles atteignaient la plénitude de leur position. Les filles, selon elles, étaient inutiles, vivant aux crochets de leurs frères et affaiblissant le patrimoine familial en se mariant. Cette conception n'était pas celle de la sultane Kossem. N'ayant eu que des fils, elle souhaitait ardemment une fille. Lorsqu'elle accoucha en septembre 1614 d'une morte-née, Ahmed craignit son désespoir ; il avisa la fille de la nourrice russe d'Amurat, achetée il y a quelques semaines, et la présenta à son épouse comme son propre enfant. Par la suite l'adoption demeura secrète et donna lieu à bien des intrigues. »

Vanel (*Abrégé nouveau de l'histoire générale des Turcs*, Bruxelles, 1704) signifie que Kossem éleva Tarchane comme sa propre fille. Lamartine (*Histoire de la Turquie*, Paris, 1859) écrit : « Tarchane fut élevée avec prédilection par la sultane Kossem. »

La mosquée de Kossem

Les deux architectes, Mehmet Agha et Abou Kassin, s'inspirèrent de la mosquée de Soliman Le Magnifique. L'air passait dans des souterrains au travers de boiseries ajourées, et la température était réglée de manière à ce qu'il fit chaud l'hiver et froid l'été. On disposa des citernes dans différentes directions afin de permettre aux croyants de se servir d'eau dans n'importe quelle partie de l'édifice. Des bâtonnets d'encens y représentaient l'équivalent d'un verset du coran et on devait demeurer dans la salle jusqu'à ce qu'ils soient consumés jusqu'au bout. Les auvents inclinés qui protégeaient les fenêtres ressemblaient aux tentes nomades où les ancêtres des sultans, de fiers guerriers tcherkesses, aimaient s'abriter. Grâce à cette construction, la mosquée put résister aux tremblements de terre, car les coupoles et les toits étaient soutenus par de fines colonnes identiques aux piquets des yourtes mongoles. La construction de la mosquée demeura inachevée, en raison du manque d'argent. Dès lors on la nomma *Soulimyé,* Les Ténèbres.

Topkapi

Le palais des sultans fut construit par Sinan, fumeur d'opium et maître d'œuvre de Mahomet le Conquérant. Les arabesques coraniques dont l'architecte orna le sérail, furent imaginées selon les formes adoptées par les volutes de haschich qu'il fumait quotidiennement. Ses couloirs, conçus lors d'une rêverie, n'aboutissaient nulle part et ses galeries s'enchevêtraient en un dédale d'où personne ne pensait ressortir. Topkapi prit tout d'abord la forme d'un delta, parce que le sultan Mahomet II aperçut un jour dans le ciel d'Istanbul un vol de canards sauvages qui adoptait cette formation. Puis la demeure changea d'aspect au fur et à mesure que la famille impériale déplorait un deuil ou le bannissement d'une favorite. On démolissait les chambres des sultanes pour en reconstruire d'autres, ce qui explique l'ensemble hétéroclite de la demeure. Les esplanades ressemblaient à l'immensité des steppes tartares et les lanternes étaient disposées en spirale pour mieux donner l'illusion d'un ciel noir orné de ses planètes et de ses étoiles. Les portes avaient six pouces d'épaisseur et un plâtre à base de milliers de blancs d'œufs revêtait les murailles et résistait aux intempéries de l'hiver.

Sur la foi des légendes qui faisaient autorité au harem, le palais, qui devait son nom à Top Kapou (la Porte des Canons), occupait une position miraculeuse au point d'être épargné par les épidémies, les tremblements de terre, et le « lobos », ce vent fou venu de la mer Noire. Certes, les tempêtes et les giboulées de mars ravageaient les maisons de bois de la capitale, mais, fait étrange, elles s'écartaient du sérail et ne parvenaient pas à remuer le plus petit grain de sable des allées. Même les pantoufles des odalisques ne réussissaient pas à froisser la végétation ni à y laisser des empreintes. Lors de la chute de Byzance, les lieux furent recouverts de tant de cadavres que l'herbe prit une teinte violacée comme si elle s'était gorgée du sang des combattants. Supportant les coupoles et les dômes de plomb, les huit cents colonnes contenaient chacune le cadavre d'un soldat de l'empereur Constantin Comnènes emmuré vif, de sorte que ces dépouilles, figées par la mort et le mortier, consolidaient la charpente et empêchaient les murs de s'affaisser lors des glissements de terrain.

Seules les cigognes, considérées comme sacrées parce qu'elles s'envolaient chaque année vers La Mecque, pouvaient s'introduire frauduleusement dans le sérail, car le palais était farouchement gardé. Les quartiers de surveillance disposaient de deux escaliers par où montaient d'un côté les archers et de l'autre des arquebusiers affublés de masques de tigre. Chaque nuit les portiers fermaient les accès, apposaient sur les cadenas leur sceau, une cire noire et chaude. Les guichets s'ouvraient à l'aide de tiges à secret dont chacune portait un numéro de code différent du voisin. Souvent les gouverneurs du palais refusaient d'ouvrir les portes du harem et correspondaient avec l'extérieur par le biais de pigeons voyageurs. Une balance était installée devant chaque tour de manœuvres. Toute malle dont le poids dépassait quatre-vingts livres était suspectée et ouverte. Enfin, les vigiles recrutés pour leur vue perçante communiquaient entre eux à l'aide d'étendards et avaient acquis une technique qui leur permettait de se parler en remuant à peine leurs lèvres.

Mustafa. Ses relations avec Kossem

Tout d'abord le prince adressa à Kossem un *sélam*, boîte d'ambre et de musc, ce qui est chez les Ottomans la plus grande marque d'affection qu'un homme puisse témoigner à l'égard d'une dame. La Grecque lui renvoya un coffret contenant de la rüe, afin de lui montrer sa colère. Le prince Mustafa voyait en Kossem la chance de réaliser un rêve qu'il avait cru mort depuis longtemps : sortir de l'ombre, rompre son célibat, devenir un candidat pour la succession impériale, se venger d'Ahmed et convoiter son épouse. En moins de cinq ans il troqua sa condition de prisonnier d'Etat contre celle d'un prince présomptif, seul capable de sauver la sultane grecque et de protéger Amurat et Ibrahim.

D'après Ali Khan, les étreintes eurent lieu dans le *Chimchir Baghtcheci*, les Jardins du Buis, dans une autre aile du palais de Topkapi :

« La sultane se laissa séduire pour mieux prendre Mustafa à son piège. Elle profita de l'absence du sultan pour se rendre au Chimchir Baghtcheci et donna à son beau-frère les gages de son amour. Elle n'eut pas de peine à persuader le prince d'être la seule à pouvoir éloigner de sa tête les calamités du harem, et lui déclara qu'il deviendrait le plus grand sultan de son siècle. »

Les soupçons d'Ahmed

La *Chronique du Razaouet* interprète ces étreintes d'une manière étrange (feuillets 112-114) :

« Le sultan refusa de croire à la culpabilité de Kossem, moins par conviction intime que par orgueil. Voir en Kossem une aventurière dénuée de scrupules, c'était admettre que les détracteurs de son épouse avaient vu juste. Par la suite, il décida d'enquêter sur les agissements de son frère, de marier Mustafa avant la fin de l'année 1616 et d'épier la réaction de Kossem. Si son épouse jalousait la nouvelle mariée, c'était la preuve qu'elle aimait Mustafa. »

Correspondance entre Kossem et Mahfirouz

Archives de la Bibliothèque arabe de Téhéran. Fonds n° 456. Documents arabes, turcs et persans. Traduction Cheikh Fadal el Ibrahim, Evli Ardane et Belachemi.

KOSSEM. — Vous me faites infiniment de peine. Je m'incline devant votre chagrin. Pardonnez-moi comme je vous pardonne. Je vous accorde mon entière affection. Nous devons réfléchir dans notre intérêt commun. (Donné à Topkapi, le 3 avril 1610.)

MAHFIROUZ. — Il n'est pas possible qu'une sultane se lie avec une déchue. Ressaisissez-vous ! J'ai le droit pour moi, et rien ne me fera changer d'attitude à votre égard. (Daoud Pacha, Vallée du Souvenir, le 5 avril 1610.)

Un an plus tard.

MAHFIROUZ. — Je révise le jugement que j'ai porté sur vous. Je vous croyais indifférente, sournoise et ambitieuse, vous êtes exactement le contraire. J'ai eu peur de vous jusqu'au moment où j'ai compris votre amitié. Je vous conjure de demander à Sa Majesté d'épargner Son Altesse, mon fils le prince Osman, et de ne pas le priver de son patrimoine. Je vous en saurai éternellement gré. Encore mille mercis pour cette fête d'une grande magnificence. J'aime à penser que je mérite votre affection. (Palais d'Iskender Tchélébi, 8 septembre 1611.)

KOSSEM. — A la première femme d'Istanbul. Puissent ses jours être longs et parfumés. Je vous remercie de votre missive du 23 courant. Je prendrai vos ordres dans la mesure où ils n'entraveront pas ceux du sultan, mon époux impérial. Ne craignez rien. Il ne vous arrivera rien de fâcheux. Son Altesse, le prince votre fils, m'appelle *Taya Kadine*, mère nourricière, et il fait bien, car ma seule ambition est de le protéger et de répandre la concorde parmi tous les fils de mon bienheureux ami et seigneur, Sa Majesté Ahmed. (Chaltadjé Sérail, 27 septembre 1611.)

La correspondance était parfumée, frottée à l'agate et à la calcédoine, imbibée d'une solution qui obturait les pores des rames de papier et rendait la surface des pages le plus lisse possible.

Inventaire des cadeaux offerts par l'impératrice Mahpeïker à la kadine Mahfirouz en date du 18 janvier 1613 *(Annexes du Fonds Persan de l'ancienne bibliothèque Impériale de Téhéran)*

— Dans un écrin de velours, trois solitaires d'un vert d'agate, cinq petits diamants de Perse de l'espèce appelée Œil d'Aïcha, un éventail enduit de verveine peint par l'impératrice et dont le motif représente Istanbul endormie. Cinq flacons de parfum d'essence d'œillets et de roses, quatre-vingt-un coupons de soie. Une paire de bottines de chevreau souple faite aux mesures de la kadine Mahfirouz. Un service à thé pour Son Altesse le prince Osman, un caftan bordé de fourrure...

— Le 12 septembre 1614, commande d'un million de roses pour la fête de la Bataille des Fleurs.

— 15 janvier, achat de trois cent cinquante lanternes façon gênoise pour agrémenter les jardins, et commande de quatre cents barils de poudre et fusées vénitiennes à l'occasion de l'anniversaire du prince Osman.

Les historiens turcs ont vu d'un œil défavorable cette manœuvre de séduction. Selon eux Kossem servait d'indicatrice au sultan car Ahmed craignait une manigance de la part de Mahfirouz et de ses parents. D'ailleurs la famille paternelle de Mahfirouz, les Kalenderoglou d'Anatolie centrale se révoltèrent et leur rébellion fut matée dans le sang. D'autres voient en cette tentative de réconciliation la volonté de Kossem de mettre un terme à la guerre entre les fils du sultan et de régler à l'amiable les problèmes de la succession. De son côté Mahfirouz feignait de traiter la Grecque avec un respect mêlé de reconnaissance, mais se moquait, au fond, de son amitié. Kossem lui envoya des caftans, des fourrures, des bijoux d'un prix inestimable, et lui promit de libérer Osman, de l'enrégimenter dans un bataillon de la Garde d'Elite de l'Empire ou de le faire nommer gouverneur d'une province.

D'après la version de Hammer, les deux femmes éprouvaient beaucoup d'affection l'une pour l'autre. Pour étayer cette thèse, l'historien se base sur les lettres des ambassadeurs de la Sérénissime République. Lamartine également, qui écrit :

« Pendant sa faveur sur le cœur d'Ahmed, Kossem s'était liée d'amitié avec sa rivale, la sultane Mahfirouz, mère d'Osman. Ces deux femmes s'étaient promis de continuer à s'aimer et à se soutenir l'une par l'autre, dans l'intérêt de la vie de leurs enfants. Fidèle à ses promesses, Mahfirouz autorisa son fils Osman à visiter dans le Vieux Sérail la sultane Kossem. Ce palais et ces jardins, sorte de nécropole vivante des puissances déchues et des beautés répudiées, n'étaient jamais visités par les souverains sur le trône. Leurs mères et leurs femmes auraient vu d'un œil jaloux ces familiarités entre le nouvel et l'ancien harem. Osman fut le premier des sultans qui viola, en faveur d'une favorite de son père, les scrupules ombrageux de sa Cour. Il accepta une fête intérieure que lui donna la sultane Kossem et passa quatre jours et quatre nuits dans le Vieux Sérail, charmé des entretiens de sa belle-mère, sans exciter la jalousie de sa mère. »

Or Stanford Shaw (*Histoire de l'Empire ottoman et de la Turquie,* Cambridge University Press, 1983) qui s'appuie sur des travaux de la Bibliothèque de la Société turque, n'évoque pas une telle amitié. Bien au contraire, il remarque, page 274 :

« Kossem craignait que le pouvoir n'aille à Osman dont la mère Mahfirouz était sa rivale féroce. Elle redoutait qu'Osman ne tue ses propres fils Amurat et Ibrahim. »

Une version peu vraisemblable voudrait que Kossem et Mahfirouz aient été répudiées par Ahmed, puis chassées au Vieux Sérail où la détention les aurait rapprochées davantage. Si vraiment Kossem avait été bannie de la Cour, elle n'aurait pu percevoir son douaire ni être considérée comme une veuve impériale.

Mort d'Ahmed

Personne ne put apporter d'éclaircissements à propos de la mort du sultan, et les accusations dont Kossem fut l'objet donnent lieu à controverse. Certains historiens et chroniqueurs envisagent la possibilité que Kossem et Mustafa aient assassiné le sultan.

Abdoulazziz Karachélébizadé Hosan ed Dine (*Chronique du Razaouet,* feuillets 145-146 et *Histoire générale depuis la création du monde jusqu'à la fin du règne du sultan Ibrahim*) donne la version suivante : (Il faut se rappeler qu'il était l'ennemi féroce de Kossem et prendre ses assertions avec méfiance.)

« Le sultan Ahmed Ier se méfiait de son épouse, ne dînait plus avec elle et, par peur d'un empoisonnement, dédaignait les coupes de liqueur qu'elle lui présentait. Les semaines suivantes, il prit prétexte des affaires de l'Etat pour cesser de la visiter au harem. Puis il convoqua son frère Mustafa, lui déclara vouloir revenir sur sa décision de le nommer son héritier et lui avoua son intention de réhabiliter Mahfirouz. Le mariage dont il le menaçait poussa le prince à consulter la sultane Mahpeïker. Celle-ci, délaissée par Ahmed Ier, et craignant pour le sort de ses enfants, chercha dans le corps de son impérial beau-frère un remède à sa solitude et à sa détresse. Tous deux s'aimèrent et entreprirent de tuer Ahmed pour n'être jamais séparés. »

Mourad Oglou (*Tajd-ut-Tévarigh,* Couronne des Chroniques, feuillets 82-84).

« Le sultan se demanda s'il ne partagerait pas l'héritage ancestral entre ses deux fils Osman et Amurat. Il prit cette décision au lendemain d'une altercation qu'il eut avec le prince Mustafa auquel il reprochait sa conduite débauchée. Mais cette décision ne fut jamais appliquée, car Sa Majesté craignait d'aboutir à l'effritement de l'Empire. »

Tout ceci est faux ! aurait pu déclarer Ali Khan, qui précise dans son ouvrage, feuillets 89-90 :

« Afin que la kadine Mahfirouz ne haïsse pas Kossem, Ahmed Ier achetait des cadeaux et les adressait à l'Anatolienne en lui faisant croire qu'ils provenaient de son épouse. Pendant dix ans, il ne voulut pas d'autres femmes. Pour un sultan auquel s'offraient toutes sortes de distractions, c'était là un fait remarquable. »

Piteux compagnon à l'égard de ses deux favorites Nassia et Mahfirouz, il adorait Kossem. Chaque année, il ajoutait une chambre dorée aux appartements de sa belle : il lui en construisit neuf, de juin 1607 à septembre 1617, et consacra à leur édification cinq cents boisseaux de perles.

Pendant dix-sept ans, il honora Kossem de faveurs qui résistèrent à l'épreuve du temps. Il veillait à ce qu'aucun rhume ne l'affecte et, pour ne pas irriter les paupières de sa belle, ordonnait au cosméticien de Topkapi de lui préparer un collyre à base de gouttes de jasmin. Même les dragées médicinales étaient parfumées. C'eût été lui faire une injure que de lui demander comment se portait sa favorite. En fait il n'appelait jamais sa sultane par ses titres. Il disait, par exemple : « Notre famille et notre maison vont bien. » Sans doute s'étonnait-il lui-même de rester au harem. Il finissait par prendre un réel plaisir à la société de la Grecque, qui n'était plus seulement sa tendre épouse, mais une délicieuse amie, sa confidente dont la moindre absence lui était insupportable. A la cérémonie du baisemain, irrité de voir les trois mille courtisans de la cour effleurer de leurs lèvres la main de Kossem, il inventa pour elle un caftan végétal à fibres végétales seulement portable par une femme mince et douce de gestes, doté de quatre manches. Il pria alors les invités d'embrasser les fausses manches qui recouvraient les véritables et de ne plus souiller la peau de son épouse (d'où l'expression populaire : c'est une autre paire de manches).

A l'aide de petites fusées vénitiennes le couple impérial s'envoyait des messages d'amour de kiosque en kiosque. En voici deux exemples entre mille :

AHMED. — Me laisseras-tu te prendre, te reprendre, et te prendre ?

KOSSEM. — O mon beau prince implacable, le plaisir ne se commande point. Partout où est la contrainte, la félicité se meurt. C'est par mon esprit que tu connaîtras mieux le prix de mon amour. Je veux mériter ton cœur.

(Topkapi, 12 mars 1619, Archives Topkapi Sérail, Correspondance des Sultans.)

AHMED. — Te voici donc, ô rose éclatante parmi toutes les roses.

KOSSEM. — Des années ont passé depuis que cette rose fut cueillie. Quelle rose ne flétrit pas en cinq ans ?

AHMED. — O coquette, les roses du sultan se fanent-elles ? Tu seras la jeunesse de ma vieillesse, le printemps de mon hiver ; les miroirs et les reflets des fontaines te souriront encore.

(Correspondance des Favorites, Archives Topkapi Sérail, 22 avril 1614.)

Quand il se sentit au plus mal, Ahmed supplia Kossem de revêtir ses plus beaux atours et de le charmer de ses danses, ce qui suffisait à l'apaiser. Un pareil amour animait Kossem. Lorsqu'elle apprit la maladie mortelle de son époux, elle laissa pousser l'ongle de son petit doigt afin de s'en taillader les joues. Plus tard elle demanda à être enterrée à côté du tombeau de son défunt mari pour que « l'âme d'Ahmed déverse ses rayons sur elle et l'illumine ».

Les pauvres

Mourad Oglou, op. cit., pp. 56-58, prétend que les visites de Kossem dans les taudis de la ville provenaient d'un calcul : fuir les assiduités de son beau-frère. Durant ses pérégrinations, elle se rendit dans les prisons de Baba Djafar, aux Sept Tours et au Bagne de l'Arsenal, elle y soigna ses coreligionnaires, leur permit d'avoir des popes, une chapelle et de célébrer leur culte à l'intérieur des cellules. Tout d'abord elle ne comprit pas un traître mot de la gouaille du peuple, car le langage de la Cour que les intendantes avaient mis dix ans à lui apprendre avait été conçu pour établir une barrière entre les favorites et les petites gens, mais quelques mois lui suffirent pour s'imprégner de la mentalité des stambouliotes et se rapprocher de ce peuple, qui, plus tard, sera son plus fidèle soutien.

« Au cours de ses audiences au palais, elle proposait aux pauvres un pilau où parmi les grains de riz elle cachait des perles de cultures, et leur remettait chaque année la *zekiat*, près de dix pour cent de la plupart de ses biens répartis dans l'Empire. Omur, un portefaix de Galata, osa lui intenter un procès devant le Cadi de Tchéragan Séraï sous prétexte qu'elle avait oublié de lui verser l'aumône annuelle.

— Madame Votre Majesté de l'Empire, lui dit cet homme en usant de sa gouaille. Pourquoi ne pensez-vous plus à nous ? Vous nous appartenez et il n'est pas question pour vous de vous dérober.

La sultane, qui voulait être traitée comme une femme du peuple, comparut devant le tribunal coranique.

— Je suis au-dessous de tout, signifia-t-elle au quémandeur. Mais je réparerai ma faute. Dès demain je vous donnerai le double de votre dû. Pardon ! Pardon !

Elle sortit de chez le cadi de Tchéragan, entourée par les ovations forcenées de la foule. »

Mourad Oglou (*Tadj ut Tévarigh,* Couronne des Chroniques, Istanbul, 1680, feuillet 34).

Au Vieux Sérail

Ali Khan, op. cit., feuillets 110-113 :

« Pendant cinq ans, les pauvres d'Istanbul se chargèrent de la subsistance de la sultane Kossem et de ses deux enfants. Tous l'imaginaient enfermée et pleurant les larmes de son corps. Lorsqu'elle fut libérée, la jeune veuve nota le nom de ses huit cent quatre-vingt-dix bienfaiteurs. Elle dota quarante veuves d'un harem de huit hommes, couvrit d'or les quatre cent cinquante gueux qui volaient dans les caravansérails de quoi la nourrir ; elle se chargea de leur pèlerinage, de la circoncision de leurs enfants, du mariage de leurs filles et leur octroya pendant vingt ans 5/10 de ses revenus d'impératrice. »

Mourad Oglou, p. 70 :

« La sultane grecque prépara dans cette prison les plus fameuses de ses intrigues. Elle y eut des mœurs dissolues et apporta dans une partie cachée du Vieux Sérail toutes sortes de raffinements inconnus à Topkapi. »

Naavik-Missal, l'épouse de Pertew Pacha, puis du gouverneur de Mérach, rivale politique de Mahfirouz, fut emprisonnée avec Kossem au Vieux Sérail. Libérée, elle devint la confidente de la validé. Plus tard, elle fit un récit enthousiaste de ses cinq années de détention ; elle écrivit cette lettre à l'une de ses dames de compagnie (*Archives de Téhéran, Fonds Turc, Lettre 345. an*).

« C'était la Cité des Amours. Les bruits de la ville ne nous parvenaient qu'assourdis, car ce lieu était un véritable miracle de paix et de beauté. Combien aimais-je m'attarder dans ces jardins, bordés de pins d'Alep, fermer les yeux et ne plus penser aux épreuves qui avaient été les nôtres ! D'ici, je pouvais admirer la plus belle vue de la capitale. Les ormes, les tilleuls et les frênes y ondoyaient sous la brise du vent. La mer était une émeraude que je contemplais à travers une pluie scintillante de jets d'eau. Une prairie s'étendait à perte de vue, agrémentée de cascades de glycines, de ponts chinois, de puits à aubes tournées par des buffles de Birmanie... Pour autant que je pus m'en rendre compte, la validé Mahpeïker, notre bienveillante maîtresse, paraissait heureuse. Chaque matin, je la voyais se promener, abritée sous une ombrelle frangée de perles fines, les mains resplendissantes de bagues incrustées de zircon et la ceinture de soie défendue par trois dagues kurdes. Suivie de ses chasse-mouches, elle était habillée d'un caraco de fils d'or, chaussée de bottines en cuir mince. Parfumés au musc, ses voiles adoptaient la teinte safranée de la lune. Quelquefois, elle arborait les couleurs de son époux Ahmed, et même celles du jeune sultan Osman II. Le kislar-agha Mustafa lui achetait des horloges d'Allemagne, lui en expliquait le mécanisme ; il couvrait ses chambres de bibelots délicats, de tentures, de papier des Indes où s'épanouissaient des fleurs d'Arabie. Il y avait dans les alcôves une bibliothèque, un monte-plats, un buffet, une commode, trois fourneaux et un lavoir. Dans la partie appelée Arrière-Vallée les tabourets étaient en maroquin clouté d'argent et les pliants en feuille de cuivre rouge. Nous disposions d'une chaise montante qui reliait deux étages et nous donnait le vertige. Nous l'utilisions souvent pour rejoindre discrètement nos cellules et échapper à la surveillance des mouchards de Topkapi... »

« Ce fut un lieu de débauche éhonté, écrit Kara Tchélébi, feuillets 180-186. Les pires étreintes s'y commettaient. Sous le règne du sultan Mahomet IV, des fossoyeurs y découvrirent des ossements d'enfants massacrés et provenant des ébats de ces immondes créatures. On en vint à la conclusion que la sultane validé Mahpeïker avait introduit dans la Vallée des Larmes des hommes non émasculés... »

Forte de l'appui de Saut de Biche, Kossem se croyait à l'abri dans la citadelle, et sa trop grande tolérance faillit causer sa perte. Une boutiquière juive nommée Kyra Ester s'avisa de brosser son portrait à son insu alors qu'elle se trouvait en liberté dans la partie secrète de la prison. C'était une miniature au pastel où Kossem figurait parmi des rosiers et des cascades d'eau. Ayant réussi à peindre la silhouette de la Grecque sur son tambour à broder, Kyra Ester entreprit de représenter les autres femmes du harem, et de vendre ces portraits à des *aghas* (colonels) et des gouverneurs avec lesquels elle commerçait. Au fil des mois, son affaire prit de l'ampleur. Elle vendit ses dessins dans tous les royaumes de la chrétienté et l'un des portraits de la sultane eut l'insigne honneur d'entrer au Louvre et de se glisser dans le livre de chevet de Louis XIII.

Le pacha d'Izmir acheta à la juive une esquisse où Kossem apparaissait enveloppée dans des voiles de Lahore. Il estima cette image digne de l'attention du sultan Osman et la lui offrit par l'intermédiaire de son chambellan. Il était impossible à la Grecque d'espérer que le fils de sa rivale réussirait à étouffer l'affaire. C'est pourtant ce qui arriva. Autrefois Kossem avait sauvé le sultan Osman, et celui-ci lui en avait gardé reconnaissance. A l'insu de sa mère, il venait la voir au Vieux Sérail et montrait à son égard une sollicitude sans précédent. Comme il avait cautionné l'introduction des juives dans la citadelle, il craignait d'être réprimandé par l'impératrice mère. Il épargna à la Grecque l'embarras d'une explication, ne chercha pas à savoir où se trouvaient les jardins secrets, ni pourquoi elle se promenait devant des kiosques qui auraient pu rivaliser en beauté avec ceux de Topkapi. Par la suite il fut contraint de brûler le portrait de la sultane qu'il estimait d'ailleurs fort beau.

Saut de Biche connut des moments d'angoisse. L'idée d'avoir été trahi par les mercières juives lui était insupportable. Il signifia aux boutiquières son souhait de ne plus jamais les revoir. Soumis à une tension effroyable, il avait même souhaité l'évasion de la sultane et de ses enfants. Selon lui, le moment était venu de quitter le Vieux Sérail et de chercher refuge hors de l'Empire.

L'escroquerie contre les muftis

Par un grave sacrilège pour l'islam, la famille Seadeddine s'était constituée en véritable dynastie de muftis ayant pignon sur rue. Elle possédait quatre cent vingt moulins, cent cinquante épiceries, un caravansérail, onze cent cinquante esclaves, et un capital de plusieurs millions d'aspres. Chaque année, elle constituait un trésor de guerre pour financer des expéditions contre les chrétiens et étendre l'islam sur le monde. Afin de ne pas se commettre avec les gens du commun, Seadeddine avait une tombe spéciale au cimetière d'Eyoub. Son fils, le mollah Mohammed, parlait l'arabe, le turc et le persan. Il fut l'auteur d'une traduction du Borda ou poème de Bousseïri en l'honneur du Prophète. Il acheva l'œuvre de son père, *Histoire de l'Empire intitulé Couronne des Histoires*. Ce fut son frère Essad qui se déclara l'ennemi de Kossem. Tout d'abord il s'en prit au sultan Mustafa car il reprochait au souverain ses folles dépenses et ses chasses à cheval qui ruinaient les moissons. Puis il entra en lutte contre le confident et protégé de Kossem, le poète satirique Nefi, considéré de nos jours comme le Molière turc.

« Le mufti Essaad perdit tous les biens de ses ancêtres à la suite d'une sombre machination d'hypothèque et d'héritage à laquelle fut mêlée la sultane Mahpeïker », écrit Mourad Oglou, feuillets 135-141.

« La sultane validé loua un palais désaffecté, affirme Karatchélébizadé, feuillets 214-224, elle y reçut ses douze victimes, grimée en veuve de pacha et les fit tomber dans un piège odieux. Elle n'eut aucune pitié. L'un des mollahs dut vendre jusqu'à son turban pour rembourser ses créanciers. Plus tard, la mère d'Amurat prit l'habitude de se déguiser en vieille ou en femme du peuple afin d'épier les menus gens d'Istanbul. »

Même version chez Tadewski (*Kronika Tureckiego Dworu,* Chronique de la Cour de Turquie, pp. 217-223).

Mustafa fut-il enfermé dans la Cage ou au Vieux Sérail ?

Hammer dit qu'il fut interné dans la Cage. Ce en quoi il est contredit par les historiens contemporains. Mustafa demeura en fait cinq ans au Vieux Sérail. Peut-être fut-il interné à la Cage, dès les dernières semaines du mois de mars 1622 ; il se peut qu'Osman ait voulu l'avoir sous sa surveillance directe.

Sa deuxième déposition

Ce fut un arrangement à l'amiable entre Kossem et lui, et les officiers des janissaires n'intervinrent pas. Dans *Histoire de l'Eski-Sérail,* il est fait mention d'eunuques qu'on dépêchait à Injir-Köy, dans « la retraite secrète de Mustafa ». La domesticité y était de cinquante *cariyés* (servantes), quatre *baltadjis* (fendeurs de bois), vingt *tchokadars* (valets) et cent cinquante gardes et eunuques. Dans son domaine d'Indjir Köy, Mustafa troqua le sceptre pour la serpe et le sécateur. Formidable horticulteur, il s'occupa de ses jardins avec une sollicitude paternelle ; il protégea d'un voile aérien les fleurs de Jaipur afin de les empêcher de perdre leur éclat, saupoudra les plates-bandes de goudron, et entoura le sol d'un anneau gluant de son invention pour protéger les plantes des chenilles et des limaces. Entouré de son harem, des chrétiennes achetées au Vieux Sérail, il pria le ciel pour obtenir une descendance. Or il était stérile. C'est pourquoi, à la différence des sultans qui eurent beaucoup d'enfants, il ne put en avoir. Néanmoins il vécut d'une manière agréable et disposa d'une pension de deux cent cinquante mille piastres, somme assez fabuleuse. Sur le tard il inventa un système d'écluses qui lui permit de distribuer l'eau dans les endroits les plus reculés du palais. Les nababs de l'Inde auraient donné leur main droite en échange d'une de ses fleurs, et surtout de cette rose de Perse couleur citron dont il réussit la greffe, et qu'il baptisa *Mahpeïker* (Splendeur de la Lune) en l'honneur de la sultane. Kossem lui rendit souvent visite, et tous deux entretiendront de bons rapports. Mustafa mourut en 1640, à l'âge de cinquante et un ans, non sans avoir laissé croire à tout le monde qu'il avait passé ces dix-sept années d'abdication dans la Cage de Topkapi.

Introduction illégale des favoris au harem et débauches de Kossem

Ali Khan donne une version poétique : « Chaque nuit le cœur de la validé était une province qui changeait de gouverneur. » Feuillet 162.

D'après *la Chronique du Razaouet,* la sultane fit assassiner les favoris de son fils qu'elle fréquentait secrètement dans le harem afin de les empêcher de parler. Feuillet 180.

Même version dans *Histoire de la Vallée des Larmes* de Merfik Edouane, pp. 130-131, et dans *Histoire des trois sultanes russes* de Piotro Pajaczkowski, pp. 195-196.

R. Tadewski, *Chronique de la Cour de Turquie,* p. 222, signale l'existence d'un dossier constitué par Tarchane où Kossem était accusée d'avoir connu plus de deux cents éphèbes.

La politique extérieure

Alger a toujours été la pomme de discorde entre la France et la Turquie. Catherine de Médicis crut un instant que le sultan ne verrait pas d'inconvénient à ce que son fils Henri de Valois devienne roi d'Alger. Eugène Plantet (*Correspondance des deys d'Alger avec la Cour de France,* Paris, 1889) nous explique très bien l'affaire :

« A cette époque, les habitants d'Alger méditaient de s'affranchir de l'oppression du pacha turc. Comme ils craignaient un débarquement espagnol, et qu'ils ne supportaient plus les vexations continuelles des janissaires, ils prirent une résolution extrême. Ils firent savoir aux autorités de Marseille qu'ils étaient prêts à accepter le protectorat de la France. La reine mère ne pouvait laisser échapper une aussi belle occasion de donner à son fils une couronne qui coûtait si peu. L'affaire échoua en raison du refus du sultan. »

Kossem n'avait que du mépris pour la milice algéroise. Les Barbaresques l'empêchaient d'entretenir de bons rapports avec la France dont elle avait besoin pour ses troupes. L'on prétend qu'elle engagea une correspondance secrète avec Louis XIII. Tatillon, le roi de France demanda à la validé, puis au sultan Amurat d'écarter les Grecs de Bethléem et de Jérusalem, de les forcer à se convertir au catholicisme, et de reconnaître la suprématie de la France au Levant. Kossem pensa rassurer Louis XIII en laissant massacrer la flotte d'Alger à Savona. Mais Louis XIII hésita encore une fois à occuper Alger.

Par la suite, les relations entre les Barbaresques et le sultan s'envenimèrent.

L. Pechot *(Histoire de l'Afrique du Nord avant 1830)* signale qu'en 1645 les Barbaresques « étaient encore sous la fâcheuse impression du désastre de Savona (1638); de plus ils étaient mécontents du manque de parole d'Ibrahim Ier qui n'avait point envoyé les subventions promises pour la reconstitution de la flotte algérienne; Alger refusa d'aider l'Empire et signifia sa décision à la Porte. Se voyant impuissant à réduire ces mutins, Ibrahim voulut assurer sa vengeance par des moyens détournés. Il offrit au chef des Barbaresques la charge de grand amiral de sa flotte. On peut se demander si cette nomination était bien sincère, ou si ce n'était pas un moyen détourné de faire venir le corsaire à Constantinople pour s'en débarrasser plus facilement. »

Par la suite Alger fut trahie à plusieurs reprises. En 1830, le dey demandera vainement l'aide de Mahmoud II. Or ce Mahmoud II, qui avait été élevé dans l'amour de la France par sa mère adoptive, Aimée du Buc de Rivery, refusa d'encourager la révolte d'un des chefs arabes. Ahmed, bey de Constantine. L'historien turc Lotfi Efendi dit que le « sultan Mahmoud II ne voulut pas donner le titre de pacha que réclamait le bey pour réunir toutes les tribus contre les troupes françaises. Il hésita même à l'encourager par écrit » !

La politique de Kossem

(Cf. Ahmed Refik et les historiens turcs.) Toute sa vie a été une lutte plus ou moins déguisée contre les grands de l'Empire. Sans doute aurait-elle voulu créer une classe de hobereaux et de petits propriétaires terriens afin d'effacer le déséquilibre de la société turque. Ces hobereaux auraient eu pour mission de mieux s'intéresser au sort des paysans et d'être les intermédiaires entre les pachas et le pouvoir d'Istanbul. Quant à ses compatriotes de la communauté grecque d'Istanbul, elle les protégea et les favorisa au détriment des

Arméniens. C'est elle qui est à l'origine du bannissement des Arméniens. Elle accusait ceux-ci d'être les indicateurs du chah d'Iran, et de vouloir fomenter des troubles à seule fin de déstabiliser l'Empire. Une partie de ses craintes était justifiée. En effet, les Arméniens avaient peu à peu commencé à s'installer dans le commerce des villes. Ils étaient vignerons à Brousse, tanneurs à Erzindjan, fabricants de drap à Arslan-Bey près d'Izmit, éleveurs d'abeilles à Angora. Usuriers, artistes, orfèvres, fabricants de tapis et d'étoffes dans la capitale. Kossem les soupçonnait de vouloir occuper les axes routiers. Ce qui est sûr, c'est que l'un des représentants de cette communauté entra en relation avec le chah d'Iran qu'il savait acquis à leur cause. Il préférait de loin le Persan au Grand Turc, et se demandait s'il n'était pas préférable d'aider la Perse à envahir la Turquie. Lors de leur exode, les Arméniens n'eurent rien de plus pressé que de s'installer dans les territoires persans. Le chah d'Iran les accueillit à bras ouverts, les utilisa pour son commerce et ses imprimeries.

Selon Mourad Oglou, p. 96, « Kossem bannit les Arméniens dans l'intention inavouée de s'acquérir le cœur de Begtache Agha et de permettre aux Grecs de s'approprier le commerce des exilés. Puis elle ordonna le retour des Arméniens sous prétexte que ceux-ci enrichissaient l'Iran de leur art. Enfin elle fit lutter entre elles les communautés chrétiennes, juives et orthodoxes parce qu'elle comprenait qu'elles devenaient importantes et menaçaient l'équilibre de l'Empire ».

Les Grecs et l'affaire des Iles Mortes

Considérés comme impurs, les Grecs d'Istanbul n'avaient pas le droit de regarder le visage d'un Turc. En passant devant une mosquée, ils devaient se déchausser. Ils ne pouvaient voyager hors de la capitale s'ils n'avaient pas payé leurs impôts à l'avance. Interdiction leur était faite de fréquenter les bains turcs, d'habiter certains quartiers, de posséder un cheval ou de séduire une musulmane. En guise d'esclavage, ils rasaient leurs cheveux, portaient des vêtements sombres et vivaient dans des masures au toit gris foncé. Leurs lèvres devaient être constamment collées aux babouches ottomanes. Malheur à ceux qui osaient soulever une paupière ou battre d'un cil. Afin de soustraire leurs fils à l'enrôlement de l'armée turque, ils disaient ne pas en avoir. Ils gardaient toute naissance secrète et dissimulaient leurs filles pour les protéger de la convoitise des collecteurs de taxes.

D'après Mourad Oglou, p. 102, « la sultane ordonna de livrer les Iles Mortes au feu afin d'empêcher Sa Majesté (Amurat IV) de découvrir les travaux agricoles qu'elle y avait accomplis ».

Le désir de rendre la dignité aux siens n'était pas le seul objectif de Kossem. En transformant les galériens grecs en paysans-soldats, elle mettait au point une organisation à laquelle elle n'avait jamais pensé auparavant. A condition d'être cultivées, les Iles Mortes pouvaient donner à l'Empire une nouvelle route commerciale et permettre à la Turquie de ne plus dépendre des Persans ou des Vénitiens. Ces îles devaient être en quelque sorte le grenier turc. En y aménageant des escales, des comptoirs et un système de colonies militaires, elle pouvait espérer créer un empire maritime qui rivaliserait avec la Sérénissime République de Venise.

Begtache

D'après Merfik Edouane, op. cit., il aurait été l'époux secret de Kossem et se serait marié en automne 1651 dans l'une des salles du Vieux Sérail. Les historiographes du règne de Tarchane défigureront son passé et lui attribueront des faits qu'il n'a jamais commis. Hammer et Lamartine parlent à peine de sa carrière militaire, ils le disent colonel des janissaires et d'origine grecque. Dans les *Chroniques orientales,* l'historien syrien Abraham Ecchelensis (Bibliotheca orientalis, t. I, p. 234) relate sa marche dans le désert, son introduction à Venise et ses manœuvres pour sauver son peuple grec. Les rencontres amoureuses et les relations avec la validé sont inspirées de l'ouvrage de Merfik Edouane. L'officier possédait à Istanbul une maison personnelle où avaient lieu les rendez-vous amoureux. C'est là, au-dessous « d'un bassin supporté par une voûte de maçonnerie, que l'on trouva des chaudrons remplis de ducats et de bijoux » (Hammer p. 288). Par son biais, Kossem était en fait maîtresse de l'armée, car Begtache était l'ami et le parent du futur grand vizir et officier supérieur Kara Mourad. (Tarchane le fera assassiner. C'est de cet assassinat que date la haine entre les deux femmes.) Begtache ne tarda pas à se populariser, surtout après sa marche héroïque dans les déserts du Caire. Tarchane « répandit alors le bruit que Kossem conspirait avec lui pour déposer ou tuer Mahomet IV » (Lamartine).

On raconte que la tête de l'officier échoua dans la Niche des sultanes, endroit maléfique du harem où les validés procédaient à la torture et à la mort de leurs ennemis. Tarchane visitait le trophée sanglant chaque jour. Comme la tête menaçait de tomber sous le souffle du vent, elle ordonna de la coller à son piédestal avec une mince couche de miel d'Anatolie et pria un médecin de l'enduire de pommades et de philtre de jeunesse. La sultane russe finit par s'accoutumer à ce visage mortuaire. En se promenant dans les jardins, il lui arrivait d'effleurer la joue macabre de ses doigts et de dire en laissant fuser un rire perlé : « Agha, tu as meilleure mine qu'hier. Si Allah le veut, tu me tiendras compagnie jusqu'à l'hiver prochain. »

Histoire de l'automate

« La validé Mahpeïker manœuvra les bras et la bouche de son fils avec des poulies et des cordes à arc, de la même façon que des courtisans firent autrefois pour Akbar, le grand moghol. » (Mourad Oglou, p. 151).

« La sultane soudoya les eunuques du harem pour qu'ils gardent le silence sur la mort d'Amurat. Ils revêtirent la dépouille d'un caftan vert à palmes d'or et coiffèrent la tête du casque de Soliman le Magnifique, à triple couronne, embelli de *Commencement du Monde,* un diamant d'une centaine de carats. » (Tadewski, pp. 240, 241).

Tarchane

Petit de la Croix nous la décrit dans ses Mémoires comme une « Moscovite maigre, blême, un peu picotée de vérole, les yeux d'un bleu pâle et les cheveux d'un blond ardent. » Chassepoil évoque sa grossesse de deux mois, et le subterfuge de Kossem pour faire croire à son fils qu'elle était vierge. (Même version chez Vanel.)

« Kossem aimait Tarchane comme sa propre fille et elle craignait qu'elle ne fût contrainte de se retirer au Vieux Sérail. La grossesse de sa protégée n'était pas encore visible et personne, hormis elle, n'en était informé. Peut-être pourrait-elle faire passer son enfant comme étant celui d'Ibrahim ? » (Chassepoil, p. 36). Version étayée par Pajaczkowski (*Histoires des trois sultanes russes de Turquie*, pp. 61-62). Merfik Edouane parle de la destinée curieuse de cette « sultane qui aurait connu intimement les deux princes ».

Tarchane était de taille inférieure à la plupart des demoiselles de son âge et en souffrait considérablement. Sa particularité de fixer le vide sans jamais regarder ses interlocuteurs effrayait son entourage. Sa réserve était telle qu'elle ne désirait pas que son fils Mahomet, alors âgé de sept ans, la vît à visage découvert. On la disait turbulente au lit, mais prude dès qu'elle en sortait. A l'âge de vingt-cinq ans, elle avait la folie des poupées parce qu'autrefois les intendantes de la pension Yédikoulé lui interdisaient de jouer avec ces objets qu'elles considéraient comme des idoles chrétiennes. Ses bizarreries s'étendaient jusqu'à la nourriture qui n'était jamais autrement que de couleur blanche. Blanc de poulet, pain à la farine de maïs, pulpes de pommes d'Arménie, lait de brebis composaient ses principaux menus. Ses jardiniers cultivaient essentiellement des lys et sa chambre aurait pu ressembler à une chapelle tant elle contenait de cierges immaculés. Etre à son service constituait une épreuve effrayante. Elle citait en justice son couturier pour se faire rembourser une robe qu'il n'avait pas réussie, obligeait les cuisiniers à égoutter leurs marmites jusqu'à la dernière goutte d'huile et chassait ses petits pages africains sous prétexte qu'ils prenaient du poids et cessaient d'être décoratifs.

Maîtresse d'Amurat, elle devint la Grande intendante des réjouissances d'Ibrahim, et se compromit dans le trafic d'opium ainsi que dans la traite des éphèbes. A la Cité des Hommes, il lui arrivait d'assister en personne aux débauches nocturnes. Ses spadones y figuraient en satyres, surgissaient des massifs mauves des tamaris et poursuivaient le long des plages du Bosphore des filles de joie de Trébizonde. Les récalcitrants étaient drogués, les indécis gavés d'aphrodisiaques. Sous le parquet de la Cité, une sorte de mécanisme faisait mouvoir le parquet et découvrait les flots de la mer par où l'on jetait des sacs à oubli contenant les gens mis à mort.

Ibrahim, son caractère, ses favorites

Ce fut le sultan le plus désastreux de l'Empire. « Il aggrava les maladies qui avaient ravagé le système ottoman avant Mourad, à un tel point qu'aucun de ses successeurs n'osa reprendre son nom ni le donner à ses enfants. » (Stanford Shaw, *Histoire de l'Empire ottoman*, p. 288).

Après avoir éconduit Tarchane, il tomba éperdument amoureux de la jeune nourrice de son fils : une certaine Baché. Ibrahim aimait l'enfant de cette Baché mieux que son propre fils. Tarchane commença par être irritée. Elle convia Baché à un énorme festin, au cours duquel elle lui présenta un gâteau à la mousse de cacao dont elle la savait friande. Baché fut saisie de malaise quelques heures plus tard. Elle ignorait que la Russe l'empoisonnait à doses lentes à l'aide de sels de plomb qui provoquaient une dysenterie aiguë. Prise de panique, elle demanda comme permission au sultan d'aller avec son nourrisson en pèlerinage à La Mecque. Hélas le 28 septembre 1644, sa flottille fut arraisonnée à la hauteur de l'île de Rhodes par six galères des chevaliers de Malte. L'on rendit les armes après un engagement furieux. Baché eut le temps de se dépouiller de son caftan doré, et fut poussée sans ménagement dans les cales de la galère de Malte. Les chevaliers de Malte ne savaient pas à qui ils avaient affaire et la traitèrent sans ménagement, elle et son fils, jusqu'au jour où ils furent conduits à l'île de Malte. Le chevalier Ignatio de Ribera qui servait d'interprète au Grand maître de l'Ordre s'avisa une nuit, par curiosité, de regarder au travers de la porte de sa geôle. Il fut surpris de voir les femmes se prosterner devant elle, et lui remettre son fils à genoux. Dévoilée, Baché avoua la vérité. Le Grand maître lui envoya aussitôt des vêtements et adoucit la rigueur de sa captivité. Comme le poison dont elle avait été victime au sérail continuait son œuvre et qu'elle se sentait dépérir, le Grand maître lui envoya un carrosse et la transféra dans une maison de campagne. Cependant elle n'abdiqua pas les préséances. Un jour, alors qu'elle était l'invitée du Grand maître, elle refusa de manger les mets parce qu'on ne lui donnait pas une assiette d'or comme à son éminence. Les chevaliers de Malte refusèrent de rendre la nourrice et son enfant au sultan, et n'acceptèrent le paiement d'aucune rançon. Ibrahim déclara la guerre à la chrétienté, et à Venise et aux chevaliers de Malte. Ce fut le commencement de la guerre contre Venise. Baché ne tarda pas à mourir, et l'enfant fut élevé dans la religion chrétienne. Le prince fut envoyé dans le couvent des dominicains de Porto Salvo, en la cité Lavalette, où il entra un matin du 17 novembre 1654. Le baptême se fit en l'église de Saint-Jean avec toute la solennité imaginable. Le fils de la nourrice prit donc le froc des dominicains et fut connu par la suite sous le nom de Padre Ottomano. (In Anonyme, *Histoire du Révérend Père Dominique Osman, fils d'Ibrahim,* 1665, pp. 30 et suiv., *Histoire des Turcs,* M. du Verdier, t. II, feuillet 685, Hammer, t. X, p. 79).

Après la perte de sa bien-aimée, Ibrahim « alla en des débordements qu'une chaste imagination n'oserait se représenter. » (*Histoire des trois derniers empereurs,* Rycaut, p. 137). Une femme dont il s'était amouraché autrefois lui servait d'entremetteuse. Il l'appelait Checher Para ou Bébé de Sucre. Le sultan lui demandait de dresser le portrait de toutes les femmes du sérail, qu'il pouvait admirer chaque semaine, dans un album. Hammer nous dit que les favorites disposèrent plus que jamais de l'Empire et Lamartine ajoute : « Les femmes, les parfums et les fourrures furent les trois délices de son paradis terrestre. Ses vizirs, ses pachas ne suffisaient plus à lui trouver et à lui offrir les plus belles esclaves de Géorgie, de Perse, de Pologne ou d'Italie. Il portait des caftans dont les boutons étaient des pierres précieuses du prix de 10 000 ducats. Il était semblable à Néron, à Caligula ou à Sardanapale dans ses débordements de mœurs. »

Les spadones

C'étaient des Africains incomplètement émasculés. Le Dr Zambaco, membre de l'Académie de Saint-Pétersbourg et de Paris, membre de la Société de médecine et d'hygiène tropicales, précise qu'on a seulement extirpé leurs glandes séminales :

« Dans ce cas, le phallus persiste ; les tentatives sexuelles aboutissent à des satisfactions mutuelles, mais stériles. C'est précisément à cause de cette stérilité que les nobles romaines recherchaient les spadones pour leurs ébats lascifs. Ce qui explique leur succès dans la haute aristocratie. Chez les spadones, il y a une éjaculation constituée par le produit de la sécrétion de la prostate et des glandes accessoires. Il y a donc un simulacre de coït, avec chatouillement quasi voluptueux, pendant l'expulsion de cette mucosité. Le mélange de ce liquide avec le sperme liquéfie ce dernier, et augmente les sensations, pendant l'éjaculation. Cependant lorsque le sperme est épaissi, comme cela a lieu après une longue abstinence, son passage dans l'urètre devient douloureux. L'émasculation entraîne une modification du comportement chez l'individu. Après la castration, le chien devient indifférent, nonchalant, obèse ; il perd peu à peu ses aptitudes de chasse et de garde. Le chat ne chasse plus les souris. Quant au coq devenu chapon, il voit sa crête se flétrir. Il ne chante plus et s'engraisse. Enfin, chose curieuse, il acquiert l'aptitude de couver. Ses sentiments de maternité pour ses poussins dépassent même la sollicitude de la poule mère. Il glousse, et la nuit abrite ses poussins sous ses ailes. »

Taillés dans le moule de la perfection, les spadones de Topkapi mesuraient rarement moins de 5 pieds 6 pouces (1,80 m) et appartenaient en majorité à la tribu africaine des Selous. Sept cents d'entre eux avaient été transférés au harem impérial où ils bénéficiaient de statuts privilégiés : exemption de guet et d'impôt, liberté de mouvement entre le sélamlik et le haremlik, permission d'entrer à toute heure chez les femmes, possibilité de troc à l'aide d'une monnaie de cuivre rouge qui avait seulement cours à l'intérieur du palais. Aussi disposaient-ils de kiosques où ils vendaient, à l'intention des eunuques et des vierges, des instruments virils en ivoire nervuré, des attractions occidentales, des théâtres d'ombres, des cages de bengalis ou des gourdes contenant des grillons apprivoisés pour les courses. Parfois ils exerçaient une autorité absolue sur les castrats efféminés ; ils élevaient eux-mêmes des éphèbes noirs sous prétexte de les initier à leur rôle de futurs pages et concevaient pour eux des passions qui allaient jusqu'aux règlements de comptes. Chaque nuit, ils se rasaient de près afin de dépouiller leurs joues de toute pilosité et ne pas révéler ouvertement leur état. Ils étaient fiers de leur anatomie et avaient tellement peur du mauvais œil qu'ils suspendaient une amulette sur leurs symboles d'amour afin d'y attirer la bénédiction du ciel.

Kossem fut-elle coupable dans la mort de son fils Ibrahim ?

Non, répondent les historiens turcs. Hammer a la même opinion. Lamartine note qu'elle « fut secrètement irritée du meurtre de son fils Ibrahim malgré ses efforts pour lui conserver au moins la vie... »

Sous Mahomet IV

Le règne du jeune sultan ne fut que celui de la sultane Kossem. La paix de vingt-deux ans fut renouvelée avec l'Autriche, et le siège de Candie reprit avec une nouvelle énergie. Les favorites d'Ibrahim furent ensevelies vivantes dans le Vieux Sérail. La sultane Kossem n'excepta de cet exil que la jeune mère de Mahomet, la sultane Tarchane, esclave russe ou polonaise, que son ignorance et sa docilité aux volontés de sa belle-mère rendaient inoffensive...

Les historiens turcs racontent que Kossem convoqua un Divan extraordinaire au sérail pour délibérer sur les désastres de la flotte et de l'armée

Tarchane, Kossem et le sultan se trouvaient tous trois derrière le *perdé* (le rideau). L'enfant ne savait où donner de la tête, tantôt conseillé par Kossem, tantôt par Tarchane. Les deux femmes lui faisaient écrire ce qu'elles voulaient. Un jour il demanda à un courtisan comment l'on écrivait les mots « Je te coupe la tête ! » Comme on lui demandait pourquoi, il expliqua que c'étaient les principaux mots que lui dictaient sa mère et sa grand-mère. Les archives turques conservent encore un billet où Mahomet écrit à l'un de ses ministres (sous la dictée de l'une des deux femmes) : « T'ai-je fait grand vizir pour que tu passes ton temps dans les fêtes et dans les jardins ? Occupe-toi des affaires de l'Etat, autrement tu n'auras plus de tête sur les épaules. »

Pour mieux l'avoir sous sa coupe, Kossem lui donna un maître d'écriture complètement soumis à ses ordres. Elle lui fit signer des dizaines de pages sans qu'il sache de quoi il retournait. La sultane Tarchane s'indigna de cette usurpation sur ses prérogatives de mère. Cette jeune validé, jusque-là souple et docile aux volontés de Kossem, commença à se révolter contre une domination prolongée qui attentait à sa propre influence sur son fils.

La fin

« Ses fourrures de zibeline, ses pendants d'oreilles, ses bracelets, ses bagues devinrent la proie de ses assassins. Ils jetèrent le cadavre nu sur le pavé où l'on expose le corps des criminels, devant le kiosque des Oiseaux. L'un d'entre eux fut mordu au pouce par cette bouche avec tant de force qu'il ne put lui faire desserrer les dents que d'un coup de poignard dans la gorge. Les assassins la croyant morte s'éloignèrent pour aller porter la nouvelle du meurtre à la porte de la Félicité, lorsqu'en se retournant ils virent le fantôme nu et sanglant de la sultane qui se relevait et s'enfuyait dans l'ombre en leur lançant un regard de vengeance. Ils revinrent achever leur victime qui avait feint la mort. Quoique désarmée, elle combattit contre eux avec la force d'un athlète, et ne succomba une seconde fois que sous le nombre. Le cordon, resserré autour de son cou avec le manche de la hache d'un baltadji, lui arracha enfin le dernier soupir. Les flots de sang qui jaillirent des blessures, des yeux et des oreilles de cette femme colossale, bien qu'elle eût passé soixante ans, attestèrent la verdeur de sa vieillesse, et la mâle énergie de cette Grecque, qu'il fallut tuer deux fois pour lui arracher l'Empire. » (Lamartine).

Le jugement des chroniqueurs et historiens sur Kossem

Hammer dit qu'elle fut l'une des seules sultanes à savoir maintenir sa domination au sein de l'armée. Et il ajoute qu'elle fut « d'un esprit élevé et politique, pleine de magnificence et de générosité. L'influence remarquable qu'elle exerça déjà sous le règne d'Ahmed Ier, son époux, grâce à sa beauté et à son intelligence, lui fut conservée durant les cinq premières années du règne d'Amurat IV. » Pour Lamartine, elle fut « virile et mère de famille avant tout. Tandis que Roxelane gouverna par sa séduction, elle, gouverna par son génie. La sultane Kossem dut tout à la politique. » Jean-Louis Chardans confirme qu'elle régna pendant 30 ans sur le monde ottoman.

« Tous les historiens sont unanimes dans les éloges qu'ils lui prodiguent, déclare Jouanin ; ils ne cessent de louer ses bienfaits et le noble usage qu'elle fit de son pouvoir. Elle employait la plus grande partie de ses revenus à secourir l'infortune et à fonder des établissements de piété ou d'utilité publique. Elle était si charitable qu'elle allait porter elle-même ses dons jusque dans les prisons et les hôpitaux. Elle était adorée de ses serviteurs. Elle donnait la liberté aux femmes, ses esclaves, dont elle était contente, et les mariait ordinairement à des officiers du sérail ; elle dotait même des pauvres filles qui n'étaient pas de son service ; enfin sa bonté s'étendait jusque sur ses pages, auxquels elle imposait un service moins sévère et moins rigoureux qu'auparavant. »

Vanel, conseiller du roi en sa cour des comptes et aide des Finances de Montpellier, la voit comme « une princesse fort habile, qui s'acquitta du gouvernement de l'Empire avec beaucoup de conduite et de succès. Femme ambitieuse, elle faisait de la prudence la règle de ses actions. »

« Elle avait une démarche noble, renchérit Chassepoil (*Histoire des grands vizirs.*, p. 90), une chevelure abondante, une vitalité intense, des yeux pleins de feu. » D'autres signifient qu'elle était d'une grande propreté. « Au sérail, elle prenait cinq bains dans la journée, car elle était hantée par le souvenir d'une mare à porcs dans laquelle elle était tombée alors qu'elle n'était qu'une enfant. Son père, le pope grec, l'appelait Voix d'Or ou Yeux Violets. »

D'après Mourad Oglou, p. 261, « elle était née pour tromper son prochain et capable de charmer un cobra pour arriver à ses fins. Méprisant les lois de l'islam, elle usa d'intrigues dont l'audace jeta le monde oriental dans la stupeur et l'horreur. Pourtant les pauvres ne faisaient jamais appel en vain à sa générosité. Non seulement ils la défendaient, mais ils évoquaient ses prouesses, quitte à les embellir. »

Les historiens ottomans Mohamed Khalifé et Scharihoul Minarzadé ont dressé de la sultane un portrait saisissant :

« Son génie fut de transformer la prison dorée de Topkapi en toile d'araignée où elle tissa ses projets comme si elle était en liberté. On appela les dix premières années de son règne avec son fils Amurat IV : l'ère des Violettes, en hommage à ses fleurs préférées et à la couleur de ses yeux. Les pachas du Divan, à qui elle avait fait croire à ses pouvoirs occultes, la redoutaient et assistaient à ses séances en tremblant au point de porter leur testament dans la poche de leur caftan. Les trouvant gras et les accusant de bâtir leur fortune sur la sueur des pauvres, elle les soumit à une cure d'amaigrissement qui les allégea de quarante livres en moins de deux mois. Pour échapper à son contrôle et à ses expropriations, les vizirs cachèrent leurs trésors, enlaidirent l'extérieur de leurs palais et obligèrent leurs femmes à paraître à la Cour dans des robes sobres dénuées de toute fantaisie. Pendant plus de trente ans, la sultane sut faire s'incliner devant elle les fonctionnaires les plus compétents de son empire et les inciter à donner le meilleur de leurs capacités pour son service et celui de la Turquie. Irritée de l'importance de sa mère adoptive, la validé Tarchane brûla les ouvrages qui la concernaient, et disposa son tombeau dans la partie la plus obscure de la mosquée, dans l'endroit appelé « Les Ténèbres » de façon à la priver de la lumière de l'islam. Plus rien ne poussa là où Kossem avait fait fleurir des camélias, ses deux cents jardiniers furent persécutés, et les trois cent soixante marches gravies par la sultane grecque le jour de son mariage avec le padichah Ahmed Ier se trouvèrent détruites et remplacées par une rampe inclinée du plus mauvais goût. Pas un poète d'Istanbul n'oublia de chanter l'épopée de l'étrange souveraine. Pendant trois années les femmes de la ville dépouillèrent leurs plates-bandes pour fleurir la tombe de la défunte. A la fête de l'anniversaire de la naissance du Prophète, un gouverneur racheta sa robe de martyre un million d'aspres, soit trente fois son prix initial, et un pacha amena en convoi armé l'eau des premières pluies d'avril et la déposa dans les sébiles qui entouraient le cercueil. Par un grave sacrilège, les déshérités de l'Empire considérèrent qu'une visite à sa mosquée valait deux fois le pèlerinage à La Mecque et les doyennes du harem prièrent à l'endroit où Kossem déroulait sa natte de paille. »

Le règne de Tarchane

La première année du règne de Tarchane, le palais de Topkapi sombra dans l'anarchie. Istanbul devint la ville la plus corrompue de l'Orient. Les ministres défilèrent, se succédant à un rythme effarant. Les rues retentirent de cris de vengeance et de haine. Des pêcheurs d'huîtres retrouvaient tous les jours des cadavres rejetés par la mer. Les habitants de la capitale accusèrent Tarchane d'être à l'origine des catastrophes qui s'abattirent sur la Turquie.

Seul le ministre albanais, Koproulou, ancien protégé de Kossem, parvint peu à peu à rétablir la situation mais au prix de dizaines de milliers de victimes. L'empire retrouva son calme et son prestige. Les troubles dissipés, Tarchane se métamorphosa en une femme sereine. Elle nourrit un véritable culte pour les spadones au point de faire représenter ses favoris dans une pâtisserie ahurissante où leur torse, leurs yeux et certaine anatomie de leur corps figuraient en pâte d'abricot de Damas et en sucre fin de Moussoul.

Sur le tard, la sultane russe acheva l'édification de la mosquée commencée par Kossem, envoya des ambassades à Versailles, fit venir sa dentelle de Nottingham et ses nécessaires de toilette de Livournes. Elle mourut de sa belle mort en juin 1683 à l'âge de soixante et onze ans.

Documentation

ALBERTI Eugenio, *Relazione degli ambasciatori veneti al senato* (XVIe siècle), 15 V. Florence, 1839-1863.

ANCILLON, Traité des eunuques, dans lequel on explique toutes les différentes sortes d'eunuques, quel rang ils ont tenu, et quel cas on en a fait, Paris, 1978 (rééd.).

Annales de la Mission de Touraine, Archives des Pères Capucins, Paris, 1634.

ANDERSON R.C., *Naval wars in the Levant,* Liverpool. 1952.

Anonymes, Histoires du révérend père Dominique Ottoman, fils du sultan Ibrahim, Paris, 1665. *The policy of the turkish Empire,* London, 1629. Discours espoventable d'une sultane turquesque, laquelle a fait un monstre (!), Paris, 1609. La grande et estrange sedition arrivée depuis peu en la ville de Constantinople, Paris, 1622. Intrigues de sérail, sous le règne du sultan Ibrahim, Paris, 1737. Ibrahim, pacha de Bude, nouvelle historique, Cologne, 1686. Fragment d'une histoire de la dynastie ottomane ou la Grecque oubliée, Amsterdam, 1731. Recueil d'histoires galantes des meilleurs auteurs de ce siècle, La Haye, 1711. L'espion turc à Francfort, Paris, 1741. Le massacre du Grand Turc à Constantinople, Harvard University, cote 343.4. Miroir de l'Empire ottoman ou l'Etat présent de la Cour et de la milice du Grand Seigneur, Paris, 1678. Ambassades de M. le comte de Guilleragues et de M. de Girardin auprès du Grand Seigneur, Paris 1687. Histoire de Mehmet Bey aujourd'hui, nommé Jean Michel de Cigala, prince du sang impérial des Ottomans, Paris, 1678. Anecdote turque, London, 1782. Amusement des dames ou recueil d'histoires galantes s.l.n.d.

ARCQ Philippe Auguste de Ste-Foix (chevalier d'), Lettres d'Osman, Constantinople, 1735.

Archives vénitiennes, *Venezia e le sue lagune,* 5 vol., Venise, 1847.

Archives nationales, Expéditions concernant le commerce du Levant, Marine B.7.224, (1688-1694).

ARCHANGE des FOSSÉS (Le P.), Lettres imprimées par le Père Apollinaire de Valence, Paris, 1627.

ARIF Mufid Mansel, *Bibliografya* (Bibliographie complète des ouvrages occidentaux sur la Turquie, publiée par la Société historique turque, 1949).

ARSEVEN Celâl Esas, L'art turc, Istanbul, 1935.

ARSIK Nimet, *Osmanli Sarayinda Yabanci Kadin Sultanlar* (Les sultanes étrangères dans les palais ottomans), Istanbul, s.d.

ARSIV Kilavusu (Archives de Topkapi Sérail), 2 vol., Istanbul 1938-1940.

ASLAPANA Oktay, *Turkish Miniature Paintings*, Istanbul 1961.
ATABINEN Rechid Suffet, Turcs et Italiens à travers les âges, Istanbul, s.d. (B.N. Paris, 16° G Pièce 169).
ATASOY Nurhan et GAGMAN Filiz, *Turkish Miniature Paintings*, Istanbul, 1974.
ATKINSON G., Les relations des voyages du XVIIe siècle et l'évolution des idées, Paris, 1924.
B. (le Sieur de), Mémoires de Don Francisco de Teradeil, chevalier de l'ordre de St-Louis, ci-devant capitaine au régiment royal Roussillon infanterie. Contenant ce qui lui est arrivé de plus remarquable depuis l'an 1654 jusqu'à la paix de Nimègue, Maubeuge, 1705.
BABINGER, *Die Geschichtschreiber der Osman und ihre Werke*, Leipzig, 1927.
BARBER N., *The Sultans*, New York, 1973. *Double eagle and crescent : Vienna's second Turkish siege and its historical setting*, State University of New York, 1967.
BARENTON (Le P. de), La France catholique en Orient durant les trois derniers siècles, d'après des documents inédits, Paris, 1902.
BARKAN O.L., « Les déportations comme méthode de peuplement et colonisation dans l'Empire ottoman. » Revue de la Faculté des Sciences Economiques de l'Université d'Istanbul, t. XI, (1946-1950). *The Ottoman budgets'*. Revue de la Faculté des Sciences Economiques de l'Université d'Istanbul, t. XVII (1955-1956). « Essai sur les données statistiques des registres de recensement dans l'Empire ottoman. Revue de la Faculté des Sciences Economiques de l'Université d'Istanbul. T. I-II (1939).
BARTHÉLÉMY Ch., BASHET A., Histoire de Turquie, Tours, 1872. La diplomatie vénitienne et les princes de l'Europe au XVIe siècle, Paris, 1862.
BAUDIER M., Histoire générale du sérail et de la cour du Grand Seigneur empereur des Turcs, Paris, 1626.
BEAUVOISINS J.E., Notes sur la cour du Grand Seigneur, son sérail, la famille du sang impérial, la maison militaire et ses ministres, Paris, 1809.
BEHRNAUER W., Mémoire sur les institutions de police chez les Arabes, les Persans, les Turcs, Journal Asiatique, t. XV (1861).
BERK N., Le Palais de Topkapi, T.T.O.K. *belleteni, sayi :* 250. 1962.
BERTIN Th. P., Anecdote grecque. s.l. 1786.
BERNA Moran, *A Bibliography of the publications in English concerning the Turks*, Istanbul, 1964.
BEYLIÉ L. de, Les anciennes maisons de Constantinople. Revue de l'art chrétien, 1904.
BLANES H.B. de, Roman oriental, Paris, 1753, 2 tomes en 1 volume.
BLOCHET E., Catalogue des manuscrits turcs de la Bibliothèque nationale.
N° 122 : Fragment d'une chronique de l'Empire ottoman comprenant une partie du règne de Mehmed IV.
N° 116 : Etat des recettes et des dépenses du Trésor ottoman durant la guerre contre la Perse sous Murad IV (milieu du XVIIe s.).
N° 171 : Chronique du règne de Mehmed IV de 1058 à 1093 (1648-1682) par ‘Abdürrahman Nisanci Abdi Pasa.
N° 718 : Abrégé des cérémonies. Règlements de police de Constantinople traduits par Wiet, jeune de langue (1741).
N° 722 : Canons de l'Empire ottoman. Conseils adressés par le grand-vizir

Ahmed Pasa à Mehmed IV (rabi' II 1063/mars 1653), traduits par E. Legrand (1733).
N° 819 : Firman de Ibrahim Ier relatif à l'établissement d'un consul du roi de France à Constantinople.
N° 867 : Journal historique de tout ce qui s'est passé sous l'empire de Mahomet IV. Traduit par Roboly, jeune de langue (1735).
N° 881 : Traité de la fondation de Constantinople et description de cette capitale, traduit par L. Dautant (1734).
N° 884 : Canons ou règlements concernant tant les officiers du sérail du Grand Seigneur que ceux des différentes troupes qui composent la milice de l'Empire ottoman. Traduits par Rocques, jeune de langue (1734).
N° 885 : Abrégé des canons de l'Empire ottoman, ou substance des choses contenues dans les registres du Divan.
N° 920 : Abrégé de ce qui s'est passé dans l'Empire ottoman en 1063 et 1064 (1652-1654). Traduit par Fornetty, jeune de langue (1743).
N° 924 : Différents anciens canons de l'Empire ottoman, traduits par J. Wiet, jeune de langue (1743).
N° 1089 : Histoire du grand-vizir Köprülü Ahmed Pasa (1661-1676) par son secrétaire Hasan Ağa (1723).

CARDONNE, Mélanges de littérature orientale, traduits de différents manuscrits turcs de la Bibliothèque du Roi, Paris 1770, 2 volumes.

CONANT Martha Pike, *The oriental tale in England in the eighteenth century*, New York, 1908.

COURT G., Deux mots sur les fonds turcs, Nice, 1876.

COUSIN (le Président Louis), Histoire de Constantinople, depuis le règne de l'ancien Justin jusqu'à la fin de l'Empire, Paris, 1865.

CROIX MENIL (comtesse de), Femmes d'Orient, Bruxelles, 1894.

DAVID Talbot Rice, Constantinople, Londres, 1965.

DAWIS F., *The palace of Topkapi in Istanbul*, New York, 1970.

DENY J., Histoire et historiens depuis 50 ans, Paris, 1927.

DESJARDIN Marie Catherine (Mme de Villedieu), Mémoires au sérail, 1671-1679, 6 volumes.

DODD H. B., *In the palaces of the sultan*, Londres, 1904.

DORA d'ISTRIA (comtesse de), Les femmes en Orient, Zurich, 1858, 2 volumes.

DJARDIDAN (Hanoum, Princesse), *Harem life*, New York, 1931.

DUCAUGE M., Arbre généalogique des empereurs ottomans.

DUFRESNOY M., Etude. L'Orient romanesque en France, Montréal, 1946.

DUGAT G., Histoire des orientalistes de l'Europe, Paris, 1868.

DURUKAN Zeynep, *The harem of the Topkapi palace*, Istanbul, 1973.

DUSAUSOIR F. J., Le sultan indécis, ou les deux Circassiennes. Anecdote turque, 1794.

DU VIGNAU, Le langage muet ou l'art de faire l'amour sans se parler, Paris, 1688.

FAGNAN Marie A., Le Miroir des princesses orientales, Paris, 1755.

FARMER H. G., *Turkish instruments of music in the seventeenth century*, Glasgow, 1937.

FEBURE M., L'Etat présent de la Turquie, Paris, 1675.

FEHMI, EDHEM et STCHOUKINE, Les manuscrits orientaux illustrés de la bibliothèque de l'Université d'Istanbul, Paris, 1933.
FEKET Dr., *Archival problems* (*Arsiv Meseleleri*), Istanbul, 1939.
FRANK A., Etudes orientales, 1861.
FROISSART Sir John, Œuvres (Chroniques), Bruxelles, 1867-1877, 25 volumes.
GABRIEL A., Châteaux turcs du Bosphore, Paris, 1943.
GANT J., Histoire d'Osman, fils d'Ibrahim, Paris, 1665.
GAY J., Bibliographie des ouvrages relatifs à l'amour, aux femmes, Paris, 1894, 4 volumes.
GRANGE de SURGÈRES (Marquis de), Répertoire historique de la Gazette de France, depuis l'origine jusqu'à la Révolution (1631-1790), Paris, 1902-1905, 4 volumes.
GRASSET de ST-SAUVEUR, Le sérail ou histoire des intrigues du Grand Seigneur, Paris, 1795, 3 volumes.
GREAVES J., *Description of the grand signor's seraglio,* Londres, 1653.
GRÉGOIRE H., La *turquerie* à travers quelques récits de voyageurs français de la fin du XVIIe siècle, Aix-en-Provence, 1970.
GROSRICHARD, Structures du sérail, Paris, 1978.
GROSVENOR E., *The seraglio,* Londres, 1895.
HABESCI Elias, Description de la cour et du sérail, Paris, 1792.
HALIL GANEM, Les sultans ottomans, Etudes d'histoire orientale, Paris, 1901, 2 volumes.
HAUSER H., Essai d'une bibliographie des ouvrages du XVIe siècle relatifs au Levant. s.l.n.d.
INAN Afet, Aperçu général sur l'histoire économique de l'Empire ottoman, Istanbul, 1947.
KOLOGLU Orkhan, Le Turc dans la presse française, Beyrouth, 1971.
KONYALI Ibrahim Hakki, *Istanbul saraylari* (les palais d'Istanbul), Istanbul, 1943.
KORAY Enver, *A bibliography of the turkish publications on history,* Ankara, 1952 (en turc).
KURAT A. N., Sur quelques matériaux relatifs à l'histoire de la Turquie dans les archives et les bibliothèques d'Angleterre, Ankara, 1949 (en turc).
LA CHAPELLE (G. de), Recueil des divers portraits des principales dames du Grand Turc, Paris, 1648.
LAMBERT de SAMERY (P.), Anecdotes vénitiennes et turques, Londres, 1740, 2 volumes.
LAMPE Melek Celal, Le Vieux Sérail des sultans, Istanbul, 1959.
LE NOBLE Eustache (Baron de St-Georges et de Tennelière), Nouvelle historique, Paris, 1694.
LE VIEUVILLE d'ORVILLE (A. de), comte de Vignancourt, Nouvelle historique, galante et tragique, Paris, 1724. Anecdotes secrètes de la cour ottomane, Paris, 1731.
LEWIS B., *The ottoman archives* (*Journal of the Royal Asiatic Society*), 1951.
MAILHOL G., Anecdotes orientales, ouvrage dédié aux dames, Paris, 1752.
MANBOURY E., Le harem des sultans. L'Illustration, Paris, 1930.
MARANA J.-P., L'espion du Grand Seigneur. Relations secrètes d'un envoyé du Divan, Paris, 1684.

MARMONT de HAUTCHAMP, Rethima de Géorgie, Paris, 1735-1736, 6 volumes en 3.
MARQUÈS-RIVIÈRE J., Amulettes, talismans et pentacles dans les traditions orientales et occidentales, Paris, 1938.
MARTINO P., L'Orient dans la littérature française au XVIIe siècle et au XVIIIe siècle, Paris, 1906.
MEHMET Refik Bey, Le règne des femmes, Istanbul, 1915.
MERCURE (Le), Histoires tragiques. Bibliothèque Nationale. J 23319-J 23419.
MERFIK Edouane, Histoire de la Vallée des Larmes, Beyrouth, 1906 (arabe).
MICHOFF V., Bibliographie des articles des périodiques allemands, anglais et italiens sur la Turquie et la Bulgarie, Sofia, 1938.
MILLAUT Dr, Les eunuques d'aujourd'hui et ceux de jadis, 1911.
MILLER B., *Beyond the Sublime Porte* (*the grand seraglio of Istanbul*), New York, 1970.
NAÏMA, *Annals of the turks Empire from 1591 to 1659.*
OGAN Aziz, Le palais de Topkapi. La Turquie kémaliste, 1937.
PAJACSKOWSKI Piotro, Histoire des trois sultanes russes de Turquie (*Historia Trzech sultanek tureckich Rosyjskiego Pochodzena*), 1675, Krakow. Manuscrit (traduction A. Pajewski) en polonais.
PÉCHEUX et MANZONI, Costumes orientaux, 1813, s.l.
PENZER, The harem, Londres, 1936.
PIAZZI A., Le harem impérial, Paris, 1925.
REAY TANNAHILL, Le sexe dans l'histoire, Paris, 1982.
RYCAUT P., Histoire de l'Empire ottoman, La Haye, 1709.
SAGREDO, Histoire de l'Empire ottoman, 1680.
SAINT-PIERRE Michel de, Trésors de la Turquie, Paris, 1959.
SAPIENCA (Abbé Octavio), *Nuevo tratado de Turquia* (Histoire d'Ahmed Ier), en espagnol).
SAUZAY A., Le sérail et divers personnages turcs, 1720.
SCHNEIDER M. et ALPAY E., Le harem impérial de Topkapi, Paris, 1977.
SHAW S., *Archival sources for ottoman history : The archives of Turkey, Journal of the American Oriental Society*, 1960. Histoire de l'Empire ottoman et de la Turquie, 1983.
SPIRIDONAKIS B. G., Empire ottoman. Inventaire des Mémoires et Documents aux Archives du ministère des Affaires étrangères de France, Thessalonique, 1973.
STRIPLING G., The ottoman Turks and the Arabs. Urbann. (The University of Illinois, 1942).
STRUCKHUSEN J., Histoire des Turcs, 1671.
TADEWZKI R., *Kronika Tureckiego Dworu*, 1710 s.l. (Chronique de la cour de Turquie, en polonais).
ULUÇAY (Ça Gatay), Lettres du harem, Istanbul, 1956 (turc).
USSIEUX Louis d', Nouvelles et anecdotes historiques, 1773, Paris, 2 volumes. Anecdote ottomane, 1774.
UZUM Çarsili, *Osmanli tarihi Ankara*, 1947, 8 volumes. L'organisation du palais dans l'Etat ottoman. Ankara, 1945. Revues, Journaux de langue française du Proche-Orient (Le Levant. Courrier de Smyrne). Chroniques de Jean de Peyrat. Revue Britannique. Revue de L'Orient.

VANEL, Abrégé nouveau de l'histoire générale des Turcs, Bruxelles, 1704.
WILLY Sperco, Les trésors du Vieux Sérail, Istanbul, s.d.
WITHERS R., *A Description of the Grand Seigneur's seraglio of turkish emperors court purchas his pilgrims*, London, 1625.

Cet ouvrage a été composé
par l'Imprimerie BUSSIÈRE
et imprimé sur presse CAMERON
dans les ateliers de la S.E.P.C.
à Saint-Amand-Montrond (Cher)
en février 1988

N° d'impression 614-1213.
Dépôt légal février 1988
Imprimé en France